Sondergerichtshöfe
für
gewerblichen Rechtsschutz.

Von
Dr. Fritz Rathenau,
Regierungsrat.

Sonderabdruck
aus den Verhandlungen des XXX. Deutschen Juristentages.

Berlin 1910.
J. Guttentag, Verlagsbuchhandlung,
G. m. b. H.

Motto: „Wir haben den gelehrten Richter und wir **wollen** ihn haben; denn der gelehrte Richter und nur er ist die Säule der ohne Ansehen der Person objektiv waltenden Gerechtigkeit ..... Wir wollen den deutschen Beamten-Richter, dessen echt deutsches Pflichtgefühl seine Ehre, sein Ruhm, seine Macht ist."

R. Sohm, Deutsche Juristen-Zeitung, 1909, S. 1021.

Inhaltsübersicht.

Besondere Abkürzungen

(außer denen, die der Deutsche Juristentag angenommen hat):

Deutscher Verein = Deutscher Verein für den Schutz des gewerblichen Eigentums.

Internationaler Verein = Internationale Vereinigung für gewerblichen Rechtsschutz.

J. d. Intern. Ver. = Jahrbuch der Internationalen Vereinigung für gewerblichen Rechtsschutz.

Vorschläge I. = Vorschläge zur Reform des gewerblichen Rechtsschutzes. Denkschrift über die bisherigen Arbeiten des Deutschen Vereins usw., 1891—1903. 2. Aufl., 1904.

Vorschläge II. = Vorschläge betr. die Gerichtsbarkeit in Sachen des gewerblichen Rechtsschutzes. Denkschrift der Patentkommission des Deutschen Vereins usw. zum Leipziger Kongreß, 1908.

Vorschläge III. = Vorschläge zur Reform des Patentrechts und zur Reform der ZPO. und der StrPO. Denkschrift der Patentkommission des Deutschen Vereins usw. zum Stettiner Kongreß, 1909.

Kongreßberichte: Frankfurt a. M.: Verhandlungsberichte über den Kongreß des Deutschen Vereins zu Frankfurt a. M., 1900.

Köln: Verhandlungsberichte über den Kongreß des Deutschen Vereins zu Köln, 1901.

Hamburg: Verhandlungsberichte über den Kongreß des Deutschen Vereins zu Hamburg, 1902.

Düsseldorf: Verhandlungsberichte über den Kongreß des Deutschen Vereins zu Düsseldorf, 1907.

Leipzig: Verhandlungsberichte über den Kongreß des Deutschen Vereins zu Leipzig, 1908.

Stettin: Verhandlungsberichte über den Kongreß des Deutschen Vereins zu Stettin, 1909.

M. & W. = Markenschutz und Wettbewerb (Zeitschrift).

Z.Ind.R. = Zeitschrift für Industrierecht.

DRZ. = Deutsche Richterzeitung.

VDJ. = Verein Deutscher Ingenieure.

Technik & Wirtschaft: Monatsschrift des V.D.J.

Einleitung.

§ 1.

Abgrenzung der Aufgabe.

Die vom 30. Juristentag gestellte Frage:

> Empfehlen sich Sondergerichtshöfe in Streitigkeiten aus dem Gebiete des gewerblichen Rechtsschutzes?

berührt ein Gebiet, das Techniker und Juristen, Industrie und Rechtswissenschaft in gleicher Weise angeht. Der Gegensatz zwischen Juristen und Techniker hat im Laufe der Jahre leider immer schärfere Formen angenommen und droht, zu einer Gefahr für Staat und Gesellschaft zu werden. Die Überproduktion der technischen Hochschulen an akademisch gebildeten Technikern hat zur Folge gehabt, daß die Letzteren ein immer größeres Betätigungsfeld, als nur das der angewandten oder theoretischen Technik erstreben. Hieraus erklären sich manche Erscheinungen der letzten Jahre, denen bisher der größte Teil der Juristen teilnahmlos gegenübergestanden hat: nämlich einmal die Bemühungen der Techniker, sei es auf Grund einer besonderen Vorbildung, sei es allein auf Grund ihrer technischen Tüchtigkeit, in leitende administrative Stellungen der öffentlichen Verwaltungen oder privater Unternehmungen zu gelangen; sodann ihre Versuche, in gewissen Rechtsangelegenheiten Sitz und Stimme auf der Richterbank zu erhalten. Nur mit dieser, von einem Teil der Industrie unterstützten Bewegung haben wir es hier zu tun. Es handelt sich dabei lediglich um eine Frage der Gerichtsverfassung, nicht um eine Abwägung von Standesinteressen. Rein objektiv ist zu prüfen, ob die jetzige Kompetenz der ordentlichen Gerichte weiter beschränkt werden soll. Wenn das Gutachten zu einem die Frage verneinenden Resultat gelangt, so geschieht dies nicht aus Voreingenommenheit gegen die Techniker, sondern weil der Gutachter einesteils die Bedürfnisfrage verneint, anderenteils von einer weiteren Zersplitterung der Justiz wesentliche Nachteile befürchtet und die praktische Durchführbarkeit technischer Sondergerichte bezweifelt, sowie weil er schließlich der Ansicht ist, daß etwaigen Mißständen auch im Rahmen des geltenden Rechts wirksam entgegengetreten werden kann.

Die gestellte Frage gibt in verschiedener Hinsicht Anlaß zu Zweifeln.

1. Wenn sie sich auch, nach der Wahl des Wortes „Streitigkeiten", nur auf das Zivilprozeßverfahren beziehen soll, — da der Ausdruck „Rechtsstreit, Rechtsstreitigkeit" jedenfalls einen Gegner, wenn

auch nicht notwendig einen solchen voraussetzt, der seine widerstreitenden Interessen tatsächlich wahrnimmt,[1]) — so erscheint es doch mit Rücksicht darauf, daß die Anhänger von Sondergerichten auch im Strafprozeßverfahren die entscheidenden Gerichte neben Juristen mit Technikern besetzt zu sehen wünschen, angezeigt, in bewußter Erweiterung des Themas auch die strafprozessuale Seite der Frage in den Kreis der Erörterung zu ziehen.

2. Das „Gebiet des gewerblichen Rechtsschutzes" ist ein großes und zersplittertes;[2]) zu den von ihm umfaßten Materien gehören:

das Patent- und Gebrauchsmusterrecht (Gesetze v. 7. IV. 1891 und I. VI. 1891),

das Warenbezeichnungsrecht (Gesetz v. 12. V. 1894),

das Geschmacksmusterrecht (Gesetz v. 11. I. 1876),

das Kunstschutzrecht (Gesetz v. 9. I. 1907),

das Namens- und Firmenrecht und

das Recht zum Schutz gegen unlauteren Wettbewerb (Gesetz v. 7. VI. 1909).

Nach dem Wortlaut der Aufgabe wären alle diese Gebiete zu berücksichtigen. In diesem Sinne jedoch wird sie vom Verfasser nicht verstanden. Denn sie ist im Großen und Ganzen nach dem Stande der Bestrebungen aufzufassen, wie sie in der Öffentlichkeit für die Errichtung von Sondergerichten geltend gemacht und begründet sind. Sieht man sich die Hauptargumente der Anhänger von Sondergerichten für das Gebiet des gewerblichen Rechtsschutzes an, so sind es diese:

a) Der nur juristisch gebildete Richter sei nicht imstande, sich in die technischen Fragen, die in gewissen Prozessen des gewerblichen Rechtsschutzes auftauchen, so hineinzuarbeiten, daß er sie ohne fremde Hilfe (d. h. die eines Sachverständigen) entscheiden könne;

b) gewisse Prozesse aus dem Gebiet des gewerblichen Rechtsschutzes erheischten ein besonders schnelle Erledigung mit Rücksicht auf die beschränkte, nicht erstreckbare Dauer des Schutzrechts.

---

[1]) Vgl. Hellwig, Lehrbuch des Deutschen Zivilprozeßrechts, Bd. I, S. 39 und § 8.

[2]) Über die Wechselbeziehungen zwischen den gewerblichen Schutzgesetzen siehe Kent, Studien zur Förderung des gewerblichen Rechtsschutzes, Festgabe für Kohler, 1909, S. 15 ff. und Osterrieth, Lehrbuch des gewerblichen Rechtsschutzes, S. 1 ff.

Beide Argumente können **nur** für das eigentliche Erfirderrecht, wie es im Patent- und Gebrauchsmustergesetz in die Erscheinung tritt, in Betracht kommen; die anderen oben genannten Rechte sind entweder zeitlich unbeschränkt oder doch von so langer Dauer, daß sie als solche selbst durch etwas längere Prozeßführung nicht beeinträchtigt werden können; auch können technische Fragen im wesentlichen **nur** bei dem Erfinderrecht auftauchen; in allen übrigen Fällen handelt es sich ausschließlich oder vornehmlich um Rechtsfragen, zum Teil im Zusammenhang mit Fragen des Handels und Verkehrs oder mit solchen der Ästhetik. Eine Zwischenstellung nehmen das Warenzeichenrecht und der Schutz gegen unlauteren Wettbewerb ein; daß zwischen beiden die engsten Beziehungen bestehen, bedarf hier keines Nachweises; auch der Zusammenhang zwischen Patentrecht und Warenzeichenrecht wird nicht nur dadurch hergestellt, daß für beide als erteilende Behörde das Patentamt bestellt ist.[3]) Jedoch sind in Warenzeichenprozessen rein technische Fragen nur höchst selten zu entscheiden; dagegen hängen sie häufig mit Fragen des unlauteren Wettbewerbs zusammen, für deren Beurteilung jedenfalls Kaufleute bei weitem geeigneter erscheinen, als Techniker. Der Leipziger Kongreß des Deutschen Vereins für gewerblichen Rechtsschutz 1908 hat deshalb wohl auch für Warenzeichensachen nicht die Notwendigkeit von Sondergerichten, die aus Juristen und Technikern zusammengesetzt sind, betonen wollen.[4]) Schon die Mehrheit der von dem genannten Verein eingesetzten Patentkommission hatte die Ansicht vertreten, „daß die tatsächlichen Fragen auf dem Gebiet des Warenzeichenrechts verkehrstechnischer Natur seien und eigentlich die Techniker auf diesem Gebiet vor den Juristen nichts voraus hätten" (Vorschläge II, S. 14). Denselben Standpunkt macht sich das vorliegende Gutachten zu eigen; er wird auch von dem Mitgutachter v. **Stahl** in seinem Gutachten (s. Verhandlungen dieses Deutschen Juristentages, Bd. II, S. 261) geteilt. Wenn trotzdem einzelne Freunde der Sondergerichte auch diese Sachen den Sondergerichten überweisen wollen, so geschieht dies weniger aus inneren Gründen, als deshalb, um genügende Beschäftigung für diese Gerichte zu schaffen. — Anders liegen die Verhältnisse hinsichtlich des Gesetzes zur Bekämpfung des unlauteren Wettbewerbs; die Patentanmaßung nach § 40 wird meist auch einen Tatbestand des anderen Gesetzes decken; auch da, wo eine Patentanmaßung nicht vorliegt, wird

[3]) Vgl. **Kent**, a. a. O., S. 17 ff.

[4]) Vgl. **Isay**, Die Gerichtsbarkeit in Patentprozessen, S. 27, Anm. 1.

häufig durch Warnungen des Patentinhabers vor Verletzungen seines Patents der Tatbestand des unlauteren Wettbewerbs oder doch der des BGB. § 823 Abs. 1 oder § 826 erfüllt sein.[5]) Insoweit wird man also den Begriff der „Patentsachen" ausdehnen dürfen. Wir haben es sonach im folgenden wesentlich nur mit den Prozessen zu tun, die Patente oder Gebrauchsmuster zum Gegenstande haben. Allein, auch mit dieser Abgrenzung ist die Art der Prozesse noch nicht genügend gekennzeichnet; denn es könnte sich ja hier ebenso gut um Prozesse handeln, die nach den Normen des Patentrechts zu beurteilen sind, wie z. B. alle Unterlassungs-, Schadenersatz-, Bereicherungs-, Abhängigkeits- und sonstigen Feststellungsklagen (für Gebrauchsmuster auch noch Löschungsklagen), als auch um Prozesse, die an sich nicht nach Patentrecht zu beurteilen sind, auch wenn sie Patente zum Gegenstande haben,[6]) (z. B. Nießbrauch, Pfandrecht, Forderungen aus Patentkauf, auf Übertragung von Patenten, Lizenzverträge), wie auch endlich um solche Prozesse, bei denen die Klage auf Vorschriften des Obligationsrechts aufgebaut ist, bei denen aber patentrechtliche Fragen die Hauptrolle spielen, z. B. wenn gegenüber einer Klage auf Zahlung des Kaufpreises eingewendet wird, der gelieferte Gegenstand greife in das Patent eines Dritten ein,[7]) oder er entspreche nicht, wie vereinbart gewesen sei, dem Patent des Bestellers, oder wenn gegenüber der Klage auf Zahlung einer Lizenz eingewendet wird, der angeblich lizenzpflichtige Gegenstand falle nicht unter das Patent. Überall wird die Entscheidung des Rechtsstreits im wesentlichen von der Entscheidung über technische Fragen abhängen! Sie alle sind „Streitigkeiten aus dem Gebiet des gewerblichen Rechtsschutzes"! Gerade aus dieser Vielgestaltigkeit und der damit verbundenen Unmöglichkeit, die von den Sondergerichten zu behandelnden Sachen scharf und im Sinne der Anhänger erschöpfend zu umgrenzen, wird ein wesentlicher Einwand gegen die ganze Einrichtung herzuleiten sein (S. 401 ff.).

3. Noch größere Schwierigkeiten macht für die vorliegende Frage die Bestimmung des Begriffs „Sondergerichtshöfe". Nach § 12 GVG. wird die ordentliche streitige Gerichtsbarkeit durch Amtsgerichte,

---

[5]) Vgl. RG. 17. II. 1909, M. & W. 09/10, S. 28.

[6]) Vgl. v. Meibom, Bemerkungen zum Entwurf eines Gesetzes betr. Abänderung des Patentgesetzes, Freiburg, 1890, S. 14.

[7]) Vgl. Magnus, Reformbestrebungen auf dem Gebiete der gewerblichen Schutzrechte, 1900, S. 49.

Landgerichte, Oberlandesgerichte und das RG. ausgeübt. Bezüglich der besonderen streitigen Gerichtsbarkeit bestimmt § 13 a. a. O.:

„Vor die ordentlichen Gerichte gehören alle bürgerlichen Rechtsstreitigkeiten und Strafsachen, für welche nicht entweder die Zuständigkeit von Verwaltungsbehörden oder Verwaltungsgerichten begründet ist oder reichsgesetzlich besondere Gerichte bestellt oder zugelassen sind."

Als besondere Gerichte sind nach § 14 zugelassen die auf Staatsverträgen beruhenden Rheinschiffahrts- und Elbzollgerichte, die sogen. Agrargerichte, Gemeindegerichte, sowie die Gewerbe- (und Kaufmanns-) Gerichte, außerdem die für Rechtsstreitigkeiten gegen die Landesherren bestehenden Gerichte nach EG. z. GVG. § 5; als besonders bestellte Gerichte haben die Militärgerichte, Schiedsgerichte für die Berufsgenossenschaften, sowie die Konsulargerichte zu gelten.[8]) Ob die Nichtigkeitsabteilung des Patentamts ein Sondergericht in diesem rechtstechnischen Sinne ist, kann zunächst auf sich beruhen. — Es kann nicht geleugnet werden, daß der Kreis der reichsgesetzlich zugelassenen oder bestellten Sondergerichte je nach Bedarf erweitert oder eingeengt werden könnte; insoweit ist unsere Gerichtsverfassung in ihrem jetzigen Aufbau nichts Unwandelbares und für alle Zeiten Maßgebendes. Ebensowenig ist zu bezweifeln, daß die reichsgesetzliche Bestellung besonderer Gerichte — nur um eine solche, nicht um eine reichsgesetzliche Zulassung, die den Einzelstaaten nur die Ermächtigung gibt, für gewisse Kategorieen von Rechtsstreitigkeiten andere Rechtsvorschriften zu setzen,[9]) könnte es sich handeln, — in einem Spezialgesetz oder durch Änderung des GVG. geschehen könnte. Jedenfalls sind alle diejenigen Gerichte als Sondergerichte zu bezeichnen, die sich außerhalb des Rahmens der bestehenden Gerichtsverfassung stellen,[10]) sei es, daß sie überhaupt als Sonderein-

[8]) Vgl. Laband, Staatsrecht, Bd. III, S. 360; a. A. Hellwig, a. a. O., S. 69.

[9]) Laband, a. a. O., III, S. 362.

[10]) Dies sei namentlich gegenüber dem vom Verein Deutscher Maschinenbauanstalten in seiner „Denkschrift zur Reform des Patentgesetzes" (Berlin, 1909) und in der Sachverständigensitzung vom 7. und 8. 1909 (Verhandlungsberichte, 1910, S. 66) eingenommenen Standpunkt betont. Deshalb ist es aber auch verkehrt, zu behaupten, daß, wenn im Verwaltungswege (es kann dies ausschließlich durch die Präsidien der Landgerichte geschehen: GVG. §§ 62, 63) vor Beginn des Geschäftsjahres bestimmte Sachen, z. B. die des gewerblichen Rechtsschutzes, einer besonderen Kammer zugeteilt würden, damit schon „Sondergerichte" geschaffen seien; so Tolksdorf, Zeitschr. f. Ind. Recht, 1908, S. 160.

richtung neben den Gerichten, etwa als Patenthof, bestehen oder sich — wie das Schlagwort lautet — an die ordentlichen Gerichte „angliedern" sollen, also insonderheit Landgerichte, die in I. Instanz nicht mit 3, sondern mit 5 Richtern, Gerichte, die nicht nur mit juristisch vorgebildeten hauptamtlichen Richtern besetzt sind (arg. GVG. § 2), Gerichte, deren Rechtsmittelzug von dem des ordentlichen Verfahrens insofern abweicht, als in II. Instanz die Zahl der Richter gegenüber der in I. Instanz nicht erhöht ist. Der Begriff „Sondergericht" ist eben nicht positiv zu umgrenzen, sondern ist ein relativer, der sich nach der geltenden Organisation bestimmt. In gewissem Sinne sind daher auch die Kammern für Handelssachen „Sondergerichte" im Rahmen der bestehenden Gerichtsverfassung; aber die Handelsrichter sind nicht Richter im Hauptamt, die Kammern für Handelssachen sind als ein bereits bestehendes Institut in die Gerichtsorganisation übernommen[11]) und schließlich konkurriert mit der Zuständigkeit der Kammern für Handelssachen insoweit die der Zivilkammern, als bei Übereinstimmung beider Parteien auch für die vor die Kammern für Handelssachen gehörigen Sachen die Zivilkammer zuständig ist (vgl. GVG. §§ 102, 104). Ganz anders dagegen werden im allgemeinen die Sondergerichte für Rechtsstreitigkeiten des gewerblichen Rechtsschutzes gedacht, da sie für die einschlägigen Sachen ausschließlich, und zwar ratione materiae, zuständig sein und in erster Instanz nicht aus 3, sondern aus 5 Richtern bestehen sollen. Ob die von dem Deutschen Verein für den Schutz des gewerblichen Eigentums vertretene Bewegung unter dem Ausdruck „Sondergerichtsbarkeit" etwas anderes verstanden wissen will,[12]) ist demgegenüber unerheblich. Aus dem Gesagten folgt für die hier anzustellende Untersuchung, daß alle die Vorschläge zu prüfen sind, die darauf hinauslaufen, die Streitigkeiten des gewerblichen Rechtsschutzes Gerichten zur Entscheidung zu übertragen, die anders geartet oder anders zusammengesetzt sind, als die bestehenden ordentlichen Gerichte.

Wenn die folgende Darstellung sich häufig an die Vorschläge anlehnt, die der Deutsche Verein gemacht hat, so geschieht es einmal deshalb, weil dieser rührige Verein sich großen Ansehens in den beteiligten Kreisen und auch bei den Regierungen zu erfreuen hat, und sodann, weil er als Bannerträger der ganzen Sondergerichtsbewegung im Deutschen Reich bezeichnet werden kann.

---

[11]) Geh. Oberjustizrat Kübler, Berichte des Leipziger Kongresses, S. 57.
[12]) So Denkschrift II, S. 9.

§ 2.

Geschichtliche Entwicklung der deutschen Patentsondergerichtsbewegung.

Bevor die historische Entwicklung gekennzeichnet werden soll, die der Gedanke der gemischten Gerichtsbarkeit in Patentsachen im Deutschen Reich durchgemacht hat, sei zunächst die derzeitige Kompetenzverteilung in Patentsachen zwischen den ordentlichen Gerichten und dem Patentamt dargestellt; hierbei scheidet natürlich die Frage des Patenterteilungsverfahrens aus. Die grundlegende Bestimmung bleibt sonach § 13, Abs. I PG.:

„Die Erteilung, die Erklärung der Nichtigkeit und die Zurücknahme der Patente erfolgt durch das Patentamt."

Des Näheren regelt das Verfahren behufs Nichtigkeitserklärung und Zurücknahme eines Patents das PG. in den §§ 28—34, allerdings nur in großen Grundzügen. Zuständig ist in I. Instanz die Nichtigkeitsabteilung des Patentamts (PG. § 14, Abs. 1²); sie ist für Entscheidungen besetzt mit 2 rechtskundigen und 3 technischen Mitgliedern; der geborene Vorsitzende ist der Präsident; seine Vertretung im Vorsitz liegt (regelmäßig rechtskundigen) Direktoren ob (vgl. Kais. Verordnung vom 11. VII. 1891, § 4); die technischen Mitglieder können ständig (d. h. auf Lebenszeit ernannt) oder nichtständig (d. h. auf 5 Jahre ernannt) sein; zu anderen Beschlußfassungen genügt die Anwesenheit von 3 Mitgliedern (PG. § 14, Abs. 4, Satz 2); sie können ausschließlich rechtskundige oder ausschließlich technische oder teils rechtskundige, teils technische Mitglieder sein.[13]) Gegen die Entscheidungen des Patentamts ist die Berufung an das RG. (§ 33) zulässig; im RG. entscheidet (geschäftsordnungsmäßig) seit Jahrzehnten der I. Zivilsenat; das Verfahren wird auf Grund des § 33, Abs. 3 PG. durch die „Verordnung, betr. das Berufungsverfahren beim RG. in Patentsachen" v. 6. XII. 1891 (RG. Bl., S. 389) geregelt. Gegen die Beschlüsse der Nichtigkeitsabteilung ist die Beschwerde gegeben (PG. § 16); sie geht an die Beschwerdeabteilung; diese ist — ebenso wie die Nichtigkeitsabteilung — aus 2 rechtskundigen und 3 technischen Mitgliedern zusammengesetzt (§ 14, Abs. 4); auch hier muß der Vorsitzende Jurist sein.[14])

---

[13]) Vgl. Seligsohn, Patentgesetz, 4. Aufl., § 14 Note 6.

[14]) Anders bei Beschwerden aus § 26 PG., wo nach der Kais. Verordnung v. 29. IV. 1904 der Vorsitzende auch Techniker sein kann.

Alle anderen Streitigkeiten aus dem Gebiete des Patentrechts gehören vor die ordentlichen Gerichte, also insbesondere sämtliche Klagen aus dem Patentrecht, wie Verletzungs- (Unterlassungs- und Schadenersatz-), Abhängigkeits-,[15]) Bereicherungs-, Entnahme- und Feststellungsklagen, ferner alle die Klagen, welche nicht nach Patentrecht zu beurteilen sind, auch wenn sie ein Patent zum Gegenstand haben; endlich die Klagen gegen unberechtigte Warnungen des Patentinhabers (PG. § 40) und aus unlauterem Wettbewerb auf Grund eines Patentrechts.

Bei Gebrauchsmustern stellt sich die Sachlage wesentlich einfacher, da das Gesetz betr. den Schutz von Gebrauchsmustern v. 1. VI. 1891 dem Patentamt weder Klagen auf Löschung, noch solche aus oder auf Grund von Gebrauchsmustern überwiesen hat.

Auf dem Gebiet des Warenzeichenrechts ist das Patentamt nur im Falle des § 8 Ziff. 2 des Gesetzes v. 12. V. 1894 zur Entscheidung über Löschungsanträge zuständig; es entscheidet eine der (jetzt 3) Abteilungen für Warenzeichen unter Vorsitz eines Juristen und in der Mindestbesetzung von 3 rechtskundigen oder in einem Zweige der Technik sachverständigen Mitgliedern (Ausführungsverordnung v. 30. VI. 1894 § 1 u. 3); Beschwerdeinstanz ist die Beschwerdeabteilung I in der Besetzung von 5 Mitgliedern, von denen mindestens 2 rechtskundig sein müssen (das. § 3, Abs. 2). Daß gerade das Patentamt als Markenbehörde gewählt worden ist, erklärt sich nach der Begründung zu dem Entwurf eines Gesetzes zum Schutz der Warenbezeichnungen nur daraus, daß in gewerblichen Kreisen das Bedürfnis nach einer Zentralisierung des Zeichenwesens bestanden hat; die Erfahrung habe gezeigt, „daß in der Behandlung der mannigfachen, mit der Anmeldung, Eintragung und Löschung von Zeichen zusammenhängenden, vielfach in das Gebiet weitreichender und internationaler Handelsinteressen übergreifenden Fragen die örtlichen Gerichte nicht immer die geeigneten Stellen seien" ... und daß bei einer Zentralisation des Zeichenwesens den beteiligten Kreisen eher eine zuverlässige Übersicht über die jeweilig zu Recht bestehenden Zeichen gewährt werden könne. „Da das Patentamt in der ihm gegebenen Organisation die geeignete Grundlage für eine Zentralisation biete", so habe man nicht gezaudert, ihm nach dem Vorbilde anderer Staaten das ganze Zeichenwesen zu übertragen. Ein organischer Zusammenhang

---

[15]) Vgl. die noch S. 322 zu erwähnende Entscheidung des RG. Bd. 33, S. 941, sowie die gesamte Rechtsprechung u. Wissenschaft; statt anderer siehe Seligsohn, a. a. O. § 3, Nr. 17.

zwischen der Tätigkeit der Markenbehörde und der Patentbehörde besteht an sich nicht, mögen auch zwischen Erfindungsschutz und Markenschutz nahe Beziehungen obwalten. Jedenfalls ist die Übertragung der Warenzeichensachen auf das Patentamt nicht damit begründet worden und nicht damit zu begründen, daß diese Sachen von einer aus Juristen und Technikern zusammengesetzten Behörde zu entscheiden seien.[16])

Mit den genannten Aufgaben ist die Zuständigkeit des Patentamts als einer aus Technikern und Juristen zusammengesetzten rechtsprechenden Behörde erschöpft.

Es wird nun zu erörtern sein, wie man überhaupt zur Schaffung einer besonderen Behörde für Patentnichtigkeits- und Zurücknahmesachen gekommen ist; ist doch die Nichtigkeitsabteilung, (wie auch die Beschwerdeabteilungen) das Prototyp eines gemischten Gerichts, wie es sich die Anhänger der Sondergerichtsbewegung vorstellen.

Unter dem Eindruck des Internationalen Patentkongresses zu Wien 1873 war, mit Werner Siemens als Vorsitzendem, der Deutsche Patentschutzverein gegründet worden; er legte in einer Petition an den Bundesrat den Entwurf eines Patentgesetzes für das Deutsche Reich vor. In diesem Entwurf waren als Patentbehörden das Patentamt und der Patenthof, beide mit dem Sitz in Berlin, vorgesehen; der Patenthof sollte aus 5 „Richtern" bestehen, von denen der Vorsitzende und ein Mitglied die Befähigung zum Richteramt besitzen, die 3 übrigen Mitglieder aber in mindestens einem Zweige der Industrie sachverständig sein sollten. Das Patentamt war als Erteilungsbehörde gedacht, während der Patenthof entscheiden sollte:

---

[16]) In der Reichstagskommission wurde noch gegenüber Anträgen auf Erweiterung der patentamtlichen Kompetenz in Warenzeichensachen geltend gemacht, daß es sich hier „nicht um vorwiegend öffentlich-rechtliche Klagen, wie bei den Patentsachen, sondern um privatrechtliche Fragen und Ansprüche handele", für deren richtige Auffassung auch durch die Untergerichte die Entscheidungen des RG. sorgen würden; die Rechtsprechung des Patentamts in Fragen der Kollision zweier Zeichen und die damit den ordentlichen Gerichten entzogenen Entscheidungen über die nebenher laufenden zivilrechtlichen Ansprüche würde einen Bruch mit der allgemeinen Rechtsordnung bedeuten. Im Laufe der Kommissionsberatung kam dann doch die Fassung der §§ 5 u. 8 Wbzges., wie sie jetzt vorliegen, zustande; aus den Verhandlungen, deren Gang hier nicht näher dargestellt zu werden braucht, ergibt sich, daß die Frage der Ungeeignetheit der ordentlichen Gerichte zur Entscheidung dieser Sachen keine Rolle gespielt hat.

1. über Streitigkeiten in bezug auf die Erteilung, Gültigkeit und Aufhebung von Patenten;
2. über Streitigkeiten zwischen Inhabern verschiedener Patente bezüglich des Umfangs ihrer gegenseitigen Rechte;
3. über Streitigkeiten betr. die Mitbenutzung der Erfindung und die zuzubilligende Entschädigung.

Zur Begründung dieser Vorschläge war (Seite 21) angeführt worden, „die Rechtssicherheit verlangt, daß auch die richterliche Entscheidung, welche in keinem Falle versagt bleiben darf, von einer einheitlichen Gerichtsbehörde resultiert. Da nun der Gebrauch der Rechtsmittel in Streitigkeiten, bei welchen die tatsächliche Feststellung allein entscheidet (!!), keine Gewähr für die Gleichförmigkeit der Entscheidung geben kann, so empfiehlt sich die Einrichtung eines Spezialgerichtshofes für Patentsachen, welcher überall mit Ausschluß des ordentlichen Gerichtsstandes zuständig ist, wo die Erteilung, die Gültigkeit oder die Aufhebung eines Patents streitig wird. Dieser Gerichtshof wird zweckmäßig zum Teil aus juristisch gebildeten, zum Teil aus technisch gebildeten Mitgliedern zusammengesetzt." Weiter (Seite 25) heißt es: „Die Rechtsfindung in den Streitigkeiten über Erfindungspatente beruht vorzüglich auf der korrekten tatsächlichen Feststellung (!!) schwieriger technischer Vorwürfe, sodann auf der Anwendung eines in der Praxis sich entwickelnden Gewohnheitsrechts. Aus beiden Gründen empfiehlt es sich, sofern es sich nicht um die Verfolgung von Ansprüchen aus unbestrittenen (!!) Patenten handelt, diese Streitigkeiten den ordentlichen Gerichten zu entziehen und einem Spezialgerichtshof zu übertragen, außerdem auch die Berufung gänzlich auszuschließen und zur Wahrung der Rechtseinheit die Nichtigkeitsbeschwerde an den höchsten Reichsgerichtshof zu gestatten." Der Patentschutzverein ging also davon aus, daß ausschließliches Gewicht auf die Tatsachenfeststellung zu legen sei, während doch — wie später (S. 341) zu erörtern — die Auslegung des Patents ausschließlich Rechtsfrage ist, und daß bei Ansprüchen aus unbestrittenen Patenten die Zuständigkeit der ordentlichen Gerichte nicht anzutasten sei, während doch auch bei ihnen die Subsumption des Einzelfalls große Schwierigkeiten bereiten kann. Das Problem der Zusammenarbeit von Juristen und Technikern ist dort nicht weiter erörtert.

Nach Erscheinen dieses Gesetzentwurfes ordnete die Reichsregierung zunächst eine Enquete über die reichsgesetzliche Regelung des Patentwesens an; der Kommission, der 22 Mitglieder als Sachverständige angehörten, wurden 21 Fragen vorgelegt. Frage XIII lautete:

„Sollen dem Patentamt außer der Erteilung von Patenten noch andere auf das Patentwesen bezügliche Geschäfte, wie insbesondere die Entscheidung

1. über Aufhebung eines erteilten Patents,
2. über Gesuche von Lizenzerteilungen,
3. über Streitigkeiten wegen Patentverletzungen

übertragen werden?"

Nach den Protokollen dieser Enquete[17]) wollte der bekannte spätere Kommentator des Patentgesetzes, Professor Dr. Klostermann-Bonn, die Zuständigkeit der Patentbehörde auf die Aufhebung von Patenten und Patentstreitigkeiten nicht ausgedehnt wissen, da dies Streitigkeiten seien, die dem Rechtswege nicht entzogen werden dürften; bei der eigenartigen Natur der zu behandelnden Sachen empfehle sich aber die Einrichtung eines besonderen Gerichtshofes, der über die Klagen auf Aufhebung der Patente und über alle Streitigkeiten, bei welchen es sich um die Gültigkeit oder Aufhebung der Patente handle, ausschließlich zu befinden haben würde; der Hauptvorteil würde die größere Rechtssicherheit sein, es würden weder über die Rechtskraft einzelner Patente, noch über allgemeine Fragen des Patentrechts hundert verschiedene Ansichten und Entscheidungen vorkommen können..... die ordentlichen Gerichte würden für Klagen wegen Patentverletzungen nur dann kompetent bleiben, wenn die Gültigkeit des Patents nicht bestritten werde. Sie hätten dann über die Tatsache der Verletzung, ebenso wie über die Höhe der Entschädigung zu entscheiden; für die Fälle, in denen die Frage, ob eine Verletzung des Patents vorliege, sehr schwer von ordentlichen Richtern beurteilt werden könne, empfehle es sich, wenn vom Gericht die Gutachten eines besonderen Sachverständigenkollegiums eingeholt würden. — In dieser Enquete trat Werner Siemens für die ausschließliche Kompetenz des Patenthofs ein: „Streitfragen über Erfindungen und Patente seien so schwieriger Natur, daß jemand, der nicht Techniker sei, nur durch längere Beschäftigung ein Verständnis für sie gewinne! Es sei schon schwer, dem Laien nur verständlich zu machen, um was es sich bei einer technischen Streitfrage eigentlich handle. Wenn irgendwo, so sei in Patentsachen ein Spezialgerichtshof am Platz. Eine II. Instanz würde die Industrie gern entbehren; ihr käme es nur auf eine schnelle und sachgemäße Entscheidung an! Er befürworte daher

[17]) Drucksachen des Bundesrats, Session v. 1876, Nr. 70.

nur einen aus Richtern und Sachverständigen zusammengesetzten Gerichtshof. Streitigkeiten wegen Patentverletzungen, bei welchen die Gültigkeit des Patents nicht bestritten werde, könne man den ordentlichen Gerichten überlassen."

Als Ergebnis der Beratung wurde demnächst festgestellt:

„Übereinstimmung herrscht darüber, daß bei allen Patentstreitigkeiten die ordentlichen Gerichte möglichst auszuschließen sind und ein Spezialgericht (Patenthof) entscheiden soll, gegen dessen Entscheidung die Nichtigkeitsbeschwerde (sc. des alten damals geltenden Zivilprozesses) an das höchste Reichsgericht stattfindet.

Nur Klagen wegen Patentverletzungen, bei welchen die Gültigkeit des Patents nicht bestritten wird, wollen einige Mitglieder an die ordentlichen Gerichte verwiesen sehen, welche alsdann verpflichtet wären, das Gutachten eines Sachverständigenkollegiums einzuholen, ohne durch dasselbe bei der Entscheidung gebunden zu sein."

Dessenungeachtet bestimmte der darauf unter dem 6. II. 1877 vom Reichskanzler dem Bundesrat vorgelegte Entwurf eines Patentgesetzes in § 12, Abs. 1: „Die Erteilung, die Erklärung der Nichtigkeit und die Zurücknahme der Patente erfolgt durch den Patenthof." Damit war also dem Patentamt, abgesehen natürlich von dem Erteilungsverfahren, nur dieselbe beschränkte Kompetenz eingeräumt, die es noch heute hat. Die Motive (S. 31) begründen dies, wie folgt:

„Der Entwurf geht davon aus, daß Streitigkeiten über die Verletzung eines Patentrechts vor die ordentlichen Gerichte gehören. Letztere sind durchaus in der Lage, in solchen Streitigkeiten die Entscheidung zu treffen, mag der Streit nun den tatsächlichen Inhalt der als Verletzung eines Patentrechts bezeichneten Handlung oder den Umfang des angeblich verletzten Patentrechts betreffen. Es kann nur darauf ankommen, den Gerichten die Gelegenheit zu gewähren, über die technischen Fragen, welche möglicherweise in den Streit verflochten sind, sich schnell und in maßgebender Weise zu unterrichten; der Entwurf gestattet ihnen, zu dem Behufe vom Patentamt Gutachten einzuholen."

Auch der dem Reichstag am 24. II. 1877 vorgelegte Entwurf enthielt die dem genannten § 12 entsprechende Bestimmung in § 13, Abs. 1 mit der Abänderung, daß statt „Patenthof" die Bezeichnung „Patentamt" gesetzt war; die Motive stimmen in der angezogenen Stelle miteinander überein. In der ersten Lesung des Entwurfs im Reichstag am 2. III. 1877 wurde die vorwürfige Frage überhaupt nicht berührt: in der VII. Reichstagskommission zur Vorberatung des Entwurfs eines Patentgesetzes (Drucksachen des Deutschen Reichstags, 3. Legislaturperiode, I. Session, 1877) wurde ebenfalls die Frage der Abgrenzung der Kompetenz des Patentamts von der der ordentlichen Gerichte nur an einer Stelle besprochen; es heißt daselbst (Nr. 144, S. 29):

„Kein Mitglied vertrat den Standpunkt, daß Streitigkeiten über die Erklärung der Nichtigkeit und über die Zurücknahme von Patenten der Kompetenz des Patentamts entzogen und den ordentlichen Gerichten bzw. einem besonderen gerichtlichen Patenthof, wie ihn der Patentschutzverein vorschlägt, überwiesen werden sollen. Den entscheidenden Grund hierfür fand man in der Überzeugung, daß, wenn die ordentlichen Gerichte damit befaßt würden, auf die Gewinnung und Festhaltung einheitlicher Grundsätze in allen Teilen des Deutschen Reiches nicht gerechnet werden könne. Sei deshalb eine einheitlich entscheidende Instanz geboten, so werde die Einsetzung eines besonderen Patentgerichtshofes doch nur bei der Annahme gerechtfertigt sein, daß das Patentamt in seiner Zusammensetzung keine genügenden Garantieen biete. Es komme also nur darauf an, in der letzteren Richtung durch das Gesetz ausreichende Vorsorge zu treffen."

Also auch hier noch ganz andere Erwägungen, als die, daß juristische Richter allein nicht imstande seien, über technische Fragen, nämlich die der Nichtigkeit eines Patents, zu entscheiden; lediglich die Sicherung der einheitlichen Rechtsprechung in Sachen der über das ganze Reich wirkenden Patente sollte nach Möglichkeit durch Übertragung dieser Rechtsstreitigkeiten an eine Zentralinstanz gewährleistet werden. Dies war wohl auch der Grund, weshalb die Anregung einzelner Mitglieder der Kommission, im ordentlichen Rechtsstreit die Einrede der Nichtigkeit des Patents zuzulassen, auf Widerspruch der Regierungsvertreter abgelehnt wurde. In einer darüber aufgenommenen Erklärung heißt es:

„... so kann das Gericht über die Nichtigkeitserklärung nicht befinden. Die Erklärung der Nichtigkeit steht vielmehr ausschließlich zur Entscheidung des Patentamts. Das Gericht kann aber nach Maßgabe der ZPO. und StrPO. das Verfahren aussetzen...."

Der Kommissionsbericht bemerkt dazu: „Den entscheidenden Grund für diese Rechtsauffassung liefert neben den positiven Bestimmungen des gegenwärtigen Gesetzes die öffentlich-rechtliche Natur des Patents."

Als Berufungsgericht war in beiden Entwürfen das Reichsoberhandelsgericht vorgesehen; irgendein Bedenken dagegen, daß dann in II. Instanz nur Juristen entscheiden würden, ist in den Motiven nicht geltend gemacht.

Weder in der II., noch in der III. Lesung des Entwurfs im Reichstag (v. 1. bzw. 3. V. 1877) kam die Frage, ob den ordentlichen Gerichten weitere Teile der Rechtsprechung auf dem Gebiete des gewerblichen Rechtsschutzes abzunehmen seien, wieder zur Sprache.

Das Gesetz vom 25. V. 1877, das am 1. VII. 1877 in Kraft trat, hatte, wie allseitig anerkannt wurde, außerordentlich segensreich gewirkt. Wie jedoch bei der Neuheit der Materie nicht anders zu erwarten war, hatte man — nach einem Wort des Staatssekretärs v. Boetticher — nicht das absolut Beste leisten können. Auf Anregung des Vereins Deutscher Ingenieure und des Vereins zur Wahrung von Interessen der chemischen Industrie Deutschlands wurde vom Bundesrat eine neue Enquete über die Lage des Patentschutzes im Deutschen Reich beschlossen. Die Beratungen fanden vom 22.—27. XI. 1886 statt; es lag ihnen ein von der Regierung ausgearbeiteter Fragebogen über 22 Fragen, nebst Erläuterungen zu Grunde;[18]) keine dieser Fragen betraf die anderweite Abgrenzung der Kompetenz zwischen Patentamt und den ordentlichen Gerichten. Bei der gemeinsamen Beratung der Frage 19: „Ist es zweckmäßig, die dem Patentamt in § 18 den Gerichten gegenüber auferlegte Verpflichtung auf die Erteilung von Obergutachten zu beschränken?" und der Frage 22: „Haben andere Bestimmungen des Gesetzes (außer den zuvor ausdrücklich aufgeführten) erhebliche Übelstände zur Folge gehabt?" kam jedoch Antrag des beigeordneten Bürgermeisters in Cöln, jetzigen Geheimen Regierungsrat Dr. Rosenthal zur Eröterung, in welchem neben dem Patentamt die Errichtung eines Patentgerichtshofs gefordert wurde, dessen Senate in der Besetzung von 2 juristischen und 3 technischen, auf Lebenszeit ernannten Mitgliedern zuständig sein sollten:

a) als Oberbeschwerdeinstanz in dem Verfahren auf Erteilung von Patenten,

b) als I. und (in einem mit 7 Mitgliedern besetzten Senate) als Berufungsinstanz für Streitigkeiten, welche die Gültigkeit und

---

[18]) Die folgende Darstellung stützt sich auf die Stenographischen Berichte über die Verhandlungen der Enquete in betreff der Revision des Patentgesetzes, Berlin 1887.

Aufhebung von Patenten, sowie die Kollisionen zwischen verschiedenen Inhabern von Patenten betreffen.

Nr. 4 Abs. 3 dieses Antrages lautete wörtlich:

„Privatstreitigkeiten aus dem Patentrecht, sowie Strafverfolgungen wegen Patentverletzung sollen vor wie nach der Kompetenz der ordentlichen Gerichte unterliegen."

Zur Begründung seines Antrages führte Dr. Rosenthal (Stenogr. Ber., S. 143) aus: Es empfehle sich, Streitigkeiten, welche die Existenz des Patents, seine Entstehung und seine Aufhebung und seine Wirkung in Kollisionsfällen beträfen (im wesentlichen also Nichtigkeits- und Abhängigkeitsklagen), einem besonderen Gerichtshof zu überweisen, der zweckmäßig in unmittelbare Berührung mit dem Patentamt trete; „und zwar wesentlich aus dem Gesichtspunkt, daß eine Rechtssicherheit dadurch verbürgt wird durch eine Kontinuität der Entscheidungen, welche veranlaßt wird durch die Qualifikation der Richter, sodann aber deshalb, weil vorwiegend praktische Gründe für eine solche Einrichtung sprächen, wenn man sich vergegenwärtigt, wie schwer es ist, in technischen Fragen eine vollkommene Prüfung der Sache für Laien zu ermöglichen. Die Industriellen haben den lebhaften Wunsch, daß das juristische Element nicht aus der Prüfung und Behandlung solcher Angelegenheiten hinausgedrängt werde, daß aber das technische Element voll und ganz zur Geltung komme, und dies sei nur möglich, wenn wesentlich der technischen Beurteilung die Entscheidung solcher wichtigen Fragen überlassen werde." Ein weitergehender Antrag dahin, alle Patentrechtsstreitigkeiten aus dem Zivilrecht dem Patentgerichtshof zu überweisen, sei schon in einer Unterkommission in der Minderheit geblieben, so daß er in den Anträgen überhaupt keine Aufnahme gefunden habe! Es ist wichtig, dies hervorzuheben, weil häufig behauptet wird, die späteren Bestrebungen auf Einrichtung von Sondergerichtshöfen für Patentstreitigkeiten hätten schon damals feste Wurzel geschlagen gehabt! Das Gegenteil ist richtig! Es ist aber weiter von Bedeutung, aus der Debatte über die Rosenthal'schen Anträge noch eine andere Rede der Vergessenheit zu entreißen, weil der Redner später einen entgegengesetzten Standpunkt eingenommen und damit die Stellung der Anhänger der Patentsondergerichte wesentlich gestärkt hat: es ist die Rede des damaligen Reichsgerichts-Rats Dr. Bolze; er erklärte (Stenograph. Berichte, S. 146), er spreche zwar nur für seine Person; er sei sich bewußt, daß es an sich nicht wünschenswert sei, die Zuständigkeit der Zivil- und Strafgerichte auch von den technischen Fragen auszuschließen. „Ich habe — so führte Bolze damals wörtlich aus — für meine Person immer eine wohltuende Empfindung gehabt, wenn mir neben den abstrakten Rechtsfragen ein Hinblick auf derartige konkrete Dinge des Lebens geblieben ist, und ich bin mir immer bewußt gewesen, daß die feine Durchbildung des Rechts nur gewinnen kann, wenn auch derartige Mitententscheidungen technischer Fragen dem Richter verbleiben." Früher habe das RG. allerdings eine nachdrückliche Anregung dafür gegeben, es möge ihm die Rechtsprechung in Berufungssachen der Patentprozesse oder Nichtigkeitsklagen entzogen werden,[19·20]) — es habe damals an einer schweren Geschäftsüberbürdung laboriert, die Sachen seien für das RG. auch neu gewesen und endlich habe, im Gegensatz zu seiner sonstigen Stellung als Revisionsinstanz, das RG. hier eine tatsächliche Nachprüfung vornehmen müssen; — das RG. habe sich aber der Pflicht unterziehen müssen, diese technischen Fragen eine Reihe von Jahren zu behandeln ... Unter allen Umständen werde die Erfahrung und Übung den geschäftlichen praktischen Blick und die Möglichkeit einer gründlicheren und schnelleren Entscheidung im Laufe der Jahre herbeiführen. „Heute" — fuhr Bolze fort — „liegt die Sache so, daß unser Senat glaubt, der ihm gestellten Aufgabe gewachsen zu sein[21]) ...

[19]) Nach Bolze's Mitteilung war von dem I. Senat, Ende 1879 oder Anfang 1880, eine derartige Erklärung abgegeben und von dem Reichsgerichtspräsidenten an den Staatssekretär des Reichsjustizamts gesandt worden. Darauf stützte sich Frage 18 der Enquete betr. das Berufungsverfahren in Nichtigkeitssachen. In der Begründung zu dieser Frage war gesagt worden: (Stenogr. Berichte, S. 9): „Die Prüfung und Entscheidung dieser — technischen — Fragen setzt in der Mehrzahl der Fälle ein Maß technischer Vorkenntnisse voraus, welches dem lediglich aus juristisch gebildeten Mitgliedern zusammmengesetzten Reichsgericht nicht zu Gebote steht." Auf diese Äußerung bezieht sich Bolze's im Text wiedergegebene Erklärung.

[20]) Über die heutigen Bestrebungen, dem Reichsgericht die Patentberufungssachen abzunehmen, siehe unten S. 425. Bemerkt sei hier nur, daß sie von einem ganz anderen Gesichtspunkte ausgehen, nämlich dem der Entlastung des Reichsgerichts.

[21]) Es entbehrt nicht der Ironie, daß gegen diese Äußerung Bolze's, — die in schroffem Gegensatz zu seinen späteren Ausführungen in verschiedenen Aufsätzen und auf dem Leipziger Kongreß 1908 steht — der RGR. a. D. v. Meibom, 1890 in seinen „Bemerkungen zum Entwurf eines Gesetzes betr. die Abänderung des Patentgesetzes" S. 10/12 ausführte, daß „diese Mitteilungen Bolze's nicht auf einer von dem genannten Senat erteilten Instruktion beruhten" und daß auch in der Wahl des zu den Enquete-Verhandlungen

ich glaube, ... daß das Reichsgericht ohne Widerstreben bereit und imstande sein wird, die Berufungssachen in Nichtigkeitssachen weiter zu bearbeiten." (Einer etwaigen Ausdehnung der reichsgerichtlichen Kompetenz auf diesem Gebiet glaubte Bolze mit Rücksicht auf die Geschäftsüberlastung widersprechen zu sollen). Wir sehen also hier nicht nur kein Bekenntnis der Unmöglichkeit, sich in diese rein technischen Prozesse einzuarbeiten, sondern das stolze Selbstbewußtsein eines unserer höchsten und angesehensten Reichsrichter, daß die 7 Juristen des Reichsgerichts der ihnen gestellten Aufgabe sich gewachsen fühlen! Wenn trotz dieser und noch mancher anderen ähnlichen Äußerungen der Sachverständigen von der Enquetekommission die Schaffung eines aus Juristen und Technikern zusammengesetzten Patentgerichtshofs beschlossen wurde, so geschah es, weil die Industrie mit der damaligen Rechtsprechung des Patentamts im Erteilungs- und Nichtigkeitsverfahren unzufrieden war und ihr nicht unbedingtes Vertrauen schenkte, nicht aber, weil sie über Entscheidungen der ordentlichen Gerichte, denen sie ja die zivilrechtlichen Streitigkeiten und das Strafverfahren ausdrücklich überlassen wollte, und über deren Rechtsprechung auf diesem Gebiet ja noch nicht genügende Erfahrungen vorliegen konnten, zu klagen hatte!

---

einberufenen Vertreters das Reichsgericht „eine stillschweigende Billigung der von ihm vertretenen Ansicht seitens des Senats nicht gefunden werden könnte. Unter diesen Umständen kann die Ansicht desselben ein stärkeres Gewicht, als das einer individuellen Meinungsäußerung nicht in Anspruch nehmen." — v. Meibom ist denn auch mit Wärme für die Zuziehung von Sachverständigen zur Beratung, Beschlußfassung und Abfassung der Entscheidungsgründe in den sog. Patentjustizsachen, d. h. den Rechtssachen eingetreten, „die nach Normen des Patentrechts zu beurteilen sind". Dagegen hat auch v. Meibom, wie ebenfalls gleich betont sei, S. 164 ausdrücklich erklärt: „In betreff der Verletzung von Rechten aus Patenten müssen dieselben Grundsätze in Anwendung kommen, welche bei Verletzung von Privatrechten überhaupt gelten. Daher muß die Verfolgung von Zivilansprüchen aus solchen Rechten, mag es sich um Entschädigung wegen stattgehabter Verletzung derselben oder um Schutz gegen künftige Verletzung oder nur um Feststellung des Bestehens oder Nichtbestehens des Rechts handeln, ebenso wie die strafrechtliche Verfolgung von Patentrechtsverletzungen wie bisher vor die ordentlichen Gerichte gehören". Ausschließlich im Interesse einheitlicher Rechtsprechung in Patentfragen überhaupt wollte allerdings v. Meibom auch in den vor die ordentlichen Gerichte gehörigen Rechtssachen die patentrechtlichen Fragen nur durch das Patentamt entschieden wissen — ein Vorschlag, auf den unten noch eingegangen wird.

Das ergibt sich mit aller wünschenswerten Klarheit aus den Verhandlungen der Kommission; es würde zu weit führen, dies hier im einzelnen zu belegen.[22])

Die Enquete führte zur Vorlage eines am 17. III. 1890 veröffentlichten Entwurfs eines neuen Patentgesetzes; auf die Frage der Erweiterung der Zuständigkeit der Nichtigkeitsabteilung[23]) — abgesehen von den Fällen des § 10 Ziff. 2 Patentgesetzes — ist weder der Entwurf, noch seine Begründung eingegangen; auch die Reichstagsverhandlungen I. II. und III. Lesung[24]) lassen jede entsprechende Andeutung vermissen. In der XI. Reichstagskommission wurden Anträge auf Überweisung der von den ordentlichen Gerichten behandelten Patentsachen an das Patentamt nicht gestellt.[25]) Die gesetzgeberischen Arbeiten für das neue Gesetz vom 7. IV. 1891 geben also über unsere Frage keinen positiven Aufschluß; sie sind jedoch in dem negativen Sinne zu verwerten, daß bis zum Jahre 1890 weder auf seiten der Regierung, noch in den beteiligten Kreisen der Wunsch laut geworden ist, die Kompetenz der ordentlichen Gerichte in Fragen der Rechtsprechung auf dem Gebiete des Patentwesens einzuschränken. Ebensowenig wurde bei der Schaffung des Gebrauchsmustergesetzes die uns beschäftigende Frage berührt.

Auch in den folgenden Jahren des zur Neige gehenden Jahrhunderts traten weitere Bestrebungen, den Gerichten die Entscheidungen über technische Fragen in Streitigkeiten des gewerblichen Rechtsschutzes abzunehmen, nicht hervor; eher könnte man von einer gegenteiligen Richtung

---

[22]) Hervorgehoben sei — des historischen Interesses halber — hier nur noch eine Äußerung des großen Werner Siemens: „Ich meine, die Bildung des Erfinderrechts ist eine wesentlich technische Frage, von welcher die Juristen möglichst ferngehalten werden müssen, wenigstens soweit es sich um mehr als die richtige Form handelt. Es ist eine technische Frage, die nur von Technikern beurteilt werden kann, ob wirklich eine zu schützende Erfindung vorliegt. Dagegen ist die Erhaltung dieses einmal gewonnenen Rechts eine wesentlich juristische Frage, in welcher das juristische Moment auch das überwiegende sein muß ... alle die Fragen, in denen die Gültigkeit des Patents gar nicht in Frage kommt, können mit Fug und Recht den gewöhnlichen Gerichten überlassen werden."

[23]) Die damalige Abteilung VII (die jetzige Nichtigkeitsabteilung) hatte seit ihrem Bestehen bis Ende 1889 bei 12 732 Patenten im ganzen 1044 Nichtigkeits- und Zurücknahmeanträge zu erledigen gehabt!

[24]) I. Lesung 4. 12. 1890, 8. Legislaturperiode, I. Session 90/91, S. 781 ff. II. Lesung 12. 3. 1891, das. S. 2106 ff. III. Lesung 16. 3. 1891, das. S. 2110 ff.

[25]) Dies sei gegenüber den einleitenden Worten der „Vorschläge II" ausdrücklich betont; falsch daher auch Tolksdorf, S. 4.

reden: hat doch die grundlegende Entscheidung des Reichsgerichts vom 7. VII. 1894 (Bd. 33, S. 149) ausgesprochen, daß die Abhängigkeit eines Patents von einem anderen nur im ordentlichen Zivilprozeß festgestellt werden könnte und der Zivilprozeßrichter im Verletzungsprozeß an die vom Patentamt bei der Erteilung ausgesprochene Auffassung nicht gebunden sei. In dieser Entscheidung heißt es, nach Erwähnung der §§ 12 und 13 GVG.:

„Aus der Erteilung eines Erfinderpatentes entspringt ein Privatrecht; Streitigkeiten über die Rechte aus erteilten Patenten gehören aber vor die ordentlichen Gerichte, auch die Streitigkeiten über das Verhältnis der miteinander kollidierenden Rechte aus verschiedenen Patenten. Denn das Patentgesetz hat eben unterlassen, eine Bestimmung darüber zu treffen, daß solche Streitigkeiten von dem Patentamt zu entscheiden seien."

Diese Entscheidung bedeutete eine wesentliche Erweiterung der Kompetenz der ordentlichen Gerichte auf dem fraglichen Gebiete der Rechtsprechung!

Inzwischen hatte die Internationale Vereinigung, eine Gründung des Deutschen Vereins, ihr Interesse der Errichtung von gemischten Sondergerichten zugewendet; die Frage wurde auf dem Kongreß in London (1.—3. VI. 1898) eingehend erörtert,[26]) ohne zu einem Ergebnis geführt zu werden. (Näheres siehe unten Kap. IV, Nr. III).

Nunmehr setzte in Deutschland die Agitation des Deutschen Vereins ein: Auf seinem Kongreß zu Frankfurt a. M. (14.—16. V. 1900) wurde die Frage anläßlich der Diskussion über die Reform des Patenterteilungsverfahrens berührt;[27]) einen Bericht über die Arbeiten der Kommission des Vereins zu dieser Frage hat Rechtsanwalt Paul Schmid — Berlin erstattet.[28]) Der darauf folgende Kongreß in Köln (13.—15. V. 1901) hatte die Frage des Patentsondergerichtshofs zu einem besonderen Gegenstand seiner Tagesordnung gemacht;[29]) nach Vorbereitung durch eine besondere Denkschrift und nach eingehenden Beratungen beschloß der Kongreß mit 44 gegen 15 Stimmen bei 5 Stimmenthaltungen:

---

[26]) Es lagen Berichte vor: für Deutschland von Rechtsanw. Dr. Edwin Katz, für Frankreich von Armengaud jeune, für England von Lewis Edmund, für die Niederlande von Prof. D. J. Jitta; s. Jahrbuch der Intern. Ver., Bd. II, S. 386 ff., 397 ff., 404 ff., 407 ff.

[27]) Verhandlungsberichte über den Frankfurter Kongreß, S. 16 ff.

[28]) Daselbst S. 38—45.

[29]) Verhandlungsberichte über den Kölner Kongreß, S. 13—45 u. 138.

„Es erscheine nach den bisherigen Resultaten unserer Rechtsprechung in Patentsachen eine Änderung der Gesetzgebung notwendig dahin, daß die bisher nur von rechtsgelehrten Richtern abgeurteilten Sachen (Eingriffsstreite, Abhängigkeitsklagen usw.) ebenso, wie schon jetzt die Nichtigkeits- und Zurücknahmeklagen, von Gerichten abgeurteilt werden, die aus Juristen und Technikern als ständigen Richtern zusammengesetzt sind."

Nachdem diese prinzipielle Frage erörtert war, ging man an die Ausarbeitung der Organisationsfragen; zu diesem Zwecke wurde von dem Verein eine Denkschrift dem darauf folgenden Kongreß zu Hamburg (5.—7. V. 1902), vorgelegt,[30]) der den in ihr enthaltenen Vorschlägen im wesentlichen zustimmte.[31])

Nachdem der Verein so zunächst im engeren Kreise gewirkt hatte, arbeitete er eine Denkschrift „Vorschläge zur Reform des gewerblichen Rechtsschutzes"[32]) aus, die sich in ihrem I. Teil mit der Sondergerichtsbarkeit in Patentsachen beschäftigt; sie ging namentlich dem Deutschen Handelstag mit der Bitte um Prüfung zu. Die von ihm hierfür eingesetzte Kommission sprach sich mit 10 gegen 3 Stimmen am 17. und 18. XI. 1904 dafür aus, daß in allen Patentsachen die Gerichtsbarkeit durch Gerichte, die aus Juristen und Technikern bestehen, ausgeübt werden solle.[33]) Am 15. II. 1907 stellte die Kommission folgende Vorschläge auf (Handel und Gewerbe XIV, 321):

I. Daß diese gemischte Gerichtsbarkeit nur durch ein Gericht ausgeübt werden solle und Techniker und Juristen im Hauptamt angestellt werden sollen;

II. daß, ohne die Erfüllung dieser Forderungen abzuwarten, das Sachverständigenwesen dahin zu verbessern sei:

1. Zuziehung der Sachverständigen in möglichst frühem Stadium der Verhandlungen;
2. Berechtigung der Sachverständigen, an Parteien und Zeugen Fragen zu stellen;
3. Erhöhung der Gebühren der Sachverständigen.

Für die weitere Behandlung der Frage wurde eine Umfrage bei den Mitgliedern des Deutschen Handelstages veranstaltet. Von den befragten Handelskammern sprachen sich 27 für, 11 gegen Patentsondergerichte

---

[30]) Verhandlungsbericht, über den Hamburger Kongreß, S. 3—18.
[31]) Verhandlungsberichte über den Hamburger Kongreß, S. 13—30, 64.
[32]) Zitiert als „Vorschläge I", nach der II., 1904 erschienenen Auflage.
[33]) Handel und Gewerbe, XII, 164, 232; XIV, 255.

aus;[34]) im Anschluß an ein von dem Berichterstatter, Dr. v. Martius, erstattetes Gutachten[35]) hat trotzdem der Ausschuß des Deutschen Handelstags am 15.—16. V. 1907 gegen die Errichtung gemischter Sondergerichtshöfe für Sachen des gewerblichen Rechtsschutzes (obigen Vorschlag I) Stellung genommen, und nur obigen Vorschlag II gebilligt.[36])

Außer dem Deutschen Handelstag ging die Umfrage des Deutschen Vereins noch einer Reihe industrieller Verbände zu; das Ergebnis der Äußerungen geben die Vorschläge II, S. 8/9 wieder; im wesentlichen stimmten die Bezirksvereine des Vereins Deutscher Ingenieure, der Zentralverband Deutscher Industrieller, (Handel und Gewerbe, XV, 663) der Bund der Industriellen u. a. m. den Vorschlägen des Vereins zu.

Auf dem Düsseldorfer Kongreß des Deutschen Vereins (3.—8. IX. 1907) hatte die Frage der Patentsondergerichte zwar nicht auf der Tagesordnung gestanden; sie wurde aber bei der Diskussion über die Schaffung einer III. Instanz für das Patenterteilungsverfahren erörtert[37]) und führte zu einer Erklärung des Vertreters des preußischen Justizministeriums dahin:

> „daß die preußische Justizverwaltung sich von der Errichtung eines Sondergerichtshofes und der Abtrennung dieser wichtigen Sachen von der Rechtsprechung der ordentlichen Gerichte eine bessere sachliche Behandlung dieser Sachen nicht versprechen kann, daß sie dagegen eine solche Maßregel als eine schwere Schädigung der allgemeinen Rechtspflege betrachten muß.“[38])

Unmittelbar nach dem Düsseldorfer Kongreß erschien unter dem 11. X. 1907 eine Rundverfügung des Preußischen Justizministers betr. den gewerblichen Rechtsschutz;[39]) dem Vorgehen der Preußischen Re-

---

[34]) Anhänger der gemischten Gerichte waren die Handelskammern: Arnstadt, Bielefeld, Bochum, Bonn, Bremen, Dessau, Elberfeld, Erfurt, Gera, Halberstadt, Iserlohn, Leipzig, Lennep, Mühlheim a. Rh., Münster, Offenbach, Plauen, Potsdam, Rottweil, Saalfeld, Sagan, Schweidnitz, Stettin, Trier, Wesel, Zittau. — Gegner die Handelskammern: Bingen, Bromberg, Gießen, M.-Gladbach, Hamburg, Hannover, Mainz, Mannheim, Nürnberg, Oppeln, Regensburg, Straßburg. Vgl. Handel u. Gewerbe XIV, 256, 299, 419, 431, 623; XVI, 545

[35]) Vgl. „Chem. Industrie“ 1907, S. 141 ff.

[36]) Handel und Gewerbe, XIV, 520.

[37]) Verhandlungsberichte des Düsseldorfer Kongresses 1907, S. 44 ff.

[38]) Geh. Oberjustizrat Kübler, das., S. 47.

[39]) Abgedruckt im Blatt für Patent-, Muster- und Zeichenwesen, 1907, S. 226 ff., sowie Handel u. Gewerbe XV, 116.

gierung schloß sich die sächsische (Min.-Verordnung v. 29. XI. 1907)[40]) und bayerische (Min.-Erlaß v. 8. XI. 1907)[41]) Justizverwaltung an. Die Absage der preußischen Regierung stachelte die Anhänger der Sondergerichtsbestrebungen zu verdoppelten Bemühungen an; dem nächsten Kongreß für gewerblichen Rechtsschutz (Leipzig, 15.—20. VI. 1908) wurden folgende Beschlüsse unterbreitet betr.

Die Gerichtsbarkeit in Sachen des gewerblichen Rechtsschutzes.[42])

1. Es ist wünschenswert, daß für Sachen des gewerblichen Rechtsschutzes aus rechtsgelehrten und technischen Richtern zusammengesetzte Gerichte eingerichtet werden.
2. Die technischen Richter sollen in erster Instanz im Ehrenamt berufen werden.
3. Die technischen Richter müssen auf Grund ihrer theoretischen und praktischen Vorbildung auf einem Gebiete der Technik sachkundig und imstande sein, den Ausführungen der Parteien und Sachverständigen mit Sicherheit zu folgen; sie sollen aber nicht die Sachverständigengutachter ersetzen.
4. Die Kammern für Sachen des gewerblichen Rechtsschutzes sollen aus einem juristisch gebildeten Vorsitzenden, zwei juristischen und zwei technischen Beisitzern bestehen.
5. Die Kammern können einzelnen Landgerichten für mehrere Landgerichtsbezirke angegliedert werden.
6. Diese Kammern sollen ohne Rücksicht auf den Streitwert für alle Zivilsachen auf dem Gebiete des Patent-, Gebrauchsmuster- und Geschmacksmusterrechts zuständig sein.
7. Diese Kammern sollen ferner in Strafsachen auf dem Gebiete des Patent-, Gebrauchsmuster- und Geschmacksmusterrechts zuständig sein.
8. Die zweite Instanz in Patent-, Gebrauchsmuster- und Geschmacksmustersachen ist zu zentralisieren.
9. Die Senate des Berufungsgerichts sind mit drei rechtsgelehrten und zwei technischen Beisitzern zu besetzen.

   Diese technischen Beisitzer sind im Hauptamt zu bestellen.

---

[40]) Abgedruckt im Sächsischen Archiv für Rechtspflege, 1908, S. 1 ff.

[41]) Abgedruckt im Bayerischen Justizmin. Blatt, 1907, S. 393; hier wird besonders die praktische Ausbildung in industriellen Unternehmungen empfohlen.

[42]) Denkschrift zum Leipziger Kongreß 1908, S. 22.

10. Die für die erste Instanz gemachten Vorschläge Ziffer 3 sollen auch für die zweite Instanz gelten.
11. Falls eine Berufung in Strafsachen eingeführt wird, soll in den Strafsachen wegen Patentverletzung der zentralisierte Gerichtshof zweiter Instanz zuständig sein.
12. Das Reichsgericht soll für die der gemischten Gerichtsbarkeit zugewiesenen Sachen ohne Rücksicht auf den Streitwert als Revisionsinstanz zuständig sein.
13. Als Revisionsinstanz hat das Reichsgericht die reine Rechtsfrage zu prüfen, aber nicht den technischen Tatbestand nachzuprüfen.
14. Die gemischten Kammern erster Instanz sollen auch für die Erklärung der Nichtigkeit von Patenten inter partes und im Wege der Popularklage zuständig sein, unter der Voraussetzung, daß die zweite Instanz zentralisiert wird.
15. In den Streitsachen, die bei den Sondergerichten für gewerblichen Rechtsschutz anhängig sind, haben die Parteien das Recht, neben dem Rechtsanwalt selbst aufzutreten und durch technische Angestellte oder Patentanwälte zu Wort zu kommen. Eine Nichtbeachtung dieser Vorschrift ist ein erheblicher Mangel des Verfahrens.

Der Kongreß faßte in namentlicher Abstimmung mit 98 gegen 53 Stimmen,[43]) indem er die übrigen Thesen unerörtert ließ, den Beschluß:

„Es ist erforderlich, daß für Sachen des gewerblichen Rechtsschutzes aus Rechtsgelehrten und technischen Richtern zusammengesetzte Gerichte eingerichtet werden."

Gleichzeitig wurden angenommen:

---

[43]) Die Abstimmungsliste ist veröffentlicht im GewRSchutz 1908, S. 303, sowie in den Kongreßberichten über den Leipziger Kongreß, S. 200. Hier sei nur angeführt, daß mit ja und mit nein stimmten:

	ja	nein
Handels- u. Gewerbekammern	4	7
Vereine	17	4
Vertreter der Mechanischen Industrie und Technik	22	1
Vertreter der Chemie	14	—
Patentanwälte	23	3
Juristen	13	38
Verschiedene	5	—
	98	53

I. ein Antrag des Reichsgerichtsrats Dr. Hagens:

„Die Anordnung einzelner deutscher Justizverwaltungen, wonach die Streitigkeiten aus dem Gebiete des gewerblichen Rechtsschutzes bestimmten Zivilkammern von Landgerichten ausschließlich zugewiesen werden, sind zu begrüßen. Zur weiteren Verfolgung des damit angestrebten Zweckes ist es erwünscht, daß im Wege der Gesetzgebung das ganze Rechtsgebiet in große Bezirke eingeteilt wird, für welche je ein bestimmtes Landgericht und Oberlandesgericht für die Entscheidung der erwähnten Streitigkeiten als ausschließlich zuständig erklärt wird."

II. ein Antrag des Justizrats Dr. Seligsohn:

„Der Kongreß hält die in einzelnen Bundesstaaten erfolgte Konzentrierung der Patentstreitigkeiten bei einzelnen bestimmten Kammern und Senaten der Gerichte für zweckmäßig und wünscht als vorläufige Abhilfe eine weitere Durchführung dieser Konzentration mit folgenden Maßgaben:

1. bei Besetzung der Patentkammern und Patentsenate ist auf die Ausbildung und Neigung der betreffenden Richter Rücksicht zu nehmen;
2. außer den Parteien müssen auch deren technische Angestellte und die Patentanwälte in der mündlichen Verhandlung zum Wort verstattet werden."

Eine Reihe industrieller Vereinigungen, z. B. der Verein Deutscher Ingeniere, der Verein zur Wahrung der Interessen der chemischen Industrie Deutschlands, neuestens auch noch der Verein deutscher Maschinenbauanstalten,[44]) hat die Stellungnahme des Leipziger Kongresses gebilligt.

Wenngleich also der Hauptbeschluß des Leipziger Kongresses jedwede Stellungnahme zu der Frage der Ausgestaltung der gemischten Gerichte unterlassen hat, kann das vorliegende Gutachten denselben Weg nicht einschlagen; hierüber wird unten das Nähere gesagt werden (s. Kap. II, § 2, II).

In der Literatur sind aus Anlaß der Streitfragen mehrere Einzelschriften und eine große Menge von Aufsätzen in den verschiedensten Zeitschriften erschienen; es seien hier, zugleich um die Vertreter beider Richtungen kennen zu lernen, in der Anmerkung die wichtigsten Arbeiten,

[44]) Denkschrift des genannten Vereins zur Reform des Patentgesetzes, Berlin 1909, sowie Verhandlungen der Sachverständigensitzung vom 7/8. 12. 1909, Berlin 1910, S. 65 ff.

möglichst zeitlich geordnet, zusammengestellt.[45]) Auffallend erscheint es, worauf schon Prof. Schlesinger hingewiesen hat, daß für die Sondergerichte unter den Ingenieuren fast nur Patentanwälte das Wort ergriffen haben; eine Erklärung hierfür wird aus den späteren Darlegungen unschwer zu gewinnen sein.

---

[45]) Für eine Sondergerichtsbarkeit in Patentsachen haben sich ausgesprochen:

Reichsgerichts-Rat Dr. Bolze: Entwurf einer Patentgesetznovelle, 1890, S. 92 ff.

Direktor v. Schütz, GewRSchutz, 1901, S. 281.

Patentanwalt Herse, Zur Frage der Sondergerichtsbarkeit in Patentsachen, Mitteilungen vom Verband deutscher Patentanwälte, 1907, S. 113.

Reichsgerichts-Sen.-Präs. Dr. Bolze, Technische Sondergerichte? DJZ. 1907, S. 1232 und „Recht" 1908, S. 63.

Patentanwalt Tolksdorf, Die Patentgerichte. Ein Beitrag zur Besserung der Rechtsprechung in Patent- und Warenzeichensachen, 1908.

Geh.-Reg.-Rat Dr. Damme, Sachverständigengerichte oder gerichtliche Sachverständige? DJZ., 1908, S. 394.

Rechtsanwalt Fuchs, Recht und Wahrheit in der heutigen Justiz, Berlin, 1908.

Derselbe, Gemeingefährlichkeit der konstruktiven Jurisprudenz, 1909, S. 150, 155, 171.

Patentanwalt Dr. Rauter, Über technische Gerichtshöfe, Deutsche Wirtschaftszeitung, 1908, S. 442.

Rechtsanwalt Dr. Isay, Die Gerichtsbarkeit in Patentprozessen, 1908.

Justizrat Dr. Wildhagen, Leipziger Zeitschrift für Handels-, Konkurs- und Versicherungsrecht, 1908, S. 481.

Dipl.-Ingenieur Neubauer, Technik und Wirtschaft, 1908, S. 254.

Patentanwalt Tolksdorf, ZIndR, 1908, S. 157.

Direktor v. Schütz, GewRSchutz, 1908, S. 299.

Patentanwalt Dr. Wirth, GewRSchutz, 1908, S. 206.

Gegen die Errichtung von Patentsondergerichten sprachen sich aus:

Rechtsanwalt Magnus, Reformbestrebungen auf dem Gebiete der gewerblichen Schutzrechte, 1900; und: Patentgerichte. JW. 1907, S. 665.

Dr. C. A. von Martius, Über die Einrichtung eines selbständigen gemischten Patentgerichtshofs, Chemische Industrie, 1907, S. 141 ff. (als Sonderabdruck erschienen).

Justizrat Dr. Edwin Katz, Sondergerichte, DJZ. 1901, S. 449, und „Beweisaufnahme in Patentprozessen", Leipziger Zeitschrift, 1908, S. 50.

Handelskammersekretär Gunz, Sondergerichtsbarkeit für Patentsachen, Zeitschrift für Rechtspflege in Bayern, 3. Jahrg., 1907, S. 31, und „Tag" v. 29. 6. 1907.

Landrichter Dr. Rathenau, Das Sachverständigenwesen in Patentprozessen. Zugleich ein Beitrag zur Frage der Errichtung eines selbstständigen gemischten Patentgerichtshofs, Berlin, 1908 und: Patent- und Gebrauchs-

Kapitel I.

Besteht ein Bedürfnis für die Errichtung von Patentsondergerichten?

§ 1.

Mißtrauen gegen die rechtsgelehrten Gerichte.

Unter den Gründen, die für die Errichtung von Sondergerichten für gewerblichen Rechtsschutz ins Feld geführt werden, erscheint an erster Stelle der, daß die Rechtsuchenden mit den in Patentsachen ergehenden Urteilen unzufrieden seien, und zwar nicht nur in der Rolle des Unterlegenen, sondern auch in der des Siegers. Zugegeben, weil unbestreitbar, wird von jener Seite, daß eine Partei sich durch das Urteil immer in ihrem Recht gekränkt fühlen und daß dies auch dann der Fall sein wird, wenn gemischte Gerichte über diese Sachen zu entscheiden haben werden. Auch wird nicht verkannt, daß Fehlsprüche der Gerichte selbst bei der besten Organisation der Gerichte und bei den besten

---

musterprozesse in Preußen im Lichte der Statistik, Leipziger Zeitschrift, 1908, S. 489 ff.

Justizrat Merzbacher, Die Reform des Patent- und Warenzeichenrechts, „Recht", 1907, S. 1190.

Prof. Dr. J. Kohler, Industrierecht und Sondergerichte, „Tag" vom 19. November 1907 und JLBl. 1909, S. 1.

Reichsgerichtsrat Dr. Düringer, „Recht" 1907, S. 1030; DRZ. 1909, S. 50; sowie „Richter und Rechtsprechung", 1909, S. 32.

Reichsgerichtsrat Dr. Hagens, GewRSchutz, 1908, S. 341 ff.

Landgerichtsdirektor Dr. Degen, Gegen die Sondergerichte für Sachen des gewerblichen Rechtsschutzes, 1908.

Dipl.-Jng. Dr. Runkel-Langsdorf, ZIndR. 1908, S. 133.

Rechtsanwalt Jacobsohn, daselbst, 1908, Nr. 18.

Justiz-Rat Prof. Dr. Paul Alexander-Katz, daselbst 1908, Nr. 22.

Rechtsanwalt Dr. Drucker, Sächsisches Archiv für Rechtspflege, 1908, S. 329.

Rechtsanwalt Dr. Wertheimer, M&W. 1908, S. 153, und Leipziger Zeitschrift, 1908, S. 671 ff.

Geh. Reg.-Rat Dr. Freund, Woche 1908, Nr. 42, S. 1804.

Rechtsanwalt Dr. Hugo Cahn, Techniker als Richter, Nürnberg, 1908, sowie: Laien- und Sondergerichte, DRZ. 1909, S. 65.

Prof. Dr. Jng. Schlesinger, Der Ingenieur in der Rechtsprechung und Verwaltung, Annalen des Deutschen Reichs, 1909, S. 247.

Patentanwalt Georg Neumann, Gruchots Beiträge, 1909, S. 394 ff.

Im übrigen ist die Literatur möglichst vollständig bis zum 1. IV. 1910 berücksichtigt.

Gesetzen unvermeidlich sein werden.[1]) Was aber nach Wildhagen[2]) angeblich die Unzufriedenheit mit den bestehenden Verhältnissen hervorruft, ist, daß das Urteil in Patentsachen häufig nicht seiner Resultate wegen und nicht bloß bei den Parteien Mißstimmung erzeuge, wenn es erkennen lasse, daß der Richter, der das Urteil gefällt hat, die zugrunde liegende Sachlage nicht vollkommen beherrscht habe. Demselben Gedanken lieh der jüngst verstorbene, um die Sache des gewerblichen Rechtsschutzes hochverdiente Direktor v. Schütz Ausdruck mit den Worten:[3]) „Es verursacht eine unendliche Bitterkeit, wenn die Partei sich sagen muß, „die Richter haben mich überhaupt nicht verstanden und dieses tiefe Gefühl der Bitterkeit ist es, das die Frage der gemischten Patentgerichte ins Leben gerufen hat" ... Es mag nach den Ausführungen auf dem Leipziger Kongreß als tatsächlich richtig unterstellt werden, daß wenigstens die chemische Industrie sich früher öfters einer gewissen Verständnislosigkeit der Richter in chemischen Dingen gegenüber gestellt sah, die die Befürchtung wach rief, das Urteil sei — wenn auch nach bestem Wissen und Gewissen gefällt — doch mehr oder minder ein Zufallsprodukt.[4]) Es läßt sich auch weiter im allgemeinen nicht leugnen, daß — worauf Rümelin[5]) sehr feinsinnig hingewiesen hat — „je empfindlicher und feiner das Rechtsgefühl ist, man sich desto weniger bei materiell nicht einleuchtenden Entscheidungen beruhigen wird".

Allein, zunächst ist die erwähnte Mißstimmung keineswegs eine allgemeine, worauf Wildhagen selbst ausdrücklich hingewiesen hat;[6]) weder eine allgemeine für alle Gebiete der Technik, noch eine allgemeine auch nur für die chemische Industrie, was aus einem Aufsatze von v. Martius[7]) deutlich hervorgeht. Es ist wichtig, dies gleich am Beginn der sachlichen Ausführungen mit aller Schärfe zu betonen.

---

[1]) Wildhagen, Leipziger Kongreßberichte, S. 123 und 28; derselbe in „Gerichtsbarkeit in Schiffahrtsprozessen", Zeitschrift für Binnen-Schiffahrt, 41. Jahrg., Heft 19.

[2]) Leipziger Kongreßberichte, S. 28.

[3]) GRSchutz 08, S. 302; s. auch Tolksdorf, ZIndR. 08, 158; Haeuser, Leipziger Kongreßberichte, S. 67.

[4]) Tolksdorf, Patentgerichte S. 41 und in ZIndR. 1908, S. 157.

[5]) Rümelin, Akademische Rede über das schweizerische Gesetzbuch, 1908, S. 31.

[6]) Wildhagen, Leipziger Kongreßberichte, S. 123.

[7]) v. Martius, Chemische Industrie, 1907, S. 142; allerdings hat Kloeppel, durchaus zu Unrecht, die praktischen Erfahrungen v. Martius' in Zweifel gezogen: Leipziger Kongreßberichte, S. 118.

Zahlreiche Stimmen haben die Rechtsprechung einzelner, und gerade der wichtigsten, Gerichte, anerkannt: Die Rechtsprechung des Reichsgerichts auf dem Gebiet des gewerblichen Rechtsschutzes bildet einen Ruhmestitel der deutschen Rechtspflege und hat sein Ansehen auch im Auslande gemehrt; daß einige Mißvergnügte auch diese Judikatur des Reichsgerichts nicht gelten lassen wollen, besagt umsoweniger, als auch die Anhänger der Sondergerichte das Reichsgericht nicht mit Technikern besetzen wollen. — Aber auch die Rechtsprechung der Oberlandesgerichte, namentlich des Kammergerichts, der Oberlandesgerichte Frankfurt a. M., Köln, Dresden, Hamburg u. a. m. steht auf dem Gebiet des gewerblichen Rechtsschutzes in berechtigter Achtung.[8]) Nicht minder hat insbesondere auch die Rechtsprechung der Patentspezialkammer des Landgerichts I Berlin mannigfache Anerkennung, auch von gegnerischer Seite, gefunden;[9]) auch hier ist selbstverständlich der Tadel nicht ausgeblieben; bedenklicher, als er ist aber die von Einigen erhobene Warnung, die mit dieser Spezialkammer gemachten Erfahrungen zu verallgemeinern, weil diese Kammer „unter ausnahmsweise günstigen Verhältnissen arbeite";[10]) diese Einschränkung ist sachlich unberechtigt und ungerechtfertigt. Denn, wenn tatsächlich auch nur eine einzige Kammer auf diesem Gebiet der Rechtsprechung sich bewährt hat, so beweist dies eben, daß in thesi auch erstinstanzliche Gerichte fähig sind, in Patentprozessen sachgemäße Entscheidungen zu treffen; es würde dann eben nur darauf ankommen, das geeignete Richtermaterial an die richtige Stelle zu setzen, — ein Gesichtspunkt, der unten eingehend erörtert werden wird. Es kann aber weiter auf Grund vielfacher übereinstimmender Äußerungen kompetentester Beurteiler[11]) festgestellt werden, daß die Berliner Spezialkammer, auch nach einem vollständigen Wechsel in ihrer Besetzung, sich des unverminderten, wenn nicht eines gesteigerten Rufes in den beteiligten Interessentenkreisen erfreut! Man kann also schlechterdings nicht von Ausnahmezuständen reden! Und was von der Berliner Kammer gilt, das gilt auch

[8]) Vgl. Wertheimer, M. & W., 1908, S. 155; Magnus, GewRSchutz 1908, S. 113 und derselbe, Stettiner Kongreßberichte, S. 116, besonders mit Bezug auf das Kammergericht.

[9]) Vgl. namentlich Vorschläge II, S. 10; ferner GOJR. Kübler auf dem Leipz. Kongreß, Berichte, S. 51, 53; Katz, das., S. 34, Isay, das., S. 48; Magnus, JW. 1907, S. 667; Wirth, GewRSchutz 1908, S. 206, Schlesinger, a. a. O., 1909, S. 249.

[10]) So Vorschläge II, S. 10; Wildhagen, Leipziger Kongreßberichte, S. 28.

[11]) S. neuestens Seligsohn, Goldschmidt's Z., Bd. 66, 1909, S. 158/9.

von den Spezialkammern in Leipzig, Frankfurt a. M., Hamburg u. a.; allseitig wird zugegeben, daß auch diese Untergerichte den Aufgaben gewachsen waren! Eine allgemeine Unzulänglichkeit der Gerichte kann demnach nicht in Frage kommen. —

Sodann darf man nicht vergessen, daß leider auch auf anderen Gebieten des Rechts die beteiligten Kreise des öfteren — ob mit Recht oder Unrecht, sei dahingestellt — ein tiefes Gefühl der Bitterkeit gegen die Rechtsprechung auch der höchsten Gerichte empfunden haben, ohne sogleich nach dem „Sonderrichter" zu rufen, sogar in Streitigkeiten, bei denen mindestens so hohe Objekte auf dem Spiele standen, als bei Patentsachen; erwähnt sei hier nur die Rechtsprechung des Reichsgerichts in Börsensachen, „die bei der Kaufmannschaft eine tiefgehende Mißstimmung hervorgerufen hat".[12]) — Auch richtet sich die Mißstimmung ja nur gegen die Rechtsprechung, wie sie bis dahin geübt wurde; daß sie auch fortdauern müßte, wenn alle die Maßnahmen ihre Wirkung getan haben werden, die zur Besserung der Verhältnisse von den Regierungen vorgeschlagen sind und im Rahmen des Bestehenden vielleicht noch sonst ergriffen werden könnten, ist nicht bewiesen, auch nicht anzunehmen. Die Materie des gewerblichen Rechtsschutzes ist verhältnismäßig jung; sie hat in früheren Jahren nicht annähernd die Bedeutung gehabt, die ihr heute, infolge des Aufschwunges der Technik und der Ausdehnung des gewerblich-technischen Lebens, zukommt; sie ist vielleicht lange Zeit ein Stiefkind vieler Richter gewesen. Man kann aber auch nicht von allen Juristen Lust und Liebe für technische Dinge und ein eindringendes Verständnis für sie verlangen; man braucht dies auch nicht, wenn man es nur vermeidet, alle möglichen, insbesondere kleineren, Gerichte mit solchen Prozessen zu befassen!

Vollends hat die gesamte Rechtspflege unserer Zeit unter einer Unpopularität zu leiden,[13]) die naturgemäß die Unzufriedenheit mit der Rechtsprechung auf einem Spezialgebiet noch größer erscheinen läßt, als sie es tatsächlich ist, so daß schwer zu unterscheiden ist, ob die Miß-

---

[12]) Vgl. die Äußerung Soetbeers, des Generalsekretärs des Deutschen Handelstags, auf dem Leipziger Kongreß, Berichte, S. 118.

[13]) Vgl. die interessante Studie von Beradt, Der Richter (in der Sammlung: Die Gesellschaft), S. 77, ferner über die angebliche Unzufriedenheit mit der Strafrechtspflege die trefflichen Ausführungen des Landgerichtsdirektors Schiefler, in den Preußischen Jahrbüchern, Bd. 136, S. 74 ff. und die Debatten des Reichstags bei der 1. Lesung der Strafprozeßnovelle, 14. u. 15. 1. 1910, Stenogr. Berichte, 17. Legislaturperiode, II. Session 1909/10, S. 511 ff. und 545 ff., sowie die sich daran anschließende umfangreiche Aufsatzliteratur.

stimmung sich gegen die Gerichte im allgemeinen oder gegen die mit Sachen des gewerblichen Rechtsschutzes befaßten Gerichte im besonderen richtet. Der Schluß a fortiori liegt auch hier sehr nahe! Deshalb darf auch trotz des scheinbaren Zusammenhangs die Frage der Beteiligung von Zivilschöffen an der Rechtspflege mit der Frage der Patentsondergerichte nicht verquickt werden;[14]) sie muß hier umsomehr ausscheiden, als in dem Augenblick, da die Zivilrechtspflege einer aus gelehrten und Laienrichtern zusammengesetzten Richterbank ausgeantwortet werden würde, Gerichte, die aus Juristen und Technikern bestehen, nicht mehr Sondergerichtshöfe darstellen, sondern nur den notwendigen Teil eines einheitlichen Organismus bilden würden!

Mit der angeblichen „Unzufriedenheit" geht Hand in Hand ein in gewissen industriellen Kreisen bestehendes Mißtrauen gegen die Gerichte, soweit sie in Sachen des gewerblichen Rechtsschutzes zu urteilen haben, mögen auch die Vorschläge II, S. 9 erklären, es handele sich nicht um ein Mißtrauen gegen die Richter als Juristen. Nachdem Degen[15]) die Unhaltbarkeit dieser Behauptung schlagend nachgewiesen hatte, haben Wildhagen[16]) und v. Schütz[17]) zugegeben, daß „die Industrie zu Gerichtshöfen, die ausschließlich aus Richtern bestehen, welche die technische Seite der Sache nicht genügend verstehen, nicht das unbedingte Vertrauen haben kann, das der Richter beanspruchen muß."[18]) Trotz der ausdrück-

---

[14]) A. A. Volze, der auf dem Leipziger Kongreß (Berichte, S. 64), erklärte, daß nicht bloß in Patentsachen, sondern für weite Kreise unserer Rechtsprechung die Zuziehung der Laien wünschenswert wäre.

[15]) Gegen die Sondergerichte, 1908, S. 10.

[16]) Leipziger Kongreßberichte, S. 124; anders allerdings noch Leipziger Zeitschrift, 1908, S. 484.

[17]) GewRSchutz 1908, S. 302.

[18]) Wäre dem nicht so, wie hätte sonst der Leipziger Kongreß trotz des Widerspruchs des preußischen und sächsischen Regierungsvertreters nicht nur die von der Kommission des Vereins vorgeschlagene These annehmen, sondern sie sogar noch durch Ersetzung des Wortes „wünschenswert" durch „erforderlich" verschärfen können? Und wie wäre es erklärlich, daß trotz der allgemein anerkannten, übereinstimmenden Maßnahmen der größeren bundesstaatlichen Justizverwaltungen der Kongreß in seinem Beschluß II die in einzelnen Bundesstaaten erfolgte Konzentrierung der Patenstreitigkeiten bei einzelnen Gerichten nur „als vorläufige Abhilfe" bezeichnete, ohne den Erfolg der genannten Maßnahmen auch nur abzuwarten?

lichen Aufforderung des Vertreters des preußischen Justizministers auf dem Düsseldorfer Kongreß,[19]) hat der Deutsche Verein es bis auf den heutigen Tag abgelehnt, aktenmäßiges Material beizubringen, das die Errichtung der gewünschten Sondergerichtsbarkeit und damit das Mißtrauen rechtfertigen könnte. Man hat dafür die mannigfaltigsten Gründe angegeben, die hier nicht aufgezählt zu werden brauchen.[20]) Zutreffend ist darauf hingewiesen worden, der Richterstand habe ein Recht darauf, daß ihm nachgewiesen werde, worin die behaupteten Fehlschlüsse und sonstigen Mißstände bestünden.[21]) Dadurch, daß man diesen Beweis nicht angetreten hat, hat man zu erkennen gegeben, daß nicht so sehr Erfahrungen, die in der Vergangenheit liegen, also Unzufriedenheit mit Geschehenem, als Mißtrauen, das für die Zukunft gehegt wird, den Ausgangspunkt für die Patentsondergerichtsbestrebungen bildet (Vgl. auch von Stahl, a. a. O., S. 232/3). — Auch der Grund endlich, den die Vorschläge II, S. 10 für die Nichtveröffentlichung von Material angeben,[22]) daß nämlich eine solche Veröffentlichung „durch die Anerkennung vorhandener Mißstände seitens des preußischen Justizministerialerlasses (vom 11. X. 1907) überflüssig geworden" sei, kann nicht mehr aufrecht erhalten werden, nachdem die autoritative Erklärung des Geh. Oberjustizrats Kübler als Vertreters des preußischen Ministers abgegeben ist, daß eine solche Anerkennung nicht vorliege.[23])

Dieses unbestimmte, nicht faßbare und durch Beläge nicht erhärtete Gefühl des Mißtrauens gegen den gelehrten Richter kann daher als stichhaltiger Grund für die Einführung von Sondergerichten nicht erachtet werden.

---

[19]) Geh. Oberjustizrat Kübler, Düsseldorfer Berichte, S. 87 und Leipziger Berichte, S. 50.

[20]) Tolksdorf, Patentgerichte, S. 6; derselbe, ZIndR., 1908, S. 158; RA. Meinhardt, Leipziger Berichte, S. 70; Isay, daselbst, S. 45; v. Schütz, GewRSchutz 1908, S. 301.

[21]) Degen, a. a. O., S. 8; auch Wildhagen hat (Leipziger Berichte, S. 28) die Berechtigung dieses Verlangens unumwunden anerkannt.

[22]) Und den sich auch einige Anhänger der Sondergerichte zu eigen gemacht haben: so Tolksdorf, a. a. O., S. 7 und 13; Meinhardt, a. a. O., S. 70; v. Schütz, a. a. O., S. 300.

[23]) Leipziger Berichte, S. 50 und 72; schon vorher in demselben Sinn Degen, a. a. O., S. 8.

§ 2.

Der Jurist kein geeigneter Richter für technische Prozesse?

Wie ein roter Faden zieht sich durch alle Erwägungen zugunsten der gemischten Patentgerichte der Gedanke, daß „das praktische Interesse der Industrie und der Erfinder besser gewahrt werde, wenn Techniker zur Rechtsprechung zugezogen würden, da rechtsgelehrte Richter selbst von größter Befähigung und unzweifelhafter Gewissenhaftigkeit nicht imstande seien, alle technischen Fragen, welche in Patentprozessen für die Entscheidung maßgebend sind, zu verstehen ... Es fehle dem Richter häufig an der zum Verständnis technischer Fragen eigentümlichen Begabung. Hierzu gehöre ein plastisches Vorstellungsvermögen, das gerade dem auf logisches abstraktes Denken gerichteten Juristen oft abgehe, selbst, wenn er in seinem Fache Hervorragendes leiste."[24]) An anderer Stelle heißt es,[25]) es bestehe „die Unmöglichkeit für den Nichttechniker, komplizierte technische Probleme auf dem Gebiete der Mechanik oder der Chemie oder der Elektrotechnik zu verstehen".

Prüft man diese grundlegenden Behauptungen, die in mehr oder minder scharfer Form oft wiederholt sind, so fragt es sich zunächst:

a) Ist die Behauptung des Mangels an anschaulichem Denken der Juristen richtig?

b) Ist es notwendig, daß der Richter die technischen Probleme, die Gegenstand der von ihm zu entscheidenden Prozesse bilden, selbst bis in alle Einzelheiten zu verstehen imstande ist?

Unstreitig gibt es eine Reihe selbst hervorragender Juristen, wie sonstiger Nichttechniker, denen technisches Verständnis und technisches Denken abgeht und denen daher die Sachen des gewerblichen Rechtsschutzes ein Gefühl des Mißbehagens, weil der Unsicherheit, verursachen. Zuzugeben ist auch, daß die Denkweise, in der der Jurist groß geworden ist, von der des Technikers grundsätzlich verschieden ist; ist sie dort mehr abstrakt, analytisch, so ist sie hier mehr konkretisierend, plastisch. Allein, ebenso wenig, wie der Techniker unfähig ist, sich eine juristische (nicht zu verwechseln mit „richterliche") Denkweise anzueignen, ist der Jurist als solcher infolge seiner Ausbildung unfähig, technische Probleme zu erfassen und zu verstehen. Eine solche Behauptung würde durch die Erfahrung wider-

[24]) Vorschläge I, S. 8 und 9.
[25]) Vorschläge II, S. 10.

legt werden: Nicht nur, daß in den Verwaltungen vieler großen industriellen Unternehmungen hervorragende Juristen sitzen, die sich das technisch-anschauliche Denken aufs Beste haben aneignen können, benötigen unsere Juristen, und namentlich auch Richter, für Streitigkeiten auf anderen Rechtsgebieten das „anschauliche Denken" weit mehr, als die logisch-abstrakte Denkoperation, z. B. bei fast allen Strafsachen, bei Unfalls-, Schiffahrts- und vielen anderen Prozessen. Ist je in diesen Dingen dem Richter gerade das anschauliche Denkvermögen abgesprochen worden? Wird doch nicht einmal die Zuziehung von Laienrichtern zur Strafrechtspflege damit begründet, daß die Laien auf der Richterbank diesen Mangel in der Denktätigkeit des Juristen ersetzen sollen. Wäre aber ferner die Behauptung des mangelnden technischen Auffassungsvermögens der Juristen zutreffend, so könnte sie, worauf Degen mit Recht hingewiesen hat,[26]) logisch nur zu der Forderung führen, die Juristen von der Rechtsprechung in technischen Fragen überhaupt auszuschließen. Sie wäre auch unverträglich mit der fast allgemeinen Billigung der Zusammensetzung des bisher einzigen gemischten Gerichts im Sinne der Gegner, der Nichtigkeitsabteilung des Patentamts.[27]) Und wenn selbst einzelnen Juristen die natürlichen Anlagen zu technischem Betrachten und das Interesse für technische Dinge mangeln sollten, so würde doch durch die Zuziehung der Techniker nicht das mindeste gebessert werden; denn diese angebliche Unfähigkeit der Juristen kann schlechterdings nicht durch die kurze Unterweisung, die der Techniker dem juristischen Kollegen vor oder während der Sitzung bestenfalls geben könnte, behoben werden. Und sodann: Was der gerade von der Schule gekommene Studierende einer technischen Hochschule sich in mehrjährigem Studium aneignen kann, um als „Techniker" zu gelten, das wird man bei einem Juristen, bloß weil er Jurist ist, doch nicht für unmöglich halten! Also nicht der Jurist als solcher ist ungeeignet, technisch-plastisch zu denken, sondern höchstens der eine oder der andere Richter mit rein juristischer Vorbildung! Die einzige Schlußfolgerung, die sich sonach aus dem besprochenen Argument der Anhänger der Sondergerichte ziehen ließe, wäre die Alternative: entweder den Juristen von dem Mitrichten über technische Fragen ganz auszuschließen, oder ihn für diesen Teil der Rechtsprechung besonders zu befähigen!

---

[26]) a. a. O., S. 11.

[27]) Die anonymen Angriffe, die in letzter Zeit gegen die Juristen des Patentamts erhoben sind, können auf sich beruhen!

Jedenfalls läßt sich die Zuziehung technischer Richter damit nicht rechtfertigen.

Natürlich soll mit dem Gesagten nicht behauptet werden, daß die zu beurteilenden Fälle nur mit juristischen Überlegungen und „fein ausgebildeten patentrechtlichen Begriffen" (Fuchs, Gemeingefährlichkeit, S. 155) zu entscheiden seien; selbstredend soll und muß der Richter für Patentprozesse auch technisches Verständnis und gewisse technische Fähigkeiten und Kenntnisse besitzen. Er wird sie sich umso eher aneignen können, als ihr Umfang für den in Rede stehenden Zweck kein allzu großer zu sein braucht: Die Vorschläge II, S. 10 gehen allerdings davon aus, daß der Richter „komplizierte technische Probleme" auf bestimmten Gebieten der Technik müsse verstehen können; ja Isay[28]) verlangt sogar, daß der Richter, wie der Gesetzgeber, die Erscheinungen des Lebens (der Technik, des Handels), über die er ein Urteil fällen soll, „nicht bloß kennt, sondern souverän beherrscht". Letztere Ansicht muß als Utopie einfach ausscheiden; auch die Richter sind Menschen und können natürlich nicht jede Erscheinung des Lebens, die zu ihrer Kognition kommt, souverän beherrschen.[29]) Aber selbst die „Vorschläge" stecken schon das Ziel zu weit: Ein Mehr als das, was die Gegner für technische Richter verlangen, können sie jedenfalls auch von den Juristen nicht fordern: also eine „allgemeine technische Vollbildung", die — worüber unten noch eingehend zu sprechen ist — den Spezialsachverständigen nicht entbehrlich macht.[30]) Ist aber auch nur diese Forderung berechtigt? Die Frage wird verschieden zu beurteilen sein, je nachdem man sich zu der Vorfrage stellt, ob überhaupt der Richter auf allen den Gebieten des menschlichen Lebens, über die er zu entscheiden hat, mehr oder minder selbst Fachmann sein muß; soll er die zu einer Entscheidung erforderliche Sachkunde aus erster Hand schöpfen, oder kann er sich damit begnügen, „ein aus zweiter Hand sich bildender Empiriker"[31]) zu sein? Schon diese Fragestellung zeigt, daß dieselben Gesichtspunkte, wie hier, allgemein da auftauchen müssen, wo es sich um die Erforschung und Feststellung von Tat-

[28]) Gerichtsbarkeit, S. 12.

[29]) Vgl. die treffenden Ausführungen des Geh. O.J.R. Kübler, Leipziger Kongreßberichte, S. 49/50; ihnen etwas hinzuzufügen, hieße sie abschwächen.

[30]) S. unten S. 347; hier sei nur auf die Denkschrift I, S. 9, II, S. 13, verwiesen.

[31]) Fuchs, Gemeingefährlichkeit, 1909, S. 213.

beständen handelt, die dem gelehrten Richter aus eigener Sachkenntnis zunächst nicht bekannt sind und bekannt sein können. Die Frage ist also von ganz allgemeiner, vielleicht sogar kultureller Bedeutung. Es ist hier nicht der Ort, diese Gedankengänge, die namentlich auch in den Fuchs'schen Schriften wiederkehren, auch nur einigermaßen zu verfolgen. Man erwäge aber, wie das veränderte und täglich sich ändernde Weltbild heute ganz andere Anforderungen an die Leistungsfähigkeit, das Auffassungsvermögen, die Kenntnisse und Lebenserfahrung des Richters und Beamten stellt, als früher. Öffentliches und privates Recht durchdringen immer mehr die Lebensbeziehungen des Menschen;[32]) täglich treten neue Aufgaben an die Rechtsanwendung und -Gestaltung heran. Ihnen allen gerecht zu werden, ist der Einzelne außerstande; eine gewisse Spezialisierung ist daher in der Rechtswissenschaft ebenso notwendig, wie in den Naturwissenschaften und der Technik;[33]) eine Spezialisierung allerdings, die hier wie dort den Zusammenhang mit dem großen Ganzen nicht verliert. Aber gerade weil das Rechtsleben immer vielgestaltiger wird, ist die Erfüllung des Ideals, den Richter auf sich selbst und die eigene Sachkunde zu stellen, praktisch ein Ding der Unmöglichkeit; es erscheint schlechterdings ausgeschlossen, dem Richter für jeden nicht rein juristischen Fall, der seiner Entscheidung unterliegt, einen jeweilig fachkundigen Mitrichter zur Seite zu stellen. Es mag in vielen Fällen, wo es sich um Interessenabwägung handelt, wo die genaue Kenntnis von Verkehrssitten, Lebensgewohnheiten, Gebräuchen, Verkehrs- und Lebensbedürfnissen in Prozessen eine Rolle spielt, kurz: wo Menschen zu beurteilen sind, zweckmäßig erscheinen, diese Dinge unmittelbar, ohne Vermittelung eines Dritten, auf den Richter wirken zu lassen, so daß im Schoße des Gerichts selbst die für den Einzelfall nötige Aufnahmefähigkeit besteht.[34]) Wo jedoch die Feststellung objektiver Tatsachen, die nur in einem Sinne und nicht anders getroffen werden kann, in Frage kommt, wo es sich nicht um „ein Gebot sozialen Ausgleichs", auch nicht in erster Reihe um „wirtschaftliche Gesichtspunkte", sondern um strikte Anwendung des Rechts und nur des Rechts handelt, da kann durch Einschaltung einer Mittels-

---

[32]) Besonders das öffentliche Recht wird heute noch leider zu stiefmütterlich behandelt; Klagen über die Vernachlässigung des internationalen Privatrechts s. bei Meili, Vortrag v. 9. 10. 1909 in der Juristischen Gesellschaft zu Berlin und Archiv für Rechts- und Wirtschaftsphilosophie, Bd. III, S. 81 ff.

[33]) Vgl. Stölzel, im „Recht", 1909, S. 790/1.

[34]) Vgl. Damme, DJZ. 1908, S. 394 ff.

person an dem unverrückbaren objektiven Tatbestand nichts geändert werden; da ist es also für die Frage der Vermittlung des Verständnisses unerheblich, ob sie direkt oder indirekt erfolgt. Nirgends aber besteht die Möglichkeit, einen Tatbestand objektiv festzustellen, in so hohem Grade, als eben auf dem Gebiet der angewandten Naturwissenschaften; wenn selbst im ersten Augenblick die Möglichkeit der Lösung einer Aufgabe noch so zweifelhaft erscheint, — das Experiment ist der untrügliche Prüfstein für die Wahrheit oder Unwahrheit einer technischen Behauptung. Deshalb erscheint die Zuziehung von technischen Richtern für die Feststellung des Tatbestandes überflüssig: denn, wer dem Juristen, der — vom Standpunkt der Anhänger der Sondergerichte unlogischerweise — ja nicht ausgeschaltet werden, vielmehr ebenfalls verantwortlich seine Stimme abgeben soll, die objektive Wahrheit technischer Dinge vermittelt, ob der Sachverständige vor oder der hinter der Barre (Damme), ist insofern gleichgültig, als es nur darauf ankommt, daß dem Juristen überhaupt die erforderliche Sachkunde beigebracht wird! Allerdings spielt gerade in Sachen des gewerblichen Rechtsschutzes die Feststellung des Tatbestandes die Hauptrolle und häufig genug bereitet sie nicht geringe Schwierigkeiten. Dies gilt aber in gleichem Maße, ob der juristische Richter den Sachverständigen vor oder neben sich hat! Nun wird allerdings eingewendet, der juristische Richter sei gar nicht imstande, an den Sachverständigen richtige, d. h. die Sache fördernde Fragen zu stellen, da hierzu schon eine gewisse Vertrautheit mit dem Gebiete gehöre, dem die Frage angehöre; dies sei dann noch gefährlicher, wenn sich die Fragen auf Gebieten bewegten, von denen der Jurist nichts wisse.[35]) Ohne hier schon auf die Art der Fassung der Beweisbeschlüsse einzugehen (s. darüber § 4), ist dagegen folgendes zu bemerken: Bei der Fragestellung durch den Richter an den Sachverständigen handelt es sich nicht darum, daß der Richter selbständig entscheidet, was er für den eigentlichen Kern der technischen Streitfrage hält, sondern darum, daß er aus dem von ihm den Parteien vorgetragenen Streitstoff die wesentliche Streitfrage herausschält.[36]) Er hat nicht in abstracto vom Sachverständigen Aufklärung über beliebige technische Punkte zu verlangen (§ 144 ZPO. scheidet hier aus, da bei seiner Anwendung überhaupt von einer besonderen Fragestellung an den Sach-

[35]) Vgl. namentlich Wildhagen, Leipziger Zeitschrift, 1908, S. 487; derselbe, Leipziger Kongreßberichte, S. 33; Isay, das., S. 47; Haeuser, das., S. 67; Stort, das., S. 105; Tolksdorf, Patentgerichte, S. 18.

[36]) S. besonders Lobe, Leipziger Kongreß, S. 74.

verständigen abgesehen wird), sondern er hat ihm die streitig gewordenen Einzelfragen technischer Natur zur Begutachtung vorzulegen. Dazu gehört selbstverständlich ein viel geringerer Grad technischer Kenntnisse und der Fähigkeit, technische Probleme zu verstehen, als wenn der Richter selbst sie entscheiden sollte;[37]) dazu gehört nur neben klarem Denken und angespanntem Fleiß eine so weitgehende Vertrautheit mit den Grundzügen der Technik, daß die Tatfrage von der Rechtsfrage, das Technisch-Wesentliche vom Unwesentlichen, das Streitige vom Unstreitigen getrennt werden kann. Ist dem aber so, so unterscheidet sich die Tätigkeit des in Patentsachen resolvierenden Richters in nichts von der eines Richters, der über medizinische, landwirtschaftliche, börsentechnische oder andere Fragen, die eine besondere Sachkunde voraussetzen, Beweisbeschlüsse zu erlassen hat! Qualitativ liegen alle diese Fälle gleich und doch ist noch nicht ernstlich gefordert worden, daß man, um gerade zu richtigen Beweisbeschlüssen zu gelangen, Fachleute in die Gerichte berufen mußte! Dazu kommt, daß der Richter sich vor der Beschlußfassung eingehend — nicht nur privatim, wie es allerdings auch oft zweckdienlich sein wird — von Sachverständigen gemäß § 144 ZPO. informieren lassen kann und soll. Kann der Richter dann und nach eingehendem Vortrag der Sache durch die Parteien nicht einen sachgemäßen Beweisbeschluß fassen, so beweist das nicht, daß die Juristen im allgemeinen dazu ohne Hilfe eines technischen Mitrichters nicht imstande seien, oder gar, daß sie „instinktiv fühlten, daß die verlangte Trennung (von Rechts- und Tatfrage) unnatürlich und daß gerade der Sachverständige am meisten geeignet ist, an dem richterlichen Urteil mitzuwirken, oder doch wenigstens die Beweisfrage mit stellen zu helfen",[38]) sondern nur, daß dieser Richter für die in Rede stehenden Sachen nicht am richtigen Platz steht! — Und nun das Urteil selbst: wie weit muß bei der Urteilsfällung das technische Verständnis und das technische Können des Richters reichen? Es erscheint zwecklos, nach dem Vorgange Isay's und Anderer die Denkoperation des Richters bei der Urteisfällung zergliedern zu wollen; das führt praktisch nicht weiter. Auch hier soll den Anhängern der Sondergerichte gern eingeräumt werden, daß es namentlich auf dem Gebiete der Chemie, der Elektrotechnik und der Mechanik Fälle gibt, in deren technische Einzelheiten einzudringen dem Juristen, wie jedem Nichtfachmann, trotz heißen Be-

[37]) Vgl. Katz, Leipziger Kongreßberichte, S. 38.

[38]) Damme, a. a. O., S. 398.

mühens, unmöglich sein wird! Aber auch hier ist es nicht Sache des Richters, technische Probleme zu lösen. Seine Aufgabe beschränkt sich vielmehr darauf, auf Grund des ihm entweder unstreitig dargebotenen oder durch Sachverständige festgestellten Sachverhalts, die Grenzen des streitigen Rechts festzustellen! Ist nicht in allen patenttechnischen Streitigkeiten die schließlich zu entscheidende Frage die: „wie weit geht das aus einem Erfindungsgedanken hervorgehende Recht“[39]) und: „wird in dieses Recht eingegriffen?“ Handelt es sich also nicht immer um eine auf technischem Boden erwachsene Rechtsfrage? Ist dies aber richtig und ist die Auslegung eines Patents eine reine Rechtsfrage — daran zweifelt selbst die Mehrzahl der Gegner nicht[40]) —, so ergibt sich daraus für den jetzigen Stand der Untersuchung, daß es falsch wäre, zu verlangen, daß der Richter „aus eigener Kenntnis und aus eigenem Wissen die technischen Fragen richtig zu beurteilen“ imstande sein müsse. Was allein von ihm logischerweise gefordert werden kann, ist, daß „er die technischen Fragen für die Sachverständigen richtig stellen, die Vorträge der Parteien und der zugezogenen Sachverständigen richtig verstehen, die Sachverständigen in gewissem Sinne kontrollieren und die Zuverlässigkeit ihrer Gutachten und deren Begründung prüfen kann.“[41]) Dieses Maß technischer Kenntnisse, sowie eine gewisse Routine wird aber ein Richter sich verschaffen müssen und können, der es mit seinen Pflichten ernst nimmt und der sich die nötige Ausbildung, wenn er sie noch nicht vorher erworben hat, in seinem Amt aneignet. Übrigens wird das **thema probandum** von den Anhängern der Sondergerichte, wenn sie den Prozeßrichter als den Richter über die objektive Richtigkeit des Tatsachenmaterials hinstellen, schon deshalb verschoben, weil er, wie noch zu erörtern, durch die Verhandlungsmaxime unseres Zivilprozesses gebunden ist und also gar nicht objektives Recht sprechen kann!

Durch die Zuziehung von Technikern würde aber auch hier wenig oder nichts gebessert sein, sofern die Juristen in der Mehrzahl im Richterkollegium verbleiben sollen.[42]) Daß wir Juristen „die Anschauung, die uns fehlt, im ständigen Verkehr mit Technikern lernen[43]) können“, mag zu-

[39]) Kohler, Tag v. 19. 11. 1907.

[40]) Darüber s. S. 353 und 377.

[41]) Bolze, im Recht 1907, S. 402, s. auch Kübler, Leipziger Kongreßberichte, S. 51 und Katz, daselbst, S. 38.

[42]) S. namentlich Lobe, Leipziger Kongreß, S. 73, und Patentanwalt Neumann, Gruchots Beiträge, 1909, S. 396.

[43]) Damme, a. a. O., S. 399.

gegeben werden; daraus folgt aber nicht, daß wir sie uns nur in diesem Verkehr aneignen können. Weiter ist zu erwägen, daß in einer großen Reihe — nach den mehrjährigen Erfahrungen, über die der Verfasser verfügen kann, etwa einem Drittel — der Sachen, die als „Patentsachen" zu betrachten sind, technische Fragen überhaupt nicht zur Erörterung gelangen; oft genug kommen lediglich oder hauptsächlich juristische Fragen, zum Teil höchst intrikater Natur, zur Entscheidung (vgl. v. Stahl, a. a. O., S. 248). Für diese Fälle wären also die Techniker überflüssig, wenn nicht hinderlich. Bleibt aber wirklich eine ganz geringe Zahl solcher Prozesse übrig, in denen der gebildete Jurist offen bekennen muß, „es geht nicht weiter, hier hört mein Auffassungsvermögen tatsächlich auf,"[44]) so kann es sich nur noch fragen, ob diese Prozesse, wenn auch gerade sie wichtige und wertvolle Objekte betreffen mögen, einen solchen Apparat, wie ihn die Schaffung von Sondergerichten mit sich bringen muß, rechtfertigen können; dies ist zu verneinen: für diese wenigen extremen Fälle — und daß sie wirklich stark in der Minderzahl sind, wird von allen, die Erfahrung in diesen Dingen haben, eingeräumt[45]) — können Sondereinrichtungen irgendwelcher Art nicht empfohlen werden!

§ 3.

Der Techniker als Richter?

Wie dem aber auch sei — ob der Jurist ein geeigneter oder ungeeigneter Richter in technischen Prozessen ist —, die Gegenfrage ist noch wichtiger, ob sich denn der Techniker dazu eignet, Richter in diesen Prozessen zu sein. Natürlich handelt es sich hierbei nicht um die Beurteilung der Fähigkeiten Einzelner, auch nicht darum, ob ein Techniker unter besonderen Umständen einen guten Richter abgeben kann, sondern darum, ob sich der Beruf des Technikers mit dem Beruf des Richters als solchen in einer Person verträgt. Es kann jemand ein glänzender Jurist und doch ein recht schlechter Richter sein, wie es umgekehrt sehr tüchtige Richter gibt, die trotzdem keine hervorragenden Juristen sind. Der Richterberuf erfordert eben seine eigenen Qualitäten! — Allerdings haben

[44]) Vgl. namentlich Bolze, Leipziger Kongreßberichte, S. 61, und Guyer, Schweizer. Juristen-Zeitung, 1906, S. 36.

[45]) So namentlich auch von Patentanwalt Hans Heimann, in einem demnächst in GewRSchutz erscheinenden Aufsatz: „Zur Frage der technischen Gerichtshöfe", in dessen Manuskript mir der Verfasser freundlichst Einsicht gestattet hat.

sich die Techniker als Richter im Patentamt auf das Glänzendste bewährt; daraus folgt aber noch nicht, daß sie auch als Zivilrichter gleich günstig abschneiden würden. Es kann auf sich beruhen, ob es tatsächlich für einen Juristen schwieriger sei, die Fragen des Patentrechts verstehen zu lernen, als für einen Ingenieur die gewerberechtlichen Fragen zu studieren.[46]) Erheblicher ist dagegen, ob der Techniker diejenige juristische Denkmethode entfalten kann, die unbedingt notwendig ist, um einen technischen Prozeß objektiv zu entscheiden, d. h. ihn juristisch zu destillieren.[47]) Dies kann in hohem Grade zweifelhaft sein; zum mindesten wird die mangelnde Gewohnheit, von Personen und Sachen genügenden Abstand zu nehmen, dem Techniker als Richter nicht geringe Schwierigkeiten bereiten. Es genügt ferner für den technischen Zivilrichter nicht, daß er sich nur soviel juristische Kenntnisse aneignet, wie erforderlich sind, um patentrechtliche Spezialfragen entscheiden zu können.[48]) Deshalb kann auch nicht auf das Beispiel der Patentanwälte verwiesen werden, die sich über den Besitz der erforderlichen Rechtskenntnisse ausweisen, sie also von Gesetzeswegen besitzen müßten; denn nach § 4 des Patentanwaltsgesetzes vom 21. V. 1900 hat sich die Rechtsprüfung der Patentanwaltskandidaten hauptsächlich darauf zu richten, ob der Bewerber die Fähigkeit zur praktischen Anwendung der auf dem Gebiet des gewerblichen Rechtsschutzes geltenden Vorschriften besitzt. Von einer umfassenderen Rechtsprüfung ist hier also nicht die Rede. Auch im Verfahren vor dem Patentamt werden naturgemäß nur geringere Anforderungen an die juristischen Kenntnisse der Techniker gestellt, als es bei dem ordentlichen Gerichtsverfahren der Fall sein würde; denn der ordentliche Zivilprozeß erfordert nicht nur eine gründliche Kenntnis der Prozeßvorschriften — die sich der Techniker im Laufe der Jahre nötigenfalls aneignen könnte —, sondern er setzt auch eine Kenntnis des allgemeinen und bürgerlichen Rechts voraus, die nur ein gediegenes, jahrelanges Studium verschaffen kann. Ein so hervorragender Techniker, wie der Geh. Rat Prof. Barkhausen-Hannover hat ausdrücklich anerkannt, daß „das Studium der eigentlichen Rechtswissenschaften ein so eingehendes und schwieriges ist, daß es mit einem irgendwie ersprießlichen Ziele neben dem Studium der Technik nicht betrieben werden kann". Wie und wann sollen die tech-

---

[46]) Fuchs, Gemeingefährlichkeit, S. 155, Tolksdorf, Patentgerichte, S. 27; dagegen schon mit Recht Wertheimer, M. & W., 1908, S. 156.

[47]) Vgl. Kölner Verhandlungsberichte, S. 19.

[48]) Dies nehmen die Vorschläge I, S. 10 und II, S. 12 an.

nischen Richter sich diese Kenntnisse aneignen? während ihres technischen Studienganges können und nachher werden sie es nicht tun. Schon hier ist der Unterschied zwischen dem, was der Jurist an technischen Dingen und der Techniker an juristischen Dingen notwendigerweise wissen muß, will er in Sachen des gewerblichen Rechtsschutzes urteilen, evident: Kommen schwierige technische Fragen höchst selten vor, so ist die Beobachtung und Kenntnis des Rechts die selbstverständliche Voraussetzung jeden Prozesses. Es ist kaum nötig, die Ansicht Tolksdorf's[49]) nochmals[50]) zu widerlegen, daß „für die Rechtsprechung jeder Mensch schon ein Organ mit sich bringe, sein Rechtsgefühl, das bei vernünftiger Anleitung von früher Jugend an ausgebildet ist"; auch die Bemerkung Bolze's,[51]) es sei „nicht absolut nötig, daß die Herren Techniker Jurisprudenz studiert haben müssen, um auch einen Richterspruch abgeben zu können", wird näherer Prüfung kaum standhalten. Aber nicht nur positive Rechtskenntnisse, sondern auch juristisches Denken ist für den Richter erforderlich: sagt doch selbst Isay, „Die Gerichtsbarkeit in Patentprozessen", S. 24/25: „Der technische Richter soll ebenso wie der rechtsgelehrte Richter die Denkoperationen, die dem richterlichen Schluß der Entscheidung voraufgehen, mit vollziehen können. Er soll ebenso wie der rechtsgelehrte Richter die Fähigkeit des abstrakten Denkens erworben haben. Denn darüber mögen sich diejenigen nicht täuschen, welche glauben, man brauche einem Techniker bloß den Richtertalar anzuziehen, um sofort schon einen Richter vor sich zu haben. Das richterliche Denken will gelernt und geübt sein. ... Es kann jemand ein guter Konstrukteur, es kann jemand ein genialer Organisator sein, — und wäre doch zum Richter verdorben." Daneben steht die gewichtige Äußerung eines so hervorragenden Sachkenners, wie des Prof. Dr. ing. Schlesinger-Charlottenburg:[52]) „Ist denn die Denkweise der Ingenieure so ohne weiteres zum Rechtsprechen zu gebrauchen? Wird ein normaler Ingenieur schon Richter, wenn er sich den Richtertalar anzieht, nachdem er sich vielleicht vorher noch die notdürftigsten Rechtskenntnisse angeeignet hat? Macht andererseits das Universitätsstudium des Rechts den Richter aus? Darf man die vieljährige praktische Vorbildung der Juristen zu ihrem späteren

---

[49]) Patentgerichte, a. a. O., S. 27.

[50]) Dagegen schon sein Berufsgenosse Landenberger, ZIndR., 1908, S. 99.

[51]) Leipziger Kongreßberichte, S. 63.

[52]) Annalen des Deutschen Reichs, 1909, S. 247.

Beruf ganz ignorieren? Es sei daran erinnert, daß man vom Ingenieur doch auch vor allem Betätigung in der Praxis fordert, ehe man ihn als Ingenieur trotz aller Abstempelung anerkennt. Nicht sein „Wissen", sondern sein „Können" entscheidet. So ist es hüben wie drüben. Wenn man verlangt, daß man zum Ingenieur eine gewisse Begabung mit auf die Welt bringen muß, so ist das beim Richter auch nicht anders. Sicher aber kann Übung und Erfahrung zusammen mit geeigneter Vorbildung einen normalen Menschen für beide Fächer schließlich brauchbar machen; ohne diese geht es nimmer." Dieses juristische Denken soll den Richter befähigen, auch in schwierigen Fällen den für die Entscheidung springenden Punkt klar und schnell zu finden. Dazu gehört vor allem die positive Kenntnis des Zusammenhangs des Einzelgebiets mit der Gesamtheit des öffentlichen und privaten Rechts. Das Recht muß aber der Richter selbst kennen; die Vernehmung von Sachverständigen über Rechtsfragen ist ausgeschlossen; deshalb steht der Techniker in dieser Beziehung schlechter, als der Jurist im umgekehrten Fall! Daß man bei einem gemischten Gerichte nicht etwa eine Arbeitsteilung derart durchführen könnte, daß den Juristen die Entscheidung der juristischen, den Technikern die der technischen Seite des Rechtsstreits überlassen bliebe, ähnlich als wenn sich ein Kaufmann und ein Techniker assoziieren und dem Kaufmann der Einkauf und Vertrieb der Waren, dem Techniker der Betrieb der Fabrik obliegt,[53]) leuchtet ein: im Richterkollegium hat eben jeder einzelne Richter sein Urteil über die ganze zur Entscheidung stehende Frage abzugeben.[54]) Andernfalls würden zwei verschiedene Gebilde in einer Körperschaft tätig werden, unter denen Kompetenzstreitigkeiten nicht ausbleiben könnten; auch könnte sonst von einer „Vertiefung und Befruchtung der Beratung", wie sie den Anhängern der gemischten Gerichtsbarkeit vorschwebt (s. Vorschläge II, S. 16) und wie sie vielleicht für Strafsachen durch das Zusammenarbeiten von Laien und Juristen erwartet werden könnte,[55]) schlechterdings nicht die Rede sein. Schon der Präsident des Kaiserlichen Patentamts hat in Leipzig (Berichte, S. 90) darauf hingewiesen, daß im Gegensatz zu dem festen Gefüge, das das patentamtliche Zusammenarbeiten darstellt, bei den vorgeschlagenen Gerichten, die aus 3 Juristen und 2 Technikern bestehen

[53]) So Bolze, Leipziger Kongreßberichte, S. 61.

[54]) Vgl. die treffenden Ausführungen des Geh. OJR. Kübler, daselbst S. 59; Haeuser, daselbst, S. 68; Lobe, daselbst, S. 73.

[55]) Vgl. Gmelin, Recht, 1909, S. 724.

sollen, ein Zusammenarbeiten, ein gedeihliches Wirken kaum möglich sein dürfte, weil keine Ideenverbindung, keine Gemeinsamkeit der Anschauungen bestehe! Wie sollte aber erst dann, wenn die Techniker über die technische Seite des Rechtsstreits, die Juristen nur über die juristische beraten und abstimmen würden, ein einheitliches Urteil zustande kommen können? Dies hat Wildhagen[56]) auch erkannt, als er ausführte: „Sachkundige und Rechtskundige nicht nebeneinander jeder für sich, sondern nebeneinander vereint zu einem Kollegium". Ist aber jedes Mitglied des Gerichts für das ganze Urteil verantwortlich, so kann auch nicht behauptet werden,[57]) daß der Jurist, wenn er sich in die technischen Fragen des Einzelprozesses mit heißem Bemühen hineinarbeite, nutzlose Arbeit verrichte; denn diese Arbeit muß er auch dann leisten, wenn ihm technische Mitrichter zur Seite stehen! Nicht weniger stichhaltig ist es deshalb, zu erwarten, daß bei Zuziehung der Techniker die Prozesse einfacher und sachlicher behandelt werden könnten, weil „ausführliche Erklärungen, die heute zur Instruktion der juristischen Richter unbedingt notwendig sind, als überflüssig ganz wegfallen könnten".[58]) Die Frage, ob die Parteien, wenn sie vor gemischten Gerichten zu verhandeln hätten, weniger auf Täuschung hinzielende Behauptungen aufstellen würden, weil der Fachmann sie bald entdecken würde, dürfte ebenfalls nicht zugunsten der gemischten Gerichte zu entscheiden sein; das Beispiel des Prozedierens vor den Kammern für Handelssachen läßt diese Hoffnung als unbegründet erscheinen. — Zu alledem kommt hinzu, daß der Richter auch die „Entschlußfähigkeit haben muß, Recht zu sprechen, ohne nach rechts und links, nach oben und nach unten zu sehen. Jeder, der in Schiedsgerichten gesessen hat, weiß, daß hier häufig die ungeübten Richter versagen. Sie scheuen sich, wehe zu tun, sie wollen Richter sein, aber sie haben ein zu gutes Herz dazu; sie haben Mitleid. Im Beruf des Zivilrichters hat die Barmherzigkeit keine Stätte". Diese Äußerung Isay's, a. a. O., S. 25, berührt eine hervorragend wichtige Seite der ganzen Frage; sie zeigt, daß der Richterberuf einen Mann erfordert, der die Kunst des Richtens, des Rechtfindens gelernt haben,[59]) und der völlig unabhängig dastehen muß.[60])

[56]) Leipziger Kongreßberichte, S. 34.

[57]) v. Schütz, a. a. O., S. 301.

[58]) Guyer, Schweizer. Juristenzeitung, III, S. 47.

[59]) S. die treffenden Ausführungen von Traeger, im Recht 1910, S. 62.

[60]) Vgl. Geh. Rat Kübler, a. a. O., S. 56; Katz, a. a. O., S. 36; Freund, Woche, 1908, S. 1806.

Gerade diese Kunst des Rechtfindens und der souveränen Beherrschung des Rechtsstoffes bieten die sicherste Gewähr gegen eine formalistische Auslegung der Gesetze; je freier der Richter den Zusammenhang der Rechtsvorschriften überschauen kann, desto weniger wird er am Buchstaben haften bleiben und desto eher sich von den Krücken des Formalismus losmachen. Gerade diese Fähigkeiten müssen aber dem Laienrichter, —der der Techniker doch bleibt, — mehr oder minder abgehen, so daß die Befürchtung nicht von der Hand zu weisen ist, die Auslegung der Gesetze und auch der Patente durch gemischte Gerichte werde in allzu formalistische Bahnen gedrängt werden.[61])

Aber unterstellt man selbst, daß der „Techniker" in juristischer Hinsicht sich zum Richter eignen würde, welche Qualifikation soll man von ihm in technischer Beziehung verlangen? Man kann doch nicht etwa jeden Techniker, auch nicht einmal jeden akademisch gebildeten Techniker, — also z. B. unter den Ingenieuren die, die zur Führung des akademischen Grades eines „Diplom-Ingenieurs" berechtigt sind, — für befähigt zur Übernahme des Richteramts erachten! Die Vorschläge II, S. 13 meinen zwar, eine „allgemeine technische Vollbildung" würde für den technischen Richter genügen; sie verkennen aber nicht, daß die Anforderungen an die Qualitäten der technischen Richter sich danach richten müßten, ob man die technischen Gerichte zentralisiere oder dezentralisiere, da in letzterem Falle mehr technische Richter erforderlich seien, als für die Besetzung eines einzigen Gerichtshofs und deshalb die Anforderungen, die an die technischen Richter zu stellen seien, geringer sein müßten! Die Vorschläge I, S. 9 hatten verlangt, daß der technische Richter die „allgemeinen wissenschaftlichen Kenntnisse und praktischen Erfahrungen haben müsse, die er auf einem Gebiet der Technik erworben habe, da er dann in ungleich höherem Maße zur Würdigung technischer Fragen befähigt sei, als der Rechtsgelehrte, dem diese Grundlage fehle." Wie dem auch sei, Eins ist sicher: nach der übereinstimmenden Ansicht sämtlicher Anhänger der Patentsondergerichte soll der technische Richter den Spezialsachverständigen nicht ersetzen;[62]) er kann ihn auch nicht

[61]) Vgl. eine ähnliche Bemerkung bei Heimann, a. a. O.

[62]) Kölner Kongreßberichte, S. 17; Rechtsanwalt Schmid, Frankfurter Kongreßberichte, S. 39; Hamburger Kongreßberichte, S. 5 und 19; Vorschläge I, S. 11 und 13, Vorschläge II, S. 12 und 13; Tolksdorf, Patentgerichte, S. 30/1; Wirth, GewRSchutz, 1908, S. 211; Rauter, Deutsche Wirtschaftszeitung, 1908, S. 444; Wildhagen, Leipziger Kongreßberichte, S. 33

4*

ersetzen,[63]) da naturgemäß bei der großen Verzweigung der modernen Technik nicht für jedes Spezialgebiet technische Richter — womöglich noch bei verschiedenen Gerichten — bestellt werden können. Dies erscheint so einleuchtend, daß es eines näheren Eingehens nicht bedarf (vgl. von Stahl, a. a. O., S. 245). Jedoch sei folgende Äußerung des Prof. Schlesinger, a. a. O., hier wiedergegeben: „Auch ein gut vorgebildeter Ingenieur kann alle Zweige der technischen Wissenschaften heute beim besten Willen nicht mehr übersehen. Wir sind mehr und mehr Fachingenieure geworden. Spezialisten! .... aber ein Halsspezialist steht einem Gynäkologen viel näher, als ein Schiffsingenieur einem Brückenbauer.

Dann aber ist auch die wirklich zufriedenstellende Besetzung der technischen Richterstellen trotz der von einigen Seiten vorgeschlagenen Unterteilung nur eine Selbsttäuschung und — ich stehe nicht an, es auszusprechen — eine schwere Gefahr, die nur unter besonders glücklichen Verhältnissen durch die Auswahl der richtigen Personen überwunden werden kann."

Als „sachverständig" auf einem Gebiete der Technik kann also heute überhaupt nur noch ein Spezialist gelten! Der Techniker der nur eine „allgemeine technische Vollbildung" hat — wie denkt man sich den Nachweis dieser „allgemein technischen Vollbildung" beim Chemiker? — kann also des Spezial-Sachverständigen ebensowenig entraten, wie der Jurist; wenigstens dann nicht, wenn es sich um schwierigere technische Probleme handelt! Was soll aber dann der technische Richter? Eine Antwort hierauf findet sich schon in den Kölner Kongreßberichten, 1901, S. 171, wo es heißt: „Seine Aufgabe besteht darin, zwischen dem Spezialsachverständigen und dem juristisch gebildeten Richter als Vermittler zu dienen".[64]) Mit vollem Fug und Recht hat Lobe[65]) darauf entgegnet: wenn man annehme, daß die nur allgemein vorgebildeten technischen Richter den technisch nicht vorgebildeten Richter soweit instruieren könnten, daß er das Gutachten des Spezialsachverständigen verstehen könne, weshalb werde dann nicht gleich der Spezialsachverständige geholt und ihm die Instruktion des Richters überlassen? „Als Dolmetscher für das Gutachten des Sachverständigen gebrauchen wir

---

[63]) v. Martius, Chemische Industrie, 1907, S. 143.

[64]) Vgl. auch Duisberg, Kölner Kongreßberichte, S. 34.

[65]) Leipziger Kongreßberichte, S. 74; s. auch Wertheimer, M. & W., 1908, S. 155; Cahn, „Techniker als Richter", 1908, S. 20; Finger, Studien zur Förderung des gewerblichen Rechtsschutzes, 1909, S. 61/2.

doch nicht einmal technische Beiräte im Kollegium, damit sie das Gutachten des Sachverständigen dem Richter übersetzen". Es dürfte sich gegen die zwingende Gewalt dieser Ausführungen Stichhaltiges nicht einwenden lassen; denn was Haeuser[66]) geltend macht, daß der vollausgebildete Techniker imstande sein wird, die zu vernehmenden Sachverständigen zu verstehen, zu kritisieren und aus ihren Gutachten die richtigen Schlüsse zu folgern, beweist doch nichts dafür, daß nur dieser technische Richter dem juristischen Kollegen die Gutachten verständlich machen und der Jurist nun besser entscheiden könnte, als wenn der Spezialsachverständige — möglichst eine Autorität — direkt zu ihm spräche! Es blieben also nur die Fälle, in denen es der Zuziehung eines Sondersachverständigen auch bei gemischten Gerichten nicht bedarf, also die Fachkunde des technischen Richters angeblich ausreicht. Gerade hier birgt jedoch die Zuziehung technischer Richter ganz besondere Gefahren in sich, auf die in anderem Zusammenhange noch einzugehen ist (Kap. II, § 5). Und wird wirklich der nicht etwa auf der Höhe der Wissenschaft stehende oder an praktischen Erfahrungen reiche, sondern der Durchschnittstechniker, der nur über eine allgemeine technische Vollbildung verfügt, in der Lage sein, den Juristen so wirksam zu unterstützen, wie es von den Gegnern erhofft wird? Genügt es doch nicht, um ein einheitliches Urteil zustande zu bringen, daß der Techniker die Sprache der Parteien — die Zeichnung des Ingenieurs bzw. die Formel des Chemikers — versteht, daß er der technischen Seite der Vorträge folgen kann, daß er den Spezialsachverständigen kontrollieren kann, sondern muß er doch die Befähigung haben, seine Wahrnehmungen, sein Verständnis, seine Auffassung der Sache dem Juristen klar und verständlich zu machen, einem Menschen, dem nach Ansicht unserer Gegner so ziemlich alles fehlt, was ihn zum technischen Begreifen befähigen könnte! Bei aller Hochschätzung vor dem Wissen, Können und Verstehen unserer Techniker mit allgemeiner Vollbildung, — ob sie sich auch dazu eignen würden, dem Laien technische Dinge näher, ja sogar sie ihm zum vollen Verständnis zu bringen, das steht doch auf einem ganz anderen Blatt; so wenig wie jeder Jurist, so wenig wird jeder Diplom-Ingenieur oder akademisch-vollgebildete Chemiker die Gaben des Lehrens oder auch nur des Belehrens besitzen! Jeder, der mit diesen Dingen Bescheid weiß, wird bestätigen können, daß es häufig selbst hervorragenden Technikern sehr schwer wird, sich klar, verständlich und anschaulich auszudrücken, —

[66]) Leipziger Kongreßberichte, S. 68.

ein Grund übrigens, weshalb so oft mit Sachverständigengutachten und mitunter auch mit Patentschriften nichts anzufangen ist! Wenn die Nichtigkeitsabteilung des Patentamts hervorragende Leistungen aufzuweisen hat, so liegt das vielleicht auch daran, daß unter den technischen — ständigen, wie nichtständigen — Mitgliedern sich eine Reihe solcher Herren findet, die nebenbei noch ein Lehramt bekleiden, also Übung im Unterweisen und Vermitteln eigener Kenntnisse auf Dritte besitzen. Man erwartet weiter von der Zuziehung der technischen Richter, daß sie jederzeit in die Verhandlung eingreifen, sie in richtige Bahnen lenken können, ohne, wie der Sachverständige, von der Gnade des Vorsitzenden abhängig zu sein, ob er ihn fragen werde.[67]) Sachlich erscheint dies zutreffend, aber praktisch wird die Sache auf dasselbe herauskommen, wenn man nur die Gesetzesvorschriften über den Sachverständigenbeweis richtig handhabt, d. h. vornehmlich, wenn man sich nicht mit der schriftlichen Begutachtung begnügt, sondern möglichst ausgedehnten Gebrauch von der mündlichen Vernehmung und rechtzeitigen Heranziehung der Sachverständigen macht. Zu diesem Zweck also bedarf es nicht der Einführung des Technikers in das Beratungszimmer; es ließe sich zur Not auch durch eine Änderung der Vorschriften über den Sachverständigenbeweis erreichen. — Und wenn schließlich noch geltend gemacht wird, der Jurist werde ganz anders aus sich herausgehen, wenn er „im Beratungszimmer seinen Mit- und Auch-Richter über Dinge befragen könne, die ihm nicht klar geworden sind", als wenn er diese Fragen im Forum vor den Parteien stellt,[68]) so liegt darin eine bedauerliche Unterschätzung des deutschen Richters: denn sie schließt den Vorwurf in sich, daß der Richter seine persönliche Empfindung — die Furcht, sich etwa bloßzustellen — über die Sache — die Notwendigkeit, den Streitstoff zu klären — stellen könnte! Aber gesetzt, die Gegenbehauptung träfe zu; würde dies dann nicht ebenso für die Zuziehung von Fachleuten in allen den Rechtsstreitigkeiten sprechen, in denen es der Zuziehung eines Sachverständigen überhaupt bedarf? Müßte nicht mit derselben Begründung der psychiatrische oder sonstige medizinische Sachverständige, der Bücherrevisor, der Bankier, der Baumeister u. a. m. Eintritt in das Richterkollegium beanspruchen? Der angegebene Grund ist also kein spezifisch für die Patentprozesse zutreffender und gehört in das Gebiet der allge-

---

[67]) So Prof. Dr. Bucherer, Leipziger Kongreßberichte, S. 114; Isay, daselbst, S. 48.

[68]) So Tolksdorf, daselbst, S. 106.

meinen Frage, ob der Sachverständige des geltenden Prozeßrechts durch den fachkundigen Richter ersetzt werden soll. Ebenso abwegig ist die Behauptung, es könnten „Lücken und Angaben der Parteien vom fachmännischen Richter durch geeignete Fragen ausgefüllt und so das Prozeßmaterial ergänzt werden;[69]) denn man übersieht dabei, daß nach der geltenden ZPO. die Ausübung des Fragerechts an Schranken gebunden und durch die Verhandlungsmaxime begrenzt ist, so daß weder die Verbesserung an sich klarer Anträge, noch eine sachliche Änderung des Parteivorbringens durch sie herbeigeführt werden kann; auch zu diesem Zweck könnte man unter Umständen nur einer allgemeinen Erweiterung der richterlichen Fragebefugnis das Wort reden.

Nach alledem kann ein gerechtfertigtes Bedürfnis, Techniker zu Mitrichtern in Patentprozessen zu bestellen, nicht anerkannt werden; welche Gefahren sogar der „Sachverständige hinter der Barre" mit sich bringt, wird im Kapitel II, § 5 gezeigt werden.

§ 4.

Der Sachverständigenbeweis.

Die Vorschläge I, S. 13 führen aus: „Einer der wesentlichsten Gründe, welche die Frage der Einrichtung einer Sondergerichtsbarkeit für Patentsachen veranlaßt haben, liegt in den Mängeln des Sachverständigenwesens." Der preußische Justizministerialerlaß vom 11. X. 1907 hat diesen Satz übernommen und ihn als „der herrschenden Meinung entsprechend" bezeichnet. Auf keinem Gebiete der Patentrechtsprechung konnten auch Fehler so zutage treten, wie auf diesem; sie bewegen sich nach verschiedener Richtung; hier kann nur geprüft werden, inwieweit die Mängel mit der rein juristischen Besetzung der Gerichte zusammenhängen und ob zu erwarten ist, daß sie bei gemischten Gerichten behoben werden könnten.[70])

Wie im vorigen Paragraphen dargelegt worden ist, kann und soll der technische Richter die Zuziehung von Spezialsachverständigen nicht überflüssig machen; der Sachverständigenbeweis wird also auch bei gemischten Gerichten notwendig bleiben; ob er häufiger oder seltener werden wird, wie die Anhänger der Sondergerichte annehmen, kann

---

[69]) S. bes. Guyer, a. a. O., S. 47.

[70]) Ich muß hier auf meine Schrift: „Das Sachverständigenwesen in Patentprozessen", verweisen; vgl. auch die schätzenswerte Broschüre von Dr. Leo Munk, Wien, „Der Herr Sachverständige", 1908, Wien.

zunächst auf sich beruhen; denn gerade daraus, daß voraussichtlich seltener Sachverständige werden gehört werden, soll unten ein wesentliches Argument gegen die gemischten Gerichte hergeleitet werden. Die Statistik versagt in diesem Punkte: denn aus der geringen Zahl von Sachverständigenvernehmungen, die sie etwa aufweist, können irgendwelche Schlüsse auf die Rechtsprechung der Gerichte in Patentsachen nicht gezogen werden,[71]) weil eben ein großer Teil der sogenannten Patentsachen nur reine Rechtsfragen betrifft, also für die Erhebung eines Sachverständigenbeweises gar kein Platz ist und weil die Frage, ob die Vernehmung Sachverständiger im Einzelfall notwendig war oder nicht, sich nur an Hand des Aktenmaterials beurteilen ließe.[72]) — Die Vorschläge II, S. 15 erwarten ferner, daß durch eine sachverständige Besetzung des Gerichts viele Prozesse schneller und billiger erledigt werden könnten, als dies heute der Fall ist. Auch Damme, D. J.-Z. 1908, S. 395 scheint darauf hinzudeuten, daß die Zuziehung von Sachverständigen heute die Prozeßführung verteure. Mag nun auch die Erhebung von Sachverständigenbeweisen mitunter recht erheblich die Kosten der Prozesse steigern, so wird dieser Mißstand, da auch die gemischten Gerichte von diesem Beweismittel nicht absehen sollen, jedenfalls nicht wesentlich gebessert werden; die Fälle, in denen die gemischten Gerichte keine Sachverständigen vernehmen würden, während rechtsgelehrte Richter Beweis erheben würden, können ausschlaggebend nicht ins Gewicht fallen. Im übrigen dürfte auch hier der Satz gelten, daß die richtige Auswahl des — wenn auch teureren — Sachverständigen der billigste Weg ist, zum Ziel zu gelangen, da durch ein überzeugend begründetes Gutachten am ehesten der Rechtsfrieden zwischen den Parteien hergestellt, der Kläger zur Rücknahme der Klage, der Beklagte zum Anerkenntnis, die unterlegene Partei zum Verzicht auf Rechtsmittel veranlaßt werden kann.[73]) — Was sonach höchstens von gemischten Gerichten erwartet werden könnte, wäre zweierlei: erstens daß die Fragestellung sach-

---

[71]) Wie dies Isay, Leipziger Kongreßberichte, S. 48 und in den Mitteilungen des Verbandes Deutscher Patentanwälte, 1909, S. 143 getan hat.

[72]) Wenn die vom Verf. s. Z. veröffentlichte preußische Statistik, auf die S. 358 ff. näher eingegangen wird, trotzdem auch über die Erhebung des Sachverständigenbeweises Ermittelungen anstellte, so geschah es vornehmlich, um beweisen zu können, daß die Dauer der Prozesse häufig von der Schwierigkeit, Sachverständige zu finden, und von der Dauer der Begutachtung, abhängt.

[73]) S. meine Anm. 70 genannte Schrift, S. 37; was Tolksdorf, Patentgerichte, S. 24 dagegen einwendet, ist schon von Wertheimer, M. & W., 1908, S. 156, gebührend widerlegt worden.

gemäßer erfolgen würde, und zweitens, daß die Sachverständigen besser verstanden werden würden.

1. Es ist unbestreitbar, daß ein sachgemäßes Gutachten nur erstattet werden kann, wenn die dem Sachverständigen vorzulegenden Fragen richtig und scharf formuliert sind, so zwar, daß nur technische, keine juristischen Fragen dem Gutachter vorgelegt werden, und daß die Fragen das wesentliche und streitige Tatsachenmaterial des Prozesses betreffen und erschöpfen. Auch hier wird aber zu berücksichtigen sein, daß Fehlgutachten, auch ohne daß sie ihren Grund in der Fragestellung haben, auf den verschiedensten Gebieten vorkommen, wie dies besonders Munk, a. a. O., S. 4—10 an zum Teil erheiternden Beispielen nachgewiesen hat. Es kann sich also nur fragen, inwieweit die Fehler sich aus der Struktur unseres Verfahrens in Patentsachen ergeben.

Von den Anhängern der Sondergerichte wird geltend gemacht, daß gerade in Patentsachen eine Trennung der Tat- und Rechtsfrage „schlechterdings unmöglich" und daß der rechtsgelehrte Richter ohne fremde technische Hilfe gar nicht imstande sei, zu sagen, welches die wesentlichen Merkmale eines Patents oder der angeblichen Nachahmung seien.[74] Was die erstere Behauptung anbelangt, so braucht hier nur kurz folgendes bemerkt zu werden: Die Auslegung eines Patents, — und um sie wird es sich fast immer handeln, wenn technische Fragen zur Erörterung gelangen, — ist, wie auch Isay, S. 20 anerkennt,[75] eine Rechtsfrage, die das Gericht dem Sachverständigen nicht überlassen kann und darf, und über die nur das Gericht zu entscheiden hat.[76] Der Richter hat, wie das Reichsgericht[77] treffend ausführt, „die zu entscheidende Frage in ihre tatsächlichen Bestandteile und rechtlichen Elemente aufzulösen"; dies wird nicht selten Schwierigkeiten machen, — weil eben die Erforschung des Tatbestandes in Patentprozessen nicht einfach ist. Wenn aber Isay meint, der Jurist könne gar nicht durch Interpretation selbst feststellen, welches die wesentlichen Merkmale des Patents seien, so übersieht er, daß der Richter sich ja auch zur Ermittelung der

[74]) Isay, Gerichtsbarkeit in Patentprozessen, S. 14; Tolksdorf, Patentgerichte, S. 18 ff.

[75]) Vgl. auch Vorschläge II, S. 11.

[76]) Vgl. namentlich Kohler, Handbuch, S. 865, derselbe, Urheberrecht an Schriftwerken, S. 389, derselbe, JLB., 1909, S. 2; Kent, Patentgesetz, § 4, Nr. 427, 429; Munk, a. a. O., S. 27/8; neuestens Schanze, das Kombinationspatent, 1910, S. 171, 172, 174, 176, 191 ff.

[77]) RG. v. 21. 9. 1892, JW. 1892, S. 430, Nr. 15.

wesentlichen Merkmale sachverständiger Hilfe bedienen kann und soll: natürlich soll er nicht bloß nach dem Wortlaut des Patents oder dem Inhalt der Patenterteilungsakten rein philologisch das Patent auslegen[78]); er hat unter Umständen, — d. h. in Zweifelsfällen — den Stand der Technik zurzeit der Anmeldung festzustellen, er hat sich Aufklärungen über die technische Bedeutung von Ausdrücken und Begriffen, und über die technische Wirkungsweise physikalischer oder chemischer Vorgänge zu verschaffen; aus dem Inbegriff dieses Tatsachenmaterials, das für ihn gewissermaßen den Obersatz darstellt, in Verbindung mit der Norm des Gesetzes, hat er dann diejenigen streitigen technischen Punkte herauszusuchen, die wesentlich sind zur Beantwortung der Frage, ob der vorliegende Sachverhalt die Anwendung des rechtlichen Obersatzes gestattet. Auch in Patentprozessen lassen sich also Rechts- und Tatfragen ebenso trennen, wie bei allen anderen Rechtsverhältnissen; tatsächlich wird diese Praxis[79]) auch geübt! Ergehen trotzdem in Ausnahmefällen Beweisbeschlüsse, die — nach Wildhagen — beim Reichsgericht als die „üblichen Beweisbeschlüsse" bezeichnet werden (nach der Formel: „hat der Beklagte das Patent verletzt?"), so beweist dies nur, daß der betreffende Richter — es muß dies offen ausgesprochen werden — denkfaul oder unerfahren gewesen ist;[80]) denn er mußte als Jurist, ganz unabhängig von seinem technischen Verständnis und Können, wissen, daß er über Rechtsfragen keine Sachverständigen hören darf. Die so oft gerügten „falschen Beweisbeschlüsse", gegen die sich ja auch der Ministerialerlaß vom 11. X. 1907 wendet, beweisen zugunsten der Zuziehung der Techniker umsoweniger, als sie auch — worauf besonders Präsident Hauß[81]) hingewiesen hat, — bei gemischten Gerichten nicht vermieden werden können, falls nicht die Juristen ihrer Aufgabe besser gewachsen sind. Allerdings werden die Sachverständigen durch „falsche Beweisbeschlüsse" in dem eben angegebenen Sinn oft verleitet, Antworten über Rechts-, statt über Tatfragen zu geben und damit die Grenzen ihrer Befugnisse zu überschreiten. Aber auch rechtsgelehrte Gerichte werden, das zeigt die Erfahrung, zu einer sachgemäßen Fragestellung unschwer gelangen können, wenn sie sich logisch in den Streitstoff hineinversenken, wenn sie mit

---

78) Wirth, GewRSchutz 1908, S. 206 ff.; Hagens, das., S. 341; vgl. auch Reichsgericht v. 5. 6. 1909, M. & W. 1909/10, S. 91/2; Schanze a. a. O. passim.

79) Vgl. die Ausführungen Lobe's, Leipziger Kongreßberichte, S. 75.

80) Vgl. auch Drucker, Leipziger Kongreßberichte, S. 106.

81) a. a. O., S. 88.

den Parteien zusammenarbeiten, zunächst nicht, um die streitigen technischen Fragen zu lösen, sondern nur, um sie zu präzisieren. Deshalb versagt auch die Behauptung Isays, a. a. O., S. 15, daß derjenige, der imstande sei, ohne fremde Hilfe festzustellen, welches die wesentlichen Merkmale des Schutzes seien, in der Regel auch imstande sei, zu sagen, ob diese wesentlichen Merkmale bei der angeblichen Nachahmung vorlägen (vgl. von Stahl, a. a. O. S. 237): Denn erstens soll ja der Richter, wenigstens in schwierigen Fällen, nicht ohne Anhörung eines Sachverständigen den technischen Gehalt des Patents ermitteln; zweitens aber hat er, wenn er ihn ermittelt hat, doch erst den Obersatz gewonnen, und es verbleibt ihm daher die davon unabhängige Frage, ob dieser Obersatz Anwendung findet auf den vorliegenden Tatbestand; er hat also eine auf technischem Gebiete basierende logische Denkoperation vorzunehmen, die in beiden Stadien ausschließlich Rechtsfragen, wenn auch auf technischem Boden erwachsene, betrifft. Dies würde und müßte auch so bleiben, wenn gemischte Gerichte zur Einführung gelangten! Auch dann würde nach Feststellung des Schutzumfangs des Patents noch nicht über die Frage der Verletzung entschieden sein!

2. Ist also für eine richtige Fragestellung die Zuziehung technischer Richter nicht erforderlich, so erwächst die weitere Frage, ob sie nicht für das Verständnis des erstatteten Gutachters durch das Gericht von Vorteil sein könnte. Man sagt:[82]) Der rechtsgelehrte Richter könne nur bei genügender technischer Fachbildung, die ihm für das Gebiet des gewerblichen Rechtsschutzes abgehe, das Sachverständigengutachten verstehen. Es mag zugegeben werden, daß technische Richter im allgemeinen leichter und schneller sich in die Gutachten einarbeiten, sie verstehen und kontrollieren können, als Juristen. Aber, solange diese nicht aus den Gerichtshöfen ganz verbannt werden, wird ihnen, worauf ja schon hingewiesen ist, ebenfalls das Verständnis der Gutachten beigebracht werden müssen! Der obige Satz würde also ebenfalls nicht zugunsten der gemischten Gerichtsbarkeit, sondern nur zu ungunsten der Juristen-Richter überhaupt sprechen! — Und wenn weiter die Vorschläge I, S. 5 und 9 sowie II, S. 11 anführen, daß die jetzt bestehenden Gerichte bei technischen Fragen, die nicht ganz einfacher Natur seien, von den Sachverständigen abhängig seien, so beweist auch dies nichts. Ist denn der Jurist in anderen Fällen, in denen er die Zuziehung eines Sachverständigen beschließt, — als eines Mannes, der

[82]) Vgl. u. a. Guyer, a. a. O., S. 36.

Sachverständnis besitzt und die Fähigkeit hat, als Sachverständiger Wahrnehmungen zu machen,[83]) — etwa weniger „abhängig" von dem Gutachter? Ist es nicht ein anerkannter Rechtsgrundsatz, daß der Richter dem Gutachten des Sachverständigen frei gegenübersteht und jedes Gutachten der freien Beweiswürdigung des Gerichts unterliegt? Sehen wir nicht häufig genug, daß die Gerichte sich auch tatsächlich über die Gutachten von Sachverständigen (z. B. Medizinern) hinwegsetzen? Und erleben wir in solchen Fällen nicht das umgekehrte Schauspiel, daß die öffentliche Meinung dann erst recht über die „souveränen Gerichte" herfällt? Also auf der einen Seite die Besorgnis der zu großen Abhängigkeit, auf der anderen die Unzufriedenheit über die Selbständigkeit der Gerichte! Glaubt man ernstlich, daß, wenn das gemischte Kollegium sich zur Vernehmung eines Sachverständigen durchgerungen hat, der Jurist diesem Gutachten freier gegenüber stehen wird, als wenn ein nur juristisches Gericht die Beweiserhebung beschlossen hat? Ist nicht psychologisch viel eher zu befürchten, daß der juristische Richter, wenn der technische Mitrichter sich nicht auf seine eigene Sachkunde verlassen oder ihn, den Juristen, nicht überzeugt hat, sich noch leichter dem Spezialsachverständigen anschließen wird? Wird nicht letzterer im Verhältnis zum technischen Richter die größere Autorität gegenüber dem Juristen besitzen, so daß dessen „Abhängigkeit" noch größer wird? — Aber, — so hat man schließlich gesagt[84]) — in den Fällen, in denen sich widersprechende Gutachten gegenüber stehen, da wird der technische Richter am Platze sein! Auch das scheint anfechtbar; denn hier kann das Gericht ein Obergutachten des Patentamts einholen, und hier wird der Jurist am allerwenigsten geneigt sein, seinem technischen Kollegen zu folgen. Sehr treffend sagt ein hervorragender amerikanischer Praktiker, Walker:[85])

> In deciding between contradictory expert testimony, juries should consider the respective reasons, ability, knowledge, and fairness of the experts. To judge according to their number or their fame would be unsafe."

Es dürfte kaum zweifelhaft sein, daß auch ein Jurist, der seinen Platz als Richter für Patentsachen ausfüllt, gemäß diesen weisen Grundsätzen zu

---

[83]) Vgl. die interessanten Ausführungen Heglers, Archiv für zivilistische Praxis, 1909, S. 151 ff., bes. 291.

[84]) Guyer, a. a. O., S. 46.

[85]) Walker, Text-book of the Patent Laws, IV. edition 1904, New York, § 498, p. 395.

einem vernünftigen, beiden Teilen gerecht werdenden Urteil gelangen kann und muß gelangen können; nicht anders würde auch ein gemischtes Gericht zu entscheiden haben!

Es wird sodann weiter zugunsten des technischen Richters behauptet, daß „wenn der Sachverständige wisse, sein Gutachten werde von einem anderen Techniker ... einer sachgemäßen Prüfung unterworfen, dasselbe in vielen Fällen anders ausfallen werde, als jetzt, wo der Richter das Gutachten nur als Material zu einem Urteilsspruch verwendet". Wenn überhaupt ein Sinn in dieser Behauptung liegt, so kann es doch nur der sein, daß der Sachverständige sein Gutachten anders begründen wird, je nachdem, ob er es einem vermeintlich in technicis unwissenden rechtsgelehrten, oder einem vermutlich wenigstens teilweise sachverständigen Gericht erstattet; dies mag als richtig unterstellt werden, läßt aber wiederum ganz außer Betracht, daß eben die Juristen nicht ausgeschaltet werden sollen, also auch ihnen das Gutachten, soll es überhaupt seinen Zweck erfüllen, verständlich gemacht werden muß! Umgekehrt befürchtet Patentanwalt Heimann[86]) gerade aus der ungleichförmigen Besetzung der Gerichte einen schädlichen Einfluß auf die Gestaltung des Parteivorbringens, da ein Vortrag vor Gericht nur schwer die Juristen und Techniker zugleich fesseln und informieren könne, wie die Erfahrung im Patentamt ergebe.

Schließlich bedarf noch ein Einwand der Erwähnung, der nicht nur wegen der Persönlichkeit dessen, der ihn erhoben hat, weitgehendste Beachtung verdient: Geh. Reg.-Rat Prof. Dr. Duisberg, Direktor der Elberfelder Farbwerke vormals Friedr. Bayer & Co., hat als Vertreter der Handelskammer Elberfeld und des Vereins Deutscher Chemiker auf dem Leipziger Kongreß wörtlich erklärt:[87]) „Der springende Punkt ist der, daß der Sachverständige nicht unparteiisch ist, so sehr er sich auch bemüht, er kann es nicht und wird es nie sein ... Wir sind heute auf Gnade und Ungnade den Sachverständigen überliefert und das tut weh. Deshalb muß Wandel geschaffen werden".

Der Verfasser möchte demgegenüber denn doch hervorheben, daß er während seiner richterlichen Tätigkeit auch nicht in einem Falle nur den leisesten Zweifel daran gehabt hat, daß die Sachverständigen, mögen es Theoretiker, über die Duisberg die Schale seines Zornes ausgießt,

---

[86]) In dem oben Anm. 45 genannten Aufsatz.

[87]) Kongreßberichte, S. 78; vgl. auch seine Äußerungen gegen die nicht ständigen Richter unten S. 411.

oder Praktiker gewesen sein, nicht mit dem vollsten Ernst und der absolutesten Unparteilichkeit an ihre Aufgabe gegangen sind. Sachverständige, die sich nicht über die Sache stellen können, sind allerdings nicht geeignet, Gutachten in Prozessen zu erstatten, mögen sie auch auf wissenschaftlichem oder industriellem Gebiet noch so Hervorragendes leisten. Noch viel mehr aber muß das vom Richter gelten: er muß unbedingt über den Parteien stehen können; hat er sein menschliches oder berufliches Gefühl nicht soweit in der Gewalt, so taugt er zu allem anderen, nur nicht zum Richter! Wäre Duisbergs Behauptung zutreffend, daß es keine unparteiischen Sachverständigen gäbe,[88]) so wäre damit der Stab auch über die technischen Richter gebrochen!

Also auch für die Erhebung des Sachverständigenbeweises ist die Zuziehung technischer Richter kein Bedürfnis; ob nicht trotzdem auf diesem Gebiete sich manches ändern und bessern läßt, wird im Kapitel III, § 3 zu erörtern sein.

§ 5.

Die Statistik.

Haben die vorstehenden Erörterungen sich im wesentlichen auf spekulativem Gebiet bewegt, so wird nunmehr die Statistik eine positive Antwort auf die Frage zu geben haben, ob für Sondergerichte auf dem Gebiet des gewerblichen Rechtsschutzes ein genügendes Bedürfnis vorhanden ist. Genaue Angaben für das ganze Reich lassen sich leider auch heute noch nicht machen, da reichsstatistische Erhebungen über diese Art von Prozessen nicht vorliegen. Dagegen haben einzelne Bundesstaaten dankenswerte statistische Ermittelungen veranstalten lassen. Sollten sie Wert haben, so waren sie auf solche Prozesse zu beschränken, die nach dem Wunsche der Sondergerichtsanhänger in erster Linie den Sondergerichten zugewiesen werden sollen, also auf Klagen aus dem subjektiven Patentrecht oder gegen ein solches unter Ausscheidung aller derjenigen — statistisch auch schwer faßbaren — Prozesse, die zwar ein Patent oder Gebrauchsmuster zum Gegenstand haben, aber nicht nach den Normen des gewerblichen Rechtsschutzes zu beurteilen sind. Nach den obigen Ausführungen (S. 306) erschien es dagegen überflüssig, auch jetzt

[88]) Die Verhältnisse in England, auf die Duisberg verweist, liegen ganz anders, s. unten S. 467.

noch die statistischen Erhebungen auf Warenzeichensachen auszudehnen.[89])

Nachdem der Verfasser einen Überblick über die Statistik der einschlägigen Sachen für Preußen in der Leipziger Zeitschrift für Handels-, Konkurs- und Versicherungsrecht, 1908, S. 488 unter Benutzung des bei dem preußischen Justizministerium eingegangenen amtlichen Zahlenmaterials veröffentlicht und dieses auf dem Leipziger Kongreß[90]) noch nach gewissen Richtungen ergänzt hatte, hat auch das sächsische Justizministerium durch den Mund seines Vertreters auf dem Leipziger Kongreß die einschlägigen Zahlen für Sachsen mitgeteilt;[91]) aus der für Baden zusammengestellten Statistik hat Verfasser in Leipzig ebenfalls einige Angaben machen können. Weiter haben Preußen, Sachsen, Baden sowie die Senatskommission für die Justizverwaltung Hamburgs, wohl im Hinblick darauf, daß auf dem Leipziger Kongreß behauptet worden ist, der Untersuchungszeitraum sei ein zu kurzer gewesen,[92]) die statistischen Erhebungen mit bezug auf Zahl, Art und Dauer der Patent- und Gebrauchsmusterprozesse nach einheitlichem Muster für die Zeit vom 1. VII. 1907—30. VI. 1909 fortgeführt.

Das gesamte Zahlenmaterial, von dem die neueren preußischen Erhebungen amtlich nachgeprüft sind, für die vorliegende Arbeit vollständig zu benutzen, ist der Verfasser durch die hohe Erlaubnis Ihrer Exzellenzen der Herren Justizminister von Preußen, Sachsen und Baden, sowie der Hohen Hamburger Senatskommission in den Stand gesetzt. Der Verfasser spricht hierfür auch an dieser Stelle seinen ehrerbietigsten Dank aus.

Auf Grund des so gesammelten Materials läßt sich nun eine Zeitspanne von $4^1/_2$ Jahren übersehen und gleichzeitig die Berechtigung der gegen die früheren Statistiken erhobenen Einwendungen prüfen.

---

[89]) Es sei jedoch aus den früheren Erhebungen die Zahl der Warenzeichenprozesse mitgeteilt, sie betrug:

	1905	1906	1. 1.—30. 6. 1907	Summe
bei den 15 L.-G. Preußens	102	123	71	296
in Sachsen	15	26	12	53
in Baden	7	10	3	20

[90]) Leipziger Kongreßberichte, S. 79 ff.

[91]) Geh. Justizrat Dr. Mayer-Dresden, Leipziger Kongreßberichte, S. 85.

[92]) Doermer, Leipziger Kongreßberichte, S. 116.

Da hier auch die Zahlen für Sachsen, Baden und das Landgericht Hamburg, also für die an der Rechtsprechung auf dem Gebiet des gewerblichen Rechtsschutzes wohl meistbeteiligten Staaten, berücksichtigt werden können, so wird damit auch dem Einwand, daß die statistischen Ergebnisse Preußens für das ganze Deutsche Reich nicht maßgeblich sein könnten,[93]) der Boden entzogen.

Dies vorausgeschickt, erstreckten sich die Erhebungen sachlich auf alle Klagen — einschließlich der Anträge auf Erlaß eines Arrestes oder einer einstweiligen Verfügung — welche betreffen:

1. aus dem Gebiet des Patentrechts: die Unterlassungs-, Schadenersatz-, Bereicherungs-, Abhängigkeits- und sonstigen Feststellungsklagen;
2. aus dem Gebiet des Gebrauchsmusterrechts: außer den Klagen, die den zu 1. genannten entsprechen, noch die Löschungsklagen.

Zeitlich erstreckten sich die sämtlichen früheren Nachweisungen auf alle vom 1. Januar 1905 bis 30. Juni 1907 bei Gericht eingegangenen Klagen der vorstehend angegebenen Art, so zwar, daß die Ergebnisse dieser Sachen bis zum 31. Dezember 1907 aufzunehmen waren; sie umfaßten also einen Zeitraum von genau $2^1/_2$ Jahren. Hierbei ist für Preußen zu beachten, daß mit dem Jahre 1905 die Errichtung von Sonderkammern für die in Rede stehenden Sachen bei den Landgerichten auf Grund eines Erlasses des Justizministers vom 25. November 1904 begann, so daß die vor dieser Zeit eingegangenen Sachen nicht von Spezialkammern bearbeitet worden waren. Örtlich kamen für Preußen die 15 in den Übersichten angegebenen Landgerichte, für Sachsen und Baden sämtliche dortigen Landgerichte in Betracht. Die neueren Erhebungen, die sachlich in etwas geringerem, örtlich in dem gleichen Umfange, wie früher, veranstaltet worden sind, erfassen zeitlich die vom 1. VII. 1907—30. VI. 1909 eingegangenen Klagen und Anträge nach dem Ergebnis, das sie am 30. IX 1909 hatten.

I. Die Zahl der Sachen[94]) erhellt aus der Tabelle auf S. 362/3.

Hiernach haben in $4^1/_2$ Jahren bei den 15 Landgerichten Preußens zusammen 1842, in Sachsen 428, in Baden 122 und bei dem Landgericht

---

[93]) So Zeitschrift des VDJ., 1908, S. 2053/4

[94]) Die Zahlen sind für Preußen, soweit angängig, für die Zivil- und Kammern für Handelssachen getrennt aufgeführt worden; nur der Raumersparnis wegen ist hier die Abkürzung HK. gebraucht. — Bei dem Landgericht I Berlin bestehen zur Zeit zwei solcher Spezialkammern für Handelssachen.

Hamburg 39 Patent- und Gebrauchsmusterprozesse geschwebt. Einigen Anhalt über den Anteil dieser Art von Prozessen an den vermögensrechtlichen Landgerichtsprozessen überhaupt bieten folgende, das Jahr 1907 betreffende Zahlen: es waren anhängig:

im Oberlandesgerichtsbezirk	ordentliche Landgerichtsprozesse, einschl. einstweilige Verfügungen	davon Patent- und Gebrauchsmusterprozesse
Berlin	61 506	288 = 0,47 %
Dresden	23 063	82 = 0,36 %
Karlsruhe	12 557	33 = 0,26 %
Frankfurt a. M. . . .	10 196	17 = 0,166 %

Für ganz Preußen betrug die Zahl der vermögensrechtlichen landgerichtlichen Prozesse (einschließlich der Anträge auf Erlaß einstweiliger Verfügungen):

1907: 201 725, 1908: 219 395, — die Zahl der bei den 15 Gerichten anhängig gewesenen Patent- und Gebrauchsmusterprozesse 1907: 447, 1908: 457, so daß der Prozentsatz 0,221 bzw. 0,208, und — wenn man für die nicht berücksichtigten Landgerichte noch höchstens 150 Sachen im Jahre hinzurechnet,[95]) — auch jetzt wieder **höchstens** 0,3 % beträgt. Diese Zahlen wirken für sich!

[95]) Anderweitigem **amtlichen** Material sind folgende Angaben für Preußen entnommen: Überhaupt keine Patent- und Gebrauchsmustersachen hatten seit dem Erlaß vom 11. 10. 1907 u. a. die Landgerichte in Aurich, Stade, Göttingen, Trier, Hechingen, Bartenstein, Braunsberg, Insterburg, Lyck, Memel, Tilsit. Ohne genauere Angabe wird die Zahl als sehr gering bezeichnet bei allen Landgerichten der Oberlandesgerichtsbezirke Breslau (außer dem LG. Breslau) und Posen, sowie den Landgerichten Osnabrück, Verden, Aachen, Flensburg, Kiel, Halberstadt, Erfurt, Torgau, Greifswald, Köslin und Stargard. Dagegen sind Sachen des gewerblichen Rechtsschutzes, ohne Rücksicht auf die Abgrenzung der Sachen gemäß dem Erlaß vom 11. 10. 1907, gezählt bei dem

LG. Cottbus: 1909: 6; LG. Potsdam: 1909: 5; LG. Breslau jährlich etwa 20—30; LG. Hildesheim: 12 (einschl. unlaut. Wettbew.); LG. Lüneburg: 1908/9: 8 (einschl. unlaut. Wettbew.); LG. Bonn: 1908/9: 10; LG. Koblenz: 1908/9: 3; LG. Saarbrücken: 1908/9: 8 Patent-, 4 Gebr.-Mustersachen; LG. Cleve: 1908/9: 4; LG. Limburg: 1908/9: 5; LG. Neuwied: 1908/9: 0 Patent-, 3 Gebr.-Mustersachen; LG. Altona: 1905/7: 34; 1908: 10; 1909: 21; LG. Kiel: 1905/7: 2; LG. Allenstein: 1908/9: 1 Patent-Lizenzsache; LG. Flensburg: 1905/7: 7—8; LG Konitz und Thorn: 1908/9: je 1; LG. Elbing: 1908/9: je je 3; LG. Danzig: 1908/9: 4; LG. Stettin: 1908/9: 10;

Tabelle I.

Landgericht	Anhängige Rechtsstreitigkeiten aus dem Gebiete des Patentrechts							Gebrauchsmusterrechts							Gesamtsumme aller P.- u. Gm.-Prozesse v. 1. 1. 05 bis 30. 6. 09	
	1905	1906	1907 1. 1. bis 30. 6.	1907 1. 7. bis 31. 12.	1908	1909 1. 1. bis 30. 6.	Summe	1905	1906	1907 1. 1. bis 30. 6.	1907 1. 7. bis 31. 12.	1908	1909	Summe		
I. Preußen:																
Berlin I ZK. 16	20	115	65	74	139	56	469	2	7	3	10	26	11	59	528	
HK. 19	—	3	—	—	—	—	3	27	80	43	22	40	11	223	226	940
HK. 10	—	—	—	1	—	—	1	—	—	—	9	19	22	50	51	
andere ZK.	57	2	—	—	—	—	59	10	—	—	—	—	—	10	69	
„ HK.	12	—	—	—	—	—	12	48	2	4	—	—	—	54	66	
Berlin II ZK.	7	12	7	12	24	9	72	1	2	—	4	23	11	66	138	
HK.	—	—	1					7	15	3						
Berlin III ZK.	—	6	12	9	11	11	49	—	—	—	6	11	5	30	79	
HK.	—	—	—					—	5	3						
Cassel	1	7	—	—	—	3	11	—	—	—	—	1	—	1	12	
Cöln ZK.	4	2	3	3	18	9	43	—	3	2	4	13	12	54	97	
HK.	2	2	—					3	11	6						
Dortmund	6	5	1	2	4	3	21	5	7	3	1	5	2	23	44	
Düsseldorf ZK.	9	5	6	6	9	5	40	3	3	3	4	8	2	23	63	74
HK.	—	—	—	—	—	—	—	3	—	5	1	2	—	11	11	
Elberfeld ZK.	5	6	8	11	11	12	53	16	12	6	9	16	19	78	131	174
HK.	1	1	2	—	—	—	4	9	12	4	4	6	4	39	43	
Essen ZK.	2	4	4	3	11	3	27	2	1	1	—	1	1	6	33	40
HK.	—	—	—	—	—	—	—	1	2	1	—	2	1	7	7	
Frankfurt a. M. ZK.	12	7	1	5	16	7	48	—	—	—	—	4	4	8	56	84
HK.	—	1	2	2	1	1	7	2	9	—	2	6	2	21	28	
Halle	2	3	—	5	6	—	16	2	1	1	3	1	2	10	26	
Hannover ZK.	1	1	5	3	6	4	20	2	—	—	1	1	3	7	27	66
HK.	3	2	2	1	—	—	8	5	7	6	5	2	6	31	39	
Magdeburg	—	1	6	2	4	4	17	2	3	3	2	5	—	15	32	
Stettin	—	6	2	1	4	1	14	1	—	1	—	—	1	3	17	
Wiesbaden	1	4	2	1	—	1	9	6	—	1	1	1	1	10	19	
	145	**195**	**129**	**141**	**264**	**129**	**1003**	**157**	**182**	**99**	**88**	**193**	**120**	**839**	**1842**	

II. Sachsen:															
Bautzen (Zittau) . .	3	1	3	—	1	2	10	1	1	1	—	—	6	9	19
Chemnitz (Annaburg) .	5	3	6	2	9	7	32	4	6	2	4	5	4	25	57
Dresden	14	12	9	1	19	11	66	24	8	7	11	23	15	88	154
Freiberg	2	1	—	—	1	2	6	—	3	1	1	1	—	6	12
Leipzig	6	10	5	2	17	10	50	14	15	10	3	26	11	79	129
Plauen	1	—	—	1	6	1	9	2	2	2	2	3	4	15	24
Zwickau (Glauchau) .	2	1	4	2	5	3	17	3	3	2	1	4	3	16	33
	33	**28**	**27**	**8**	**58**	**36**	**190**	**48**	**38**	**25**	**22**	**62**	**43**	**238**	**428**
III. Baden:															
Karlsruhe	6	—	3	2	8	4	23	2	4	1	7	8	7	29	52
Mannheim	1	3	1	—	4	1	10	6	3	—	3	1	—	13	23
Heidelberg	—	—	2	1	—	—	3	—	—	—	—	1	3	4	7
Freiburg	2	2	2	1	4	1	12	1	1	2	1	—	2	7	19
Konstanz	—	1	—	3	1	—	5	—	—	—	3	2	1	6	11
Offenburg	2	2	—	—	—	—	4	1	—	—	—	—	—	1	5
Waldshut	—	2	1	—	—	—	3	—	1	—	—	1	—	2	5
Mosbach	—	—	—	—	—	—	—	—	—	—	—	—	—	—	—
	11	**10**	**9**	**7**	**17**	**6**	**60**	**10**	**9**	**3**	**14**	**13**	**13**	**62**	**122**
IV. Hamburg:															
Hamburg	—	—	—	**2**	**13**	**2**	**17**	—	—	—	**4**	**11**	**7**	**22**	**39**

Bei den preußischen Ziffern fällt zunächst als wesentliches Merkmal ins Auge, daß der Löwenanteil auf das Landgericht I Berlin kommt: nämlich 544 Patent- und 396 Gebrauchsmusterprozesse, also mehr als die Hälfte aller in Preußen gezählten Patent- und Gebrauchsmusterprozesse! Dies zeigt in einer über jeden Zweifel erhabenen Weise, welchen Vertrauens sich andauernd die Rechtsprechung des Landgerichts I Berlin in den beteiligten Kreisen erfreut, wenn auch von Berlin aus den schon in der Leipziger Zeitschrift, 1908, S. 493 erörterten besonderen Gründen (Zentrum des Handels- und Gewerbefleißes, Sitz der meisten Auslandsvertreter, zahlreiche Prorogationen des Gerichtsstandes) zu erwarten war, daß hier die meisten einschlägigen Prozesse zusammen kommen würden. Nächst dem Landgericht I Berlin stehen die Landgerichte Elberfeld, Berlin II, Cöln und Frankfurt a.M. Die Landgerichte Berlin I und II, sowie Elberfeld hatten einzeln während der $4^1/_2$ Jahre mehr einschlägige Prozesse, als ganz Baden! Andererseits hatten noch nicht einmal 20 Prozesse Kassel, Stettin und Wiesbaden! Man wird wohl kaum behaupten können, daß für Gerichte, die im Durchschnitt jährlich noch nicht einmal fünf einschlägige Prozesse zu entscheiden haben, ein Bedürfnis nach Sondergerichten anerkannt werden kann! Auffallend ist es, daß die Zahl der Patentsachen in Preußen von 1905 an bis zum Jahre 1907 gestiegen ist, seitdem aber — wenn auch langsam — abnimmt, während die Zahl der Gebrauchsmusterprozesse im ständigen Steigen begriffen ist; diese Erscheinung äußert sich nicht nur in den Endziffern für die einzelnen Jahre[96]) (Patentsachen: 145, 195, 270, 264, 129, Gebrauchsmuster: 157, 182, 187, 193, 120), sondern auch in den Ziffern für einzelne Gerichte; in Sachsen nehmen dagegen sowohl die Patent-, wie die Gebrauchsmusterprozesse stetig zu. Der Grund für diese Schwankungen

---

bei den Oberlandesgerichten: Hamm: 1908: 44; 1909: 47; dazu 1908: 40, 1909: 17 Wettbewerbssachen.
Kiel: 1906: 4; 1907: 7; 1908: 6; 1909: 3.
Königsberg: 1908/9: 4 Patent-, 1 Gebrauchsmuster-, 1 Warenzeichensache.
Stettin: 1908/9: 3—4.

Hieraus ergiebt sich, daß die obige Schätzung von jährlich 150 Sachen, die zu den Ziffern der Statistik hinzugerechnet worden sind, wohl zu hoch gegriffen ist; sie soll aber für den ungünstigsten Fall eingesetzt werden.

[96]) Für 1909 kommt nur das I. Semester in Betracht! In den ersten 3 Monaten des Jahres 1910 soll allerdings die Zahl der Patentprozesse bei der Spezialkammer des LG. I Berlin um mehr als das Doppelte gegen das Vorjahr gewachsen sein.

dürfte lediglich in wirtschaftlichen Ursachen zu suchen sein. Deshalb erscheint auch die Annahme der Sondergerichtsanhänger, daß die Zahl der Sachen bei Sondergerichten wachsen werde, unzutreffend; denn mit Recht ist schon in der Kölnischen Zeitung vom 15. VI. 1908 gesagt worden, „wir halten die Industrie für vernünftig genug, daß sie auch in Zukunft ihr Heil nicht in vielem Prozessieren suchen wird".

Es ist auch wichtig, zu beobachten, auf welchen verschiedenen Gebieten der Technik die einzelnen Prozesse spielen; der Raummangel verbietet es, hier die darüber aufgestellten eingehenden Tabellen vollständig wiederzugeben; folgende Zahlen müssen genügen, um zu zeigen, wie sehr die Beteiligung der einzelnen Patentklassen an den Rechtsstreitigkeiten schwankt. Es fanden Prozesse bei den 15 preußischen Gerichten statt:

aus Klasse	1. Januar 1905 bis 30. Juni 1907	1. Juli 1907 bis 30. Juni 1909
3: Bekleidung	7	0
4: Beleuchtung	63	56
5: Bergbau	2	8
12: Chemische Verfahren	11	15
13: Dampfkessel	1	5
15: Druckerei	8	14
18: Eisenerzeugung	1	4
21: Elektrotechnik	26	39
22: Farben, Firnisse, Lacke	5	3
24: Feuerungsanlagen	7	4
30: Gesundheitspflege	21	29
32: Glas	1	5
34: Haus- und Küchengeräte	16	19
37: Hochbauwesen	22	18
43: Kontrollvorrichtungen	18	9
44: Kurzwaren, Rauchgeräte	11	1
45: Landwirtschaft	26	12
48: Chemische Metallbearbeitung . . .	1	5
49: Mechanische Metallbearbeitung . .	14	18
53: Nahrungs- und Genußmittel . . .	9	13
64: Schankgeräte	8	13
77: Sport, Spiele	3	10
78: Sprengstoffe	10	3
80: Tonwaren, Steine, Kalk	4	9
81: Transport und Verpackung . . .	20	—

Es läßt sich also direkt nachweisen, wie durch einzelne Erfindungen, die mehr oder minder Saisonerfindungen sind oder zunächst epochale Bedeutung haben,[97]) die Zahl der Prozesse auf diesen Gebieten plötzlich stark zunimmt, während sie auf anderen ebenso sehr abnimmt;[98]) es würde also außerordentlich schwierig, wenn nicht gar unmöglich sein, wegen dieser verschiedenen Beteiligung verschiedener Gebiete der Technik eine auch nur einigermaßen zweckmäßige Geschäftsverteilung zu schaffen. — Was insbesondere die Zahl der Prozesse anlangt, die die chemische Industrie betreffen, so ergibt sich, daß, wenn man hier die Patentklassen 12, 16, 22, 23, 26, 78 zählt, diese beteiligt waren: vom 1. I. 05—30. VI. 07: mit 11, 0, 5, 2, 6, 10, zusammen 33 Sachen, vom 1. VII. 07—30. VI. 09: mit 15, 0, 3, 1, 4, 3, zusammen 26 Sachen. Das zahlenmäßige Bedürfnis der chemischen Industrie an Sondergerichten stellt sich also auf 59 Prozesse für die Dauer von $4^1/_2$ Jahren in Preußen! Für Sachsen konnten für den 2. Untersuchungszeitraum nur 5 solcher Sachen ermittelt werden. — Ähnlich wie in Preußen, liegen die Verhältnisse in Baden, wo, soweit festgestellt werden konnte, im I. Untersuchungszeitraum:

die Patentklassen: 12, 52, 73, 78, 79, 83 je einmal, 8, 24, 27, 34, 36, 47 je zweimal, 35, 37 und 72 je dreimal,

und im II. Zeitraum:

die Patentklassen: 4, 24, 25, 35, 36, 47, 80, 83 je einmal, 9, 16, 26, 37, 42, 45, 63, 79 je zweimal, und 33 dreimal beteiligt waren.

Hier, wie in Preußen, eine äußerst geringe, wenn auch verhältnismäßig größere Zahl chemischer Prozesse!

Nirgends läßt sich, — von ganz verschwindenden Ausnahmen abgesehen, die hier nicht erörtert[99]) werden können, — eine sachliche Be-

---

[97]) Zu vergl. einerseits das Diabolospiel (Kl. 77), andererseits verschiedene Erfindungen auf dem Gebiete der drahtlosen Telegraphie (Kl. 21), der Setz- und Gießmaschinen (Kl. 15), der Glasflaschenherstellung (Kl. 32).

[98]) Zu vergl. Kl. 43, in der die sogenannten Gruppengeschicklichkeitsspiele geprüft werden, denen die Rechtsprechung des Reichsgerichts den Garaus gemacht hat, und Kl. 44, wo für die Fabrikation der Taschenfeuerzeuge eine Syndizierung stattgefunden hat, ferner die Landwirtschaft, Sprengstoffe und Transport und Verpackung.

[99]) S. einige Bemerkungen dazu in meinem Aufsatz in der Leipz. Zeitschr. 1908, S. 496.

ziehung zwischen dem technischen Gebiet der Prozesse und der Industrie feststellen, die gerade am Sitze des betreffenden Gerichts in besonders starkem Maße ansäßig ist; auch dies ist wichtig für die Frage, wo gegebenenfalls gemischte Gerichte zu schaffen und mit welchen technischen Kräften sie zu besetzen wären; die Statistik lehrt eben, daß an allen gemischten Gerichten für alle Zweige der Technik geeignete Persönlichkeiten (wenn auch nicht als Spezialsachverständige) zur Verfügung stehen müßten!

Man hat nun gegen die aus der Statistik gezogenen Folgerungen, die den Sondergerichtsbestrebungen ein nicht mißzuverstehendes Halt zurufen, eingewendet, daß die Zahl der Sachen für die Notwendigkeit von Sondergerichten nicht maßgebend sei. Unter lebhaftem Beifall konnte Isay auf dem Leipziger Kongreß ausrufen: „Ist denn ein einziger Patentprozeß nicht häufig wichtiger, als Hunderte und Tausende anderer Prozesse?“ [100]) Selbst wenn man diese Frage bejaht, so würde dies noch nicht Sondergerichte rechtfertigen! Wie Verfasser schon früher [101]) bemerkt hat, ist der Schluß von „eins“ auf „unendlich“ auch sonst sehr beliebt; und stehen nicht auch in vielen anderen Prozessen Objekte von höchstem Wert auf dem Spiel? Erinnert sei an Bank- und Börsensachen, an die oft überaus schwierigen Familienstreitigkeiten von weittragendster materieller und ideeller Bedeutung, an Stempelprozesse und vieles andere mehr! Der Wert der Sachen kann also nicht ausschlaggebend sein, auch nicht unter dem Gesichtspunkt, daß häufig Prozesse gegen Ausländer in Betracht kommen, gegen deren Konkurrenz die deutsche Industrie zu schützen sei.[102]) Nur die Zahlen können einen tatsächlichen Anhalt dafür geben, ob Sondergerichte notwendig und überhaupt lebensfähig sein würden. Sicherlich nun würde ein zentraler Patentgerichtshof, — zumal wenn ihm noch die Warenzeichensachen, und gar die Nichtigkeits- und Zurücknahmesachen übertragen würden, — genügende Beschäftigung, auch hauptamtlichen technischen Richtern, bieten; für dezentralisierte Gerichte dagegen, die allein praktisch durchführbar erscheinen, kämen nur einige wenige Gerichte in Betracht, — was auch bei der Frage einer etwaigen gesetzlichen Änderung der Zuständigkeit (Kapitel III, § 1) zu berücksichtigen sein wird.

---

[100]) Leipziger Kongreßberichte, S. 108.

[101]) Recht, 1908, S. 633.

[102]) Haeuser, Leipziger Kongreßberichte, S. 67.

Um die vernichtende Wirkung der Statistik abzuschwächen, hat man endlich noch geltend gemacht, die Zahlen stellten sich deshalb so niedrig, weil die Industrie „prozeßmüde" sei und das schiedsgerichtliche Verfahren dem ordentlichen Prozeßverfahren vorziehe.[103]) Die Haltlosigkeit dieses Einwandes konnte Verfasser schon auf dem Leipziger Kongreß auf Grund einer auf seine Veranlassung vom Verein zur Wahrung der Interessen der chemischen Industrie Deutschlands veranstalteten Enquete und einer selbst veranstalteten Untersuchung über die Zahl der bei dem Landgericht I Berlin und Amtsgericht Berlin-Mitte niedergelegten Schiedssprüche, schlagend dartun;[104]) es muß hier auf die früheren Ausführungen verwiesen werden; es ist nicht bekannt geworden, daß sich die Verhältnisse seitdem geändert hätten. Wenn einzelne Firmen, wie z. B. die Siemens & Halske-Aktiengesellschaft in einem neuerlichen Rundschreiben[105]) an die sämtlichen Werke und Abteilungen ihres Konzerns, anknüpfend an die „allseitig befriedigende Erledigung eines sehr wichtigen technischen Streites über einen Lizenzvertrag durch ein Schiedsgericht", auf die Vorteile eines solchen Schiedsgerichtsverfahrens (Schnelligkeit und Billigkeit, Sachkunde und Gründlichkeit (! !) der Richter, Zwanglosigkeit des Verfahrens) hingewiesen haben, so hat dies um so weniger zu besagen, als es dort ausdrücklich heißt: „es sei entschieden nicht zu empfehlen, in möglichst viel abzuschließende Verträge eine allgemeine Schiedsgerichtsklausel aufzunehmen."[106])

---

[103]) Vorschläge II, S. 14; Tolksdorf a. a. O., S. 6 u. 62; Guyer, Schweizer. Juristenzeitung III, S. 36; Fehlert, Zeitschrift des V. D. I. 1908, S. 1378; und verschiedene Redner auf dem Leipziger Kongreß.

[104]) Leipziger Kongreßberichte, S. 80.

[105]) Das die Firma mir freundlichst zur Verfügung gestellt hat.

[106]) Auch daß z. B. die Handwerkskammern in Karlsruhe und in Mannheim durch ein Nebenstatut „zum Zweck der Verhütung und zur Schlichtung von Streitigkeiten gewerblicher Angelegenheiten für bestimmte Handwerkszweige gewerbliche Sachverständige bestellt haben", hat mit der hier vorwürfigen Frage nichts zu tun; ebensowenig die von den Ältesten der Kaufmannschaft von Berlin beabsichtigte Errichtung eines Einigungsamts in Sachen des unlauteren Wettbewerbs (s. Korrespondenz der Ältesten, 1909, S. 225), die von ganz anderen Erwägungen ausgeht, als denen, „sachverständige Richter" auf die Richterbank zu setzen; über einige Äußerungen bedeutender Juristen zu dieser Angelegenheit, vgl. Vossische Zeitung vom 3. 1. 1910. Ob mit Erz. Hamm, DJZ. 1910, S. 44 allgemein von einer „stetig wachsenden Neigung, ihre Streitigkeiten durch Schiedsgerichte entscheiden zu lassen", gesprochen werden kann, steht dahin; zu vgl. allerdings Jahresbericht der Handelskammer zu Berlin, 1909, S. 50.

Aber selbst die angeblich so bewährten Schiedsgerichte haben beachtliche Anfechtung erfahren: hat doch kein anderer, als Geh. Reg.-Rat Prof. Duisberg — allerdings ohne Angabe von Gründen — in Leipzig[107]) erklärt, wenn auch in allen Lizenzverträgen seiner Firma sich die Schiedsgerichtsklausel finde, so komme es doch niemals zu einem Schiedsspruch, weil die Beteiligten „Furcht vor dem Schiedsgericht haben". Die Industrie ziehe deshalb sogenannte freie Vergleiche vor! Wenn das richtig ist, dann liegt ein Bedürfnis, die ordentlichen Gerichte anzurufen, nicht vor! Dann ist staatlicher Rechtsschutz überhaupt nicht vonnöten; das würde aber auch so bleiben, wenn gemischte Gerichte bestünden! Selbstredend sind freie Vergleiche schneller und billiger zu erreichen, als rechtskräftige Urteile von Gerichten; sie stehen diesen ja auch in den Wirkungen nach! Kein Einsichtiger wird aber glauben, daß die Industrie, wenn ihr für gewerbliche Rechtsschutzsachen gemischte Gerichte zur Verfügung stünden, auch nur einen Prozeß, den sie im Wege gütlichen Einverständnisses aus der Welt schaffen könnte, nur deshalb vor das Gericht bringen würde, weil dieses Gericht ein „gemischtes" ist. Daraus folgt: Die Sachen, die durch freie Vergleiche erledigt werden, scheiden für die Feststellung der Zahl der Fälle überhaupt aus; Schiedsgerichte erfreuen sich im allgemeinen, wenigstens für die hier in Rede stehenden Sachen, so geringer Beliebtheit, daß auch sie außer Betracht bleiben müssen. Also können nur die amtlich gewonnenen Ziffern gewertet werden; sie beweisen einwandfrei, daß ein Bedürfnis für Sondergerichte nicht besteht!

Zu demselben Ergebnis gelangt man, wenn man an Hand der Statistik den weiteren Vorwurf prüft, der der Rechtsprechung in Patent- und Gebrauchsmustersachen besonders früher — vielleicht nicht ganz ohne Grund — gemacht ist, nämlich den der langen Dauer der Prozesse. Hierüber gibt die nachstehende Tabelle II[108]) Aufschluß.

Diese Tabelle gewinnt ihren außerordentlichen Wert, wenn man ihr die Zahlen der Reichsjustizstatistik[109]) gegenüberstellt; die Dauer

---

[107]) Leipziger Kongreßberichte, S. 76; s. auch Rauter, das., S. 91.

[108]) Die Spalte I bedeutet jedesmal den 1. Untersuchungszeitraum vom 1. 1. 1905 bis 30. 6. 1907, die Spalte II den 2. Untersuchungszeitraum 1. 7. 1907 bis 30. 6. 1909.

[109]) Deutsche Justiz-Statistik, Jahrgang XIV, 1909, S. 159.

Tabelle II.

Laufende Nr.	Landgericht in	Kammer	Zahl der kontradiktorischen Urteile: in Patent-Sachen I	in Patent-Sachen II	in GebrM.-Sachen I	in GebrM.-Sachen II	Von 100 durch kontradiktorisches Endurteil beendeten Prozessen hatten gedauert bis zur Verkündung des Endurteils I. Instanz: weniger als 6 Monate I	weniger als 6 Monate II	6 Monate bis 1 Jahr I	6 Monate bis 1 Jahr II	länger als 1 Jahr I	länger als 1 Jahr II
	A. Preußen.											
1.	Berlin I	ZK. 16	107	120	5	18	59,8	63,76	28,5	26,09	11,7	10,14
		HK. 19	1	—	79	52	73,75	59,6	22,5	32,6	3,75	7,7
		andere ZK.	38	—	8	—	36,95	—	26,1	—	36,95	—
		" HK.	10	1	34	18	63,6	63,1	29,6	31,6	6,8	5,3
2.	Berlin II	ZK.	10	} 12	2	} 6	41,7	} 55,55	25,—	} 27,77	33,3	} 16,66
		HK.	1		14		60,—		20,—		20,—	
3.	Berlin III	ZK.	3	} 13	—	} 11	66,7	} 54,16	33,3	} 33,3	—	} 12,5
		HK.	—		4		75,—		—		25,—	
4.	Cassel	—	3	—	—	1	25,—	—	75,—	—	—	100,—
5.	Cöln	ZK.	4	} 11	2	} 12	66,7	} 56,5	33,3	} 30,5	—	} 13,—
		HK.	3		9		50,—		16,7		33,3	
6.	Dortmund	—	6	3	12	4	22,2	14,4	38,9	42,8	38,9	42,8
7.	Düsseldorf	ZK.	9	9	6	8	46,7	58,8	40,—	17,7	13,3	23,5
		HK.	—	—	6	3	50,—	33,3	30,—	33,3	20,—	33,4
8.	Essen	ZK.	4	} 5	1	} 4	—	} 22,22	40,—	} 55,55	60,—	} 22,22
		HK.	—		3		—		33,3		66,7	
9.	Elberfeld-Barmen	ZK.	8	13	19	21	22,2	52,94	33,3	23,53	44,5	23,53
		HK.	2	—	8	3	30,—	—	30,—	66,67	40,—	33,33
10.	Frankfurt a. M.	ZK.	8	9	—	3	37,5	66,7	25,—	33,3	37,5	—
		HK.	—	1	5	2	60,—	33,3	20,—	66,7	20,—	—
11.	Halle	—	3	4	4	4	57,1	50,—	28,6	25,—	14,3	25,—
12.	Hannover	ZK.	4	5	1	—	40,—	80,—	60,—	20,—	—	—
		HK.	4	1	8	10	66,7	63,6	33,3	—	—	37,3
13.	Magdeburg	—	1	4	5	5	66,7	77,8	33,3	11,1	—	11,1
14.	Stettin	—	3	1	1	—	75,—	—	25,—	100,—	—	—
15.	Wiesbaden	—	2	—	4	2	50,—	50,—	—	50,—	50,—	—
		zusammen:	**234**	**212**	**240**	**187**	**53,50%**	**57,89%**	**27,85%**	**28,32%**	**18,58%**	**13,79%**

B. Sachsen.											
1. Bautzen (Zittau) . .	—	—	—	—	—	—	—	—	—	—	—
2. Chemnitz (Annaberg .	ZK.	—	8	—	—	—	37,5	—	37,5	—	25,—
	HK.	—	—	—	3	—	—	—	66,7	—	33,3
3. Dresden	ZK.	—	11	—	4	—	73,3	—	6,7	—	20,—
	HK.	—	—	—	11	—	63,63	—	27,27	—	9,1
4. Freiberg	—	—	2	—	2	—	50,—	—	50,—	—	—
5. Leipzig	ZK.	—	13	—	14	—	37,—	—	33,3	—	29,7
	HK.	—	3	—	3	—	83,3	—	—	—	16,7
6. Plauen	ZK.	—	5	—	2	—	—	—	71,4	—	28,6
	HK.	—	—	—	3	—	33,3	—	33,3	—	33,3
7. Zwickau	ZK.	—	1	—	1	—	50,—	—	50,—	—	—
	HK.	—	2	—	3	—	80,—	—	20,—	—	—
	zusammen:	—	**45**	—	**46**	**48,1**	**48,35**	**29,3**	**30,77**	**22,6**	**20,88**
C. Baden.											
1. Karlsruhe	—	1	9	5	11	33,3	55,—	33,3	35,—	33,3	10,—
2. Mannheim	—	2	2	5	3	57,1	60,—	14,3	—	28,6	40,—
3. Heidelberg	—	1	—	—	1	100,—	—	—	100,—	—	—
4. Freiburg	—	5	2	1	1	33,3	66,7	33,3	33,3	33,3	—
5. Konstanz	—	1	3	—	4	—	28,5	100,—	28,6	—	42,9
6. Offenburg	—	3	—	—	—	—	—	66,7	—	33,3	—
7. Waldshut	—	—	—	—	—	—	—	—	—	—	—
	zusammen:	**13**	**16**	**11**	**20**	**37,5 %**	**50,— %**	**33,3 %**	**27,8 %**	**29,2 %**	**22,2 %**
D. Hamburg.	—	—	**9**	—	**12**	—	**52,39**	—	**23,81**	—	**23,8**

der landgerichtlichen Prozesse I. Instanz bis zum Erlaß des Endurteils betrug:

im Jahre	unter 6 Monate	6 Monate bis 1 Jahr	länger als 1 Jahr
1903	53,4 %	27,9 %	18,7 %
1904	54,0 %	28,0 %	18,0 %
1905	53,0 %	28,4 %	18,6 %
1906	53,8 %	27,8 %	18,4 %
1907	48,9 %	30,3 %	20,8 %
Durchschnitt 1903—1907	52,6 %	28,5 %	18,9 %

Hat sich also der Reichsdurchschnitt der in weniger als 6 Monaten beendeten Sachen wesentlich verschlechtert und im Jahre 1907 den niedrigsten Stand seit 1888 erreicht, so hat die Dauer der Patent- und Gebrauchsmusterprozesse in der II. Untersuchungsperiode, im Vergleich zur ersten wesentlich abgenommen: und zwar in Preußen von 53,50% auf 57,89%, in Baden von 37,5% auf 50%, in Sachsen von 48,1% auf 48,35%! Dies Ergebnis macht jedweden Kommentar überflüssig! Nur um den Einwand abzuschneiden, daß hier die verhältnismäßig einfacheren Gebrauchsmusterprozesse das über Erwarten günstige Ergebnis gezeitigt haben könnten, seien die Zahlen für Patent- und Gebrauchsmustersachen getrennt angegeben; es wurden erledigt von 100 Sachen:

In	mit einer Dauer von					
	unter 6 Monaten		6 Monaten bis 1 Jahr		länger als 1 Jahr	
	P.	G.	P.	G.	P.	G.
Preußen:						
1. Januar 1905 bis 30. Juni 1907 .	50,4	56,7	29,9	25,8	19,7	17,5
1. Juli 1907 bis 30. Juni 1909 . .	58,02	57,75	26,42	30,48	15,56	11,77
Sachsen:						
1. Januar 1905 bis 30. Juni 1907 .	nicht besonders ermittelt					
1. Juli 1907 bis 30. Juni 1909 . .	53,33	43,48	24,45	36,95	22,22	19,57
Baden:						
1. Januar 1905 bis 30. Juni 1907 .	23,—	54,55	38,5	27,27	38,5	18,18
1. Juli 1907 bis 30. Juni 1909 . .	43,75	55,—	25,—	30,—	31,25	15,—

Es kann also keine Rede davon sein, daß die Patentprozesse wesentlich länger dauerten, als die Gebrauchsmusterprozesse; in Sachsen ist eher das Gegenteil der Fall!

Geradezu frappierend wirken die Zahlen für Baden, die eine Gesamtbesserung von 12,5% bedeuten! Aber auch Preußen schneidet glänzend ab; gegenüber dem Reichsdurchschnitt von 1907 mit einer Besserung von 9%! Betrachtet man die Ziffern der Patent-Spezialkammer des Landgerichts I Berlin (59,8 zu 63,76%, und damit ein Plus von 14,86% gegenüber dem Reichsdurchschnitt von 1907), so könnte nur Böswilligkeit an diesen Erfolgen etwas auszusetzen haben! Sie sind ein schlagender Beweis für die Richtigkeit des schon früher (Leipziger Zeitschrift 1908, S. 499) aufgestellten Satzes, daß die Dauer der Prozesse abnimmt mit der Zunahme der Zahl der Sachen bei einem Gericht, bzw. einer Sonderkammer! Dies zeigen auch die in obiger Tabelle gegebenen Ziffern für Berlin II, Düsseldorf, Frankfurt a. M. und besonders Elberfeld.

Auch bezüglich der Dauer der Prozesse hat man gegen die frühere Statistik Einwendungen erhoben: zunächst auch hier, daß das Beispiel Preußens nicht für das Reich maßgebend sei; jedoch, wie in Preußen liegen die Verhältnisse — von ganz geringen Unterschieden abgesehen — auch in Sachsen, Baden, Hamburg; nirgends wird der Reichsdurchschnitt wesentlich unterschritten! — Sodann hat Wildhagen ausgeführt,[110]) daß, wenn „die Dauer der Prozesse des gewerblichen Rechtsschutzes der Durchschnittsdauer der übrigen Prozesse entspräche, daraus der Schluß zu ziehen sei, daß auch die übrigen Prozesse zu lange dauerten und die Verhältnisse für die Sachen des gewerblichen Rechtsschutzes eben besonders lägen". Diese Beweisführung ist bereits von verschiedenen Seiten als unzutreffend zurückgewiesen worden.[111]) Niemand wird bestreiten, daß gerade mit Rücksicht auf die Kürze der Schutzfristen eine möglichst schnelle Erledigung dieser Art von Prozessen notwendig und erstrebenswert ist;[112]) wenn aber z. B. Fuchs, Gemeingefährlichkeit, S. 136, behauptet, daß eine Dauer von mehr als 3 Monaten für Streitigkeiten über gewerbliche Schutzrechte nicht in unsere Zeit des schnellen Sichabspielens der wirtschaftlichen Vorgänge passe, so übersieht er die Eigenart, den Umfang und die Schwierigkeit dieser Sachen. Es muß immer

[110]) Leipziger Kongreßberichte, S. 28; andere haben diese Argumentation einfach nachgebetet! z. B. Stort, Mitt. v. Verband Deutscher Patentanwälte, 1909, S. 130.

[111]) Geh. OJR. Kübler, Leipziger Kongreßberichte, S. 53; Katz, das. S. 36; Drucker, Sächs. Archiv für Rechtspflege, 1908, S. 333.

[112]) Magnus, Reformbestrebungen, S. 45; Wertheimer, Leipziger Zeitschrift, 1908, S. 674.

und immer wieder darauf hingewiesen werden, daß in den meisten Patentprozessen die Heranziehung der Patenterteilungsakten erforderlich, aber häufig außerordentlich zeitraubend ist, daß die Parteien hier noch öfters, als sonst Vertagungen vereinbaren, — wogegen das Gericht absolut machtlos ist —, daß durch Besichtigungen von Anlagen, Anfertigungen von Zeichnungen und Modellen viel kostbare Zeit verloren geht, daß die Gerichte zum Teil dem guten Willen der Sachverständigen, die nach meinen früheren Ermittelungen in 13,2% der Fälle länger als 6 Monate und in 36,8% der Fälle länger als 3 Monate zur Erstattung ihres Gutachtens benötigten, auf Gnade und Ungnade ausgeliefert sind, daß also für die lange Dauer der Prozesse Umstände maßgebend sind, auf die die Gerichte überhaupt keinen Einfluß haben. Ist dies aber richtig — und eine sachliche Widerlegung ist bisher noch nicht einmal versucht worden — so folgt daraus, daß die Gerichte im Rahmen des bestehenden Rechts das Menschenmögliche geleistet haben, und daß auch bei einer gemischten Besetzung der Gerichte eine wesentliche Verbesserung nicht mehr zu erwarten ist. Die Wurzel des angeblichen Übels liegt eben nicht so sehr in der rein juristischen Besetzung der Gerichte, als in der Gestaltung des Verfahrens und der Regelung der Zuständigkeit; darüber wird unten näheres zu sagen sein. Daß aber auch bei gemischten Gerichten die Dauer der Prozesse keine kürzere sein wird, dafür spricht nicht nur die Vermutung, sondern dafür gibt es einen strikten Beweis: schon Wertheimer[113]) hat nachgewiesen, daß die Dauer der beim Patentamt anhängigen Nichtigkeits- und Zurücknahmeklagen hinter dem Durchschnitt der bei den Gerichten verhandelten Patent- und Gebrauchsmustersachen erheblich zurückbleibt; das Gleiche gilt für die neuesten zur Verfügung stehenden Zahlen:[114]) von den im Jahre 1909 zu erledigenden 582 Nichtigkeits- und 81 Zurücknahmeanträgen stammten 158 Nichtigkeits- und 17 Zurücknahmeanträge aus der Zeit vor 1908, so daß von 663 Sachen 175, d. h. 26,4 %, älter als 2 Jahre waren; von den im Jahre 1909 neu eingegangenen 255 Nichtigkeits- und 42 Zurücknahmeanträgen sind, nachdem 43 bzw. 18 vor der Entscheidung anderweit erledigt waren, nur 2 Nichtigkeitssachen und keine Zurücknahmesache von dem Patentamt im Jahre 1909 rechtskräftig entschieden worden. Man wird demnach für Nichtigkeitsklagen bis zur Entscheidung I. Instanz durchschnittlich mit einer Mindestdauer von $1^1/_2$ Jahren zu rechnen haben. Gilt dies schon von einer Behörde, die nicht nur glänzend

---

113) Leipziger Zeitschrift, 1908, S. 675.

114) Blatt für Patent-, Muster- und Zeichenwesen, 1910, S. 76.

eingearbeitet, sondern auch nicht in die Fesseln des Parteibetriebs und der Verhandlungsmaxime geschlagen ist, und die das beste Richtermaterial zur Verfügung hat, so erscheint es zweifellos, daß die gemischten Gerichte bedeutend langsamer arbeiten würden, als jetzt die rechtsgelehrten Gerichte.

Was von der I. Instanz gilt, — die bisher allein berücksichtigt ist, — ist auch von der II. Instanz zu sagen. Der Reichsdurchschnitt beträgt hier bei 100 kontradiktorischen Urteilen I. Instanz bis zur Verkündung des Urteils II. Instanz:

	weniger als 6 Monate	6 Monate bis 1 Jahr	1 Jahr und mehr
1906	46 %	32,3%	21,7%
1907	47,6%	31,0%	21,4%

Die Durchschnittsdauer der Berufungsinstanz für Patent- und Gebrauchsmusterprozesse betrug:[115])

	unter 6 Monate		unter 6 Monate bis 1 Jahr		1 Jahr und mehr	
	I	II	I	II	I	II
bei den 15 Landgerichten Preußens	64,4	55,74	28,5	34,43	7,1	9,83
in Sachsen	60	56,25	33,3	37,5	6,7	6,25
in Baden	—	16,7	—	66,7	—	16,6
in Hamburg	—	—	—	100,—	—	—

Mag sich sonach auch der Durchschnitt in Preußen verschlechtert haben, und in Baden und Hamburg noch nicht an den Reichsdurchschnitt herankommen (bei der geringen absoluten Zahl der Berufungen ist übrigens auch der Prozentsatz nicht recht maßgebend), so wird der Reichsdurchschnitt von Preußen und Sachsen doch bei weitem übertroffen; ganz besonders günstig schneidet das Kammergericht bei 39 kontradiktorischen Berufungsurteilen ab; die betr. Zahlen lauten: 56,41%, 30,77% und 12,82%!

Zusammenfassend kann gesagt werden: nach den Ergebnissen der Statistik besteht weder für die I., noch für die II. Instanz ein Bedürfnis für die Zuziehung tech-

[115]) Die Spalte I bedeutet wieder den Zeitraum vom 1. 1. 1905 bis 30. 6 1907 und die Spalte II den vom 1. 7. 1907 bis 30. 6. 1909.

nischer Richter, da weder die Zahl der Sachen groß genug ist oder sein wird, noch ihre Dauer wesentlich abnehmen kann.

§ 6.

Vorbilder einer gemischten Gerichtsbarkeit.

I. Die Nichtigkeitsabteilung des Patentamts.

Die Vorschläge I, S. 10 führen aus: „Das Zusammenarbeiten der Juristen und Techniker im Patentamt habe sich glänzend bewährt. Gegen die Rechtsprechung der Nichtigkeitsabteilung des Patentamts seien Bedenken kaum laut geworden. Vor allem hätten sich die Techniker in durchaus befriedigender Weise in rechtliche Fragen eingearbeitet und das Patentamt arbeite durchaus gründlich und ohne bureaukratische Voreingenommenheit." Auch Damme, D.J.Z., 1908, S. 399 glaubt „Zeugnis für den Segen einer solchen gemeinschaftlichen Arbeit ablegen zu dürfen". Nicht minder ist auf den Kongressen des Deutschen Vereins verschiedentlich auf die glänzenden Erfahrungen hingewiesen worden, die man mit der Nichtigkeitsabteilung des Patentamts gemacht habe,[116]) wenngleich es an zweifelnden Stimmen nicht gefehlt hat.[117]) Es soll im folgenden gezeigt werden, daß, — worauf schon der Präsident des Kaiserl. Patentamts in Leipzig hingewiesen hat, — zwischen dem patentamtlichen Nichtigkeits- und dem ordentlichen Gerichtsverfahren keine Parallelen gezogen werden dürfen, da sie zu Fehlschlüssen führen müssen:

1. Beide Arten von Prozessen unterscheiden sich zunächst darin, daß im Nichtigkeitsverfahren die Frage zu prüfen ist, ob zurzeit der Anmeldung des Patentes eine Erfindung vorlag oder nicht, daß diese Frage aber gerade vor den ordentlichen Gerichten ausscheidet, sie vielmehr zu untersuchen haben, wie weit die Tragweite des erteilten Patents reicht, ob also das, was der Beklagte getan hat, eine Patentverletzung darstellt. Es mag Bolze[118]) zugegeben werden, daß tatsächlich beide Fragen sich sehr ähneln; rechtlich besteht jedoch zwischen ihnen ein wesent-

[116]) Vgl. Kölner Kongreßberichte, S. 38; Leipziger Kongreßberichte, S. 67.

[117]) Vgl. z. B. Katz, Leipziger Kongreß, S. 41/42 und Wertheimer, Leipziger Zeitschrift, 1908, S. 674.

[118]) Bolze, Entwurf einer Patentgesetznovelle, 1890, S. 90; derselbe im Recht, 1908, S. 63.

licher Unterschied, der es nicht als einen innerlich „unbegründeten Widerspruch" erscheinen läßt, daß die Nichtigkeits- von den Verletzungssachen getrennt und verschieden behandelt werden.[119]) Denn ob man das Verfahren vor der Nichtigkeitsabteilung als ein Verwaltungsstreitverfahren oder als ein reines Rechtsverfahren[120]) auffaßt, jedenfalls handelt es sich bei ihm um die Frage, ob ein Rechtsgut Gegenstand des Privatrechts eines einzelnen oder dem Gemeingebrauch frei gegeben ist, wie dies namentlich von Kohler, Handbuch, S. 811 und 812 und Jur. Lit. Bl. 1909, S. 2 näher dargelegt wird. Geprüft wird also, was der Gegenstand des Patentes ist; insofern stellt die Nichtigkeitsinstanz im wesentlichen eine Revisionsinstanz gegenüber dem Patenterteilungsverfahren dar; bei dem Klagegrund der widerrechtlichen Entnahme (§ 10, Ziffer 3 PG.) und der Zurücknahmeklage (§ 11 PG.) kommt allerdings eine Nachprüfung des Erteilungsverfahrens nicht in Frage; während man bei letzterer, wegen ihrer öffentlich-rechtlichen Natur, unbedenklich von einem Verwaltungsstreitverfahren wird sprechen können, ist das Patentanfechtungsverfahren auf Grund des § 10, Ziffer 3, für das ja auch nur der Verletzte antragsberechtigt ist (§ 28, Abs. II), ein reines Privatrechtsverfahren, wenn auch mit der Wirkung, daß das Patent der Allgemeinheit anheimfällt. Wie man sich zu der rechtlichen Konstruktion dieser Klagen auch stellen mag,[121]) das eine ist sicher, daß auch hier in erster Linie der Gegenstand, nicht der Umfang des Patents zu prüfen ist. Gerade in jüngster Zeit ist in der Wissenschaft die Verschiedenheit der Aufgaben des patentamtlichen Erteilungsverfahrens und des Gerichtsverfahrens immer schärfer betont worden; in Weiterbildung der reichsgerichtlichen Judikatur hat man immer mehr erkannt, daß der Gegenstand des Patents sich nicht deckt mit dem Schutzumfang des Patents und daß das Patentamt nur zuständig ist, zu prüfen und zu entscheiden, ob der Gegenstand der Anmeldung eine patentfähige Erfindung darstellt oder nicht, daß die rechtlichen Wirkungen

---

[119]) Vgl. auch von Stahl a. a. O., S. 254 und Schanze, a. a. O., S. 171 ff., 201 ff.

[120]) Ersteres nehmen besonders Kohler, Handbuch, S. 164, 364 f., 684, 795; Lehrbuch, S. 151; Hellwig, Lehrbuch der ZPO., I. 43, 17; Seligsohn, a. a. O., S. 209; Hüfner, GewRSchutz 1909, S. 355; Osterrieth a. a. O., S. 129, letzteres Klostermann, Patentgesetz, S. 200; Katz, J. d. Intern. V. 1898, S. 388; derselbe, Leipziger Kongreßberichte, S. 41; Wildhagen, das. S. 124 an.

[121]) Vergl. hierzu Weidlich, Rheinische Zeitschrift für Zivil- und Prozeßrecht, II., S. 43/44.

dagegen, die sich an die bejahende Entscheidung knüpfen, nicht das Patentamt, sondern der Prozeßrichter auf Grund des Gesetzes zu fixieren hat (so Schanze, Das Kombinationspatent 1910, S. 174; ähnlich vor ihm Isay, Mitteilungen vom Verbande Deutscher Patentanwälte 1909, S. 138). Dieser, nunmehr auch vom RG. am 9. II. 1910 (J. W. 1910, Nr. 37) angenommene Standpunkt muß aber weiter zu der Erkenntnis führen, daß auch zwischen dem Nichtigkeits- und dem Verletzungsverfahren ein innerlich begründeter Wesensunterschied besteht: denn bei ersterem handelt es sich nur um die gänzliche oder teilweise Beseitigung des Patents wegen Schutzunwürdigkeit; hier kann, wie Schanze treffend nachgewiesen hat, die Auslegung des Patents nur erfolgen, soweit sein Gegenstand, nicht auch, soweit sein Schutzumfang in Betracht kommt. Daraus erhellt aber ohne weiteres, daß das Nichtigkeitsverfahren in viel höherem Grade rein technische Kenntnisse und technisches Verständnis erfordert, als die Frage, wie weit sich der Umfang des Patents erstreckt; dies ist zweifellos eine Rechtsfrage und ihre Lösung ausschließlich Aufgabe des Richters.[122]) Die innere Rechtfertigung für diese Erscheinung liegt wohl darin, daß im Nichtigkeitsverfahren eine Frage des öffentlichen Rechts geprüft, nicht aber die Abgrenzung zweier Privatrechte voneinander vorgenommen wird.[123]) Trotzdem kann weder die Erteilung, noch die Nichtigkeitserklärung eines Patents — wie es neuerdings Thoma in seinem Gutachten zu diesem Juristentag Bd. I, S. 104 im Anschluß an Laband u. a. getan hat — als Verwaltungsakt bezeichnet werden; seine auf dieser Grundanschauung fußenden Folgerungen sind deshalb grundsätzlich abzulehnen (s. unten S. 426). Die Nichtigkeitsklage ist keine auf

[122]) Vergl. die treffenden Ausführungen bei Gülland, Erfindungs- und Patentsachen, 1909, S. 284; Schanze, a. a. O. S. 181, 191, bes. S. 217, 219, 221.

[123]) Nur eine Konsequenz dieser Auffassung ist die S. 322 bereits erwähnte Entscheidung des Reichsgerichts vom 7. 6. 1899, (Bd. 33 S. 149), durch welche ausdrücklich dem Patentamt die Befugnis abgesprochen wird, über die Abhängigkeit eines Patents zu erkennen. Heißt es doch dort ausdrücklich: „Die Abhängigkeit interessiert nur die beiden Patentinhaber ... eine Klage, welche lediglich die Rechtsverhältnisse zweier Personen zueinander zu entscheiden und zu regeln bestimmt ist, überläßt man nach den elementarsten Grundsätzen des Privatrechts der Verhandlung zwischen diesen Personen." — Deshalb sind auch die Bestrebungen, ein besonderes Abhängigkeitsverfahren zu schaffen, wie sie auf dem Düsseldorfer Kongreß 1907 zutage getreten sind, von allem Anderen abgesehen, vom Rechtsstandpunkt aus zu verwerfen. (Düsseldorfer Kongreßberichte, S. 95—111.)

Sonderrecht beruhende Anspruchs-, sondern eine allgemeine Persönlichkeitsklage.[124]) Ein praktischer Unterschied zeigt sich darin, daß das Urteil der ordentlichen Gerichte Rechtskraft nur zwischen den Parteien schafft, während die Nichtigkeitserklärung eines Patentes absolute Wirkung gegenüber allen hat.[125])

Sind sonach die Aufgaben, die einerseits der Nichtigkeitsabteilung des Patentamts und andererseits den Gerichten obliegen, verschiedene, so ist damit auch ein Grund gegen eine Vereinigung der Nichtigkeits- und Verletzungssachen an einer Stelle als I. Instanz dargetan. Weiter müßten bei einer solchen Vereinigung die jetzt vor das Patentamt gehörigen Nichtigkeits- und Zurücknahmesachen diesem entzogen werden.[126]) Dies wäre im höchsten Grade zu bedauern: denn einerlei, ob die Auffassung juristisch und für alle Fälle zutrifft, daß die Nichtigkeitsabteilung gewissermaßen letzte oberste Instanz denjenigen Abteilungen gegenüber ist, die über die Erteilung des Patents zu entscheiden haben, — tatsächlich hat sie diese Bedeutung; damit ist ihr ein gewichtiger Einfluß auf die Rechtsprechung der Anmeldeabteilungen eingeräumt, der sehr zum Schaden des Patentamts wegfallen würde, wenn die Nichtigkeitsentscheidungen von einer anderen Stelle ausgingen, als eben dem Patentamt selbst. — Man führt nun weiter ins Feld, daß der jetzige Zustand, nach welchem der Einwand der Nichtigkeit eines Patents im Verletzungs-, wie überhaupt im Gerichtsverfahren nicht erhoben werden könnte, unhaltbar sei.[127]) Diesen sog. Mißstand glaubt man dadurch beheben zu können, daß man die Entscheidung über die Nichtigkeitsklagen demselben Richter überträgt, der über die Verletzungsklagen zu entscheiden hat. Da man aber, wohl mit Recht, dem ordentlichen Richter die Entscheidung über die Nichtigkeitsklagen oder den Nichtigkeitseinwand nicht anvertrauen will, so beabsichtigt man, beide Entscheidungen in die Hand eines gemischten Gerichts zu legen.

---

[124]) So Kohler, Lehrbuch S. 152.

[125]) Die Abweisung der Nichtigkeitsklage wirkt allerdings auch nur inter partes.

[126]) So Isay, Patentgerichte, S. 28 in Erwartung gemischter Gerichte; Wertheimer, Leipziger Zeitschrift, 1908, S. 678 will sogar die Nichtigkeits- und Zurücknahmesachen den ordentlichen Gerichten überweisen.

[127]) Bolze, Patentgesetznovelle, S. 92; Osterrieth, Kölner Kongreß, S. 15; Magnus, J. W 1907, S. 666 Anm.; Vorschläge II, 19; Wirth, G. R. Schutz 1908, S. 210; Isay, Gerichtsbarkeit, S. 28; auch Schanze, a. a. O. S. 225 meint, die Zulassung der Geltendmachung der Nichtigkeit durch Einrede oder Widerklageantrag habe vieles für sich.

Bei der Bedeutung, die ein Patent für das ganze Gebiet des Deutschen Reichs habe und bei der absoluten Wirkung der Nichtigkeitserklärung könnte selbstverständlich dieses Gericht nur ein zentraler gemischter Patentgerichtshof sein! Ich erachte diese Deduktion nicht für stichhaltig: Denn nach der Statistik, die auch hier eine Rolle spielt, sind im Jahre 1909 nur 48 Patente gänzlich und 20 teilweise vernichtet worden; in ebenfalls 68 Fällen hat sich der Nichtigkeitsantrag als unbegründet erwiesen! Würde man nun den Nichtigkeitseinwand im Verletzungsverfahren zulassen, so würde die Zahl der haltlosen Nichtigkeitsangriffe erheblich wachsen, die Sicherheit des Patentschutzes damit abnehmen und das Verfahren verlangsamt werden. Auch durchführbar scheint der Vorschlag nicht, da ein zentraler Patentgerichtshof, wie noch weiter zu zeigen ist, für die I. Instanz nicht zu erreichen ist. — Einen Vermittelungsvorschlag hat Bolze gemacht:[128]) er will eine Nichtigkeitsklage nicht nur zur Wahrung des öffentlichen Interesses, sondern auch zur Wahrnehmung rechtlicher Interessen einzelner mit Wirkung nur zwischen den Parteien einführen. Die ersterwähnten Klagen sollten, wie bisher, beim Patentamt (und Reichsgericht), aber durch einen besonderen öffentlichen Beamten, erhoben werden und, wie bisher, absolute Wirkung haben. Die letzteren sollten von der Partei, die sich vor dem Zivil- oder Strafrichter wegen Verletzung eines Patents zu verantworten oder eine Verfolgung zu befürchten hat, nur mit Wirkung inter partes vor den ordentlichen — dann aber mit Juristen und Technikern besetzten — Gerichten angestrengt werden können. Syring[129]) hat diesen Vorschlag, der auch zur Entlastung des Reichsgerichts führen sollte und würde, als „in hohem Grade erwägenswert" und auch Peters[130]) ihn als „sehr sympathisch" bezeichnet. Auf dem Leipziger Kongreß ist der von der Kommission diesbezüglich gemachte Vorschlag[131]) (s. oben S. 326, Nr. 14) von der Tagesordnung abgesetzt worden, „da die Sache noch nicht genügend geklärt sei".[132]) Im Gegensatz zu den genannten Autoren kann Verfasser dem Vorschlag nicht zustimmen. Daß er nach den oben gemachten Ausführungen der Rechtskonstruktion zuwiderlaufen würde, sei nur nebenbei

[128]) Vergl. Bolze, Recht 1908, S. 64 und 362; vergl. Vorschläge II. S. 15.

[129]) Gutachten zum 28. D. J. T., III. S. 142; zustimmend Düringer, D. J. Z., 1909, S. 1108.

[130]) Verhandlungen des 28. D. J. T., V. S. 709.

[131]) Vorschläge II. S. 18.

[132]) Leipziger Berichte, S. 27.

erwähnt; wesentlich spricht gegen ihn, daß dann eine Konkurrenz des patentamtlichen und gerichtlichen Nichtigkeitsverfahrens eintreten würde, die die verstärkte Gefahr einer zwiespältigen Rechtsprechung, einerseits des Patentamts und der Gerichte, andererseits der einzelnen Gerichte unter einander in sich schließen würde; hat doch aber gerade die Besorgnis dieser Gefahr zu der Forderung geführt, die Landgerichte ohne Rücksicht auf den Wert des Streitgegenstandes für Sachen des gewerblichen Rechtsschutzes ausschließlich zuständig sein zu lassen, um nur auf jede Weise die Revisibilität der Sachen zu erreichen (s. Kapitel III, § 1).

2. Können sonach die Erfahrungen, die mit der rechtsprechenden Tätigkeit der Nichtigkeitsabteilung gemacht sind, schon infolge der Verschiedenheit der Zuständigkeit, sowie der Verschiedenheit des zu beurteilenden Prozeßstoffes nicht für das Verfahren vor gemischten Gerichten maßgebend sein, so stehen der Vorbildlichkeit der Nichtigkeitsabteilung weitere praktische Bedenken entgegen, die sich aus der Verschiedenheit der beiderseitigen Verfahren ergeben.

Würde man — wie man es zuerst für wünschenswert hielt (s. Vorschläge I, S. 5—14) — einen gemischten zentralisierten Patentgerichtshof schaffen, so müßte man für ihn ein Verfahren bestimmen, das demjenigen vor der Nichtigkeitsabteilung ähnelt und nahe kommt; man würde dann für reine Privatrechtsachen ein öffentlich-rechtliches Verfahren einführen und damit einen weiteren Schritt auf der Bahn der Sonderheiten für diese Sachen tun müssen; eigentümlicherweise findet sich in der bisherigen Diskussion diese Notwendigkeit nirgends auch nur angedeutet; sie würde aber umsomehr eintreten, als eine und dieselbe Behörde nicht das eine Mal das gewöhnliche Zivilprozeßverfahren, das andere Mal das Verwaltungsrechtsverfahren anwenden könnte, zumal, wenn es sich um dasselbe Patent, vielleicht sogar um denselben Prozeß handelte! Andernfalls könnten auch, je nach der Anwendung des einen oder anderen Verfahrens, die Ergebnisse der Prozesse verschieden ausfallen!

Würde man dagegen die gemischten Patentkammern den bestehenden Landgerichten angliedern, so daß also nur die Besetzung der Gerichte geändert und ihre Kompetenz gegebenenfalls durch Überweisung der Nichtigkeits- und Zurücknahmesachen erweitert würde, so müßte das ordentliche Prozeßverfahren vor diesen Gerichten, die dann reine Justizgerichte sein würden, Platz greifen! Und nun erwäge man, ob man auf solche Gerichte, unter der Geltung der jetzigen oder auch einer revidierten Zivil-

Prozeßordnung, die Erfahrungen des geltenden Nichtigkeitsverfahrens übertragen kann. Dies ist zu verneinen:

Was dem Verfahren vor der Nichtigkeitsabteilung seinen unleugbaren Vorsprung vor dem ordentlichen Gerichtsverfahren gibt und gerade auf die öffentlich-rechtliche Natur des ersteren zwingend hinweist, ist die Untersuchungsmaxime und der Amtsbetrieb. Solange wir in Sachen des gewerblichen Rechtsschutzes die Verhandlungsmaxime und den Parteibetrieb haben, solange insbesondere, — worauf schon oben S. 341 hingewiesen ist, — der Ausübung des richterlichen Fragerechts Schranken gesetzt sind und gesetzt sein müssen, solange werden wir unter denselben Erscheinungen zu leiden haben, die das gewöhnliche Zivilprozeßverfahren so sehr erschweren.[133]) Sind im gerichtlichen Verfahren Terminsverlegungen gerade in Patentsachen an der Tagesordnung,[134]) so sind sie bei dem patentamtlichen Verfahren eine Seltenheit und werden regelmäßig nur bewilligt, wenn sie von beiden Parteien gestellt und sachlich begründet werden.[135]) Eine erhebliche Beschleunigung der Prozesse würde wohl möglich sein, falls die Gerichte, wie das Patentamt, die Termine erst dann anzuberaumen hätten, wenn sie die Sachen als genügend geklärt erachten, um in die mündliche Verhandlung einzutreten, oder wenn wenigstens die unnützen „Ladungen zur Aufmunterung" unterbleiben würden.[136]) Dies wird selbstverständlich auch bei den gemischten Gerichten nicht mehr oder weniger, als bei den ordentlichen Gerichten, zu erreichen sein. Ferner werden die Gerichte, — worauf Degen, a. a. O., S. 19 besonders hinweist, — mit sogenannten „vorbereitenden Schriftsätzen" geradezu überschwemmt, die z. T. nicht anders, denn als „verzögerliche

[133]) Vergl. des Verfassers Aufsatz: Beschleunigung der Patentprozesse, GewRSchutz 1907, S. 156 ff.; zustimmend: Z. Ind. R. 1907, S. 149 und Magnus, J.W. 1907, S. 665 ff., das. 667.

[134]) In der ersten preußischen Statistik über die Sachen des gewerblichen Rechtsschutzes ist auch die Zahl der stattgehabten Termine eingehend geprüft worden; dabei wurden die Vertagungen von amtswegen und auf Antrag der Parteien unterschieden; es wurde festgestellt, daß die Zahl der Termine in 6 von den ca. 900 Prozessen mehr als 14 betrug, daß aber in je einer Sache 14, 15 und mehr als 20 und in 2 Sachen 19 Vertagungen auf Antrag der Parteien stattfanden! In keiner der geprüften Sachen haben mehr als 5 mündliche Verhandlungen stattgehabt! Es konnte weiter ermittelt werden, daß sich durchschnittlich die Patent- und Gebrauchsmustersachen in 3—4 Terminen erledigen lassen. An sich ist dieses Ergebnis für das Verfahren vor den ordentlichen Gerichten als außerordentlich günstig zu bezeichnen.

[135]) Seligsohn, a. a. O., § 30, Anm. 5.

[136]) S. des Verf. Anm. 133 genannten Aufsatz, S. 158.

Schriftsätze" bezeichnet werden können. Das Verfahren vor dem Patentamt dagegen kennt keine „vorbereitenden Schriftsätze" im rechtstechnischen Sinne; es ist schriftlich, die Schriftsätze haben den Charakter prozessualer Erklärungen[137]) und werden deshalb vorsichtiger, weniger umfangreich und in geringerer Zahl abgefaßt! — Ferner kennt das Nichtigkeitsverfahren keinen Anwaltszwang und kann ihn „als Verwaltungsstreitverfahren mit seinem Zwecke, in viel stärkerem Maße, als für den Zivilprozeß geboten ist, nicht formelles, sondern materielles Recht ... zu schaffen",[138]) nicht kennen; dadurch wird das Gericht, so unentbehrlich auch sachlich der Anwaltszwang gerade hier ist, (vgl. Kap. III, § 3) in seinen Dispositionen viel abhängiger von den Rechtsberatern der Parteien, als es die Nichtigkeitsabteilung ist! — Und wenn Robolski[139]) 1890 sagen konnte, ein Rückblick auf die bisherige Praxis zeige, „daß das Verfahren vor der Abteilung VII (späteren Nichtigkeitsabteilung) im Laufe der Zeit eine Entwickelung genommen habe, welche, wie es scheine, von dem ursprünglichen Plan des Gesetzes sich entferne, indem anstelle der Offizialbehandlung des Nichtigkeitsprozesses das Bestreben hervortrete, dem freien Bestimmungsrecht der Behörde Schranken aufzuerlegen und die Entscheidung mehr und mehr allein von dem Prozeßbetrieb der Parteien abhängig zu machen", so dürfte die neuere Praxis des Patentamts sich dem Willen des Gesetzgebers wieder bedeutend genähert haben (vgl. Damme, Deutsches Patentrecht, 1906, S. 463 ff.). Nur dadurch, daß den Parteien eine Verfügung über den Prozeßstoff im Nichtigkeits- und Zurücknahmeverfahren nicht zusteht (vgl. RG. v. 9. 10. 1909, E. 71, S. 440), ist es auch ermöglicht, der objektiven Wahrheit näher zu kommen, als es im ordentlichen Zivilprozeßverfahren zu erreichen ist. Gerade hierin dürfte ein wichtiger Grund für die größere Zufriedenheit der Interessenten mit der Rechtsprechung des PA., als der der Gerichte liegen.

Die vorstehenden Ausführungen lassen erkennen, daß man die günstigen Erfahrungen, die man mit dem Verfahren vor dem Patentamt gemacht hat, nicht ohne weiteres auch für gemischte Gerichte erwarten darf, weil diese eben jenes Verfahren nicht anwenden können. Wichtiger als eine gemischte Besetzung der ordentlichen Gerichte für die einschlägigen Sachen wäre daher die Schaffung eines anderen, sich dem

---

[137]) Kohler, Handbuch, S. 832.

[138]) Vergl. Schultzenstein, Gutachten zum 28. D. J. T., II. S. 25.

[139]) Theorie und Praxis des deutschen Patentrechts, S. 160.

Nichtigkeitsverfahren anschließenden Verfahrens für sie. Jedenfalls ist bei Ungleichheit der Tätigkeiten des Patentamts und der ordentlichen Gerichte ein Vergleich unzulässig, weil irreführend.

II. Das Beispiel Österreichs und Ungarns.

Die Befürworter der Sondergerichtsbarkeit weisen mit Vorliebe auf das Beispiel des österreichischen Patentamts hin, in welchem ihrer Ansicht nach ihre Wünsche zu einem guten Teil erfüllt seien.[140]) Tatsächlich hat auch der Präsident des österreichischen Patentamts, Dr. Ritter Beck von Mannagetta-Wien, auf dem Leipziger Kongreß (Kongreßberichte, S. 83) des näheren ausgeführt, daß „auf dem gesamten Gebiete des Patentrechts im Patentamt mit den Technikern ausgezeichnete Erfahrungen gemacht worden sind" und daß das Patentamt ohne die Techniker, die er als „das Gewissen des Richters" bezeichnet hat, nicht arbeiten könnte; gleiches gelte auch für den Patentgerichtshof. Es ist deshalb zu prüfen, ob tatsächlich das österreichische Verfahren für die deutschen Verhältnisse vorbildlich sein kann; im übrigen kann wegen der Schilderung der einschlägigen Zuständigkeitsverhältnisse in Österreich auf das Gutachten des Herrn Ritter von Stahl (a. a. O. S. 218 ff., namentlich S. 222 ff.) Bezug genommen werden.

Österreich hat bekanntlich, ebenso wie Deutschland, das gemischte Vorprüfungssystem angenommen. Der Wirkungskreis des Patentamts wird durch § 33 des Patentgesetzes bestimmt, dessen Absatz I lautet:

> „Die Erteilung, die Rücknahme, Nichtigerklärung, Aberkennung und Abhängigerklärung, die Entscheidung über die relative Wirkungslosigkeit eines Patentes (§ 9), dann die Entscheidung über Feststellungsanträge (§ 111) und Lizenzeinräumung (§ 21), sowie alle Eintragungen in das Patentregister erfolgen durch das Patentamt."

Danach ist der Wirkungskreis des Patentamts in Österreich rechtlich ein bedeutend weiterer, als bei uns (der Kreis der Verwaltungsaufgaben des Amts kommt hier nicht in Betracht). Das Amt hat in seiner Nichtigkeitsabteilung nicht nur öffentlich-rechtliche Entscheidungen, sondern auch solche rein privatrechtlicher Natur zu treffen. Die Nichtigkeitsabteilung ist besetzt mit 2 rechtskundigen und 3 fachtechnischen Mitgliedern (§ 37, Abs. 2); beide Arten von Mitgliedern können ständige und nichtständige sein; der Vorsitzende ist ein Jurist. Berufungsinstanz ist der Patentgerichtshof (§ 39, Abs. 4 und § 41), der gebildet wird „aus einem Präsidenten oder einem Senatspräsidenten des Obersten Gerichts- und Kassations-

[140]) Vgl. u. A. v. Schütz, GewRSchutz, 1908, S. 302.

hofes als Präsidenten und Vorsitzenden, einem Rate des Handelsministeriums, 2 Hofräten des Obersten Gerichts- und Kassationshofes oder deren Stellvertretern und aus 3 fachtechnischen Mitgliedern."

Um sich ein Bild über den tatsächlichen Umfang der Geschäftstätigkeit der österreichischen Nichtigkeitsabteilung machen zu können, seien folgende Zahlen aus der Statistik des Jahrzehnts 1899—1908[141]) angeführt:

	Patentanmeldungen (ohne Privilegien)	Patenterteilungen	Am Jahresschluß in Kraft gebliebene Patente	Gestellte Anträge auf: Nichtigerklärung	Rücknahme	Aberkennung	Vorbenutzungsrecht (§ 9)	Erteilung ein. Zwangslizenz	Feststellung	Abhängigkeitserklärung	Zusammen
1899	6 491	889	889	—	—	—	—	—	—	—	—
1900	6 409	2 457	3 121	2	—	—	1	—	2	—	5
1901	6 673	3 404	5 506	4	—	—	—	—	2	—	6
1902	6 780	4 130	7 859	13	—	1	—	—	8	1	23
1903	6 726	4 440	9 738	16	—	3	1	—	6	—	26
1904	6 792	4 120	10 979	9	2	—	—	—	10	5	26
1905	6 966	4 060	12 152	18	1	3	—	—	17	1	40
1906	7 886	4 100	13 243	16	1	1	7	—	7	—	32
1907	8 258	4 500	14 680	20	6	1	1	—	20	3	51
1908	8 480	4 450	15 642	24	1	1	—	1	27	2	56
Summe	71 461	36 550	—	122	11	10	10	1	99	12	265

265

Hiernach hatte die Nichtigkeitsabteilung des österreichischen Patentamts mit ihrem erweiterten Wirkungskreis in 10 Jahren 265 Anträge zu entscheiden gegenüber 255 Nichtigkeits- und 42 Zurücknahme-, also zusammen 297 Anträgen, die im Laufe des einen Jahres 1909 bei dem deutschen Patentamt eingegangen sind! Wenn auch die Zahl der am Jahresschluß 1908 bestehenden österreichischen Patente nur 15 642, die der Ende 1909 bestehenden deutschen Patente 40 376 betragen haben mag, so ist doch auch der Prozentsatz der gegen österreichische Patente erhobenen Nichtigkeits- und Zurücknahmeklagen mit 0,153 bezw. 0,070, bedeutend geringer, als der für das deutsche Reich sich auf 0,631 bezw. 0,104 stellende![142]) Man wird die österreichischen Zahlen unschwer aus dem niedrigeren Stande der österreichischen Industrie erklären können. Bringt man jedoch, um einen richtigen Maßstab zu gewinnen, diejenigen Prozesse in Abzug,

---

[141]) Vergl. Österreichisches Patentblatt, 1909, S. 359 ff.

[142]) Kohler hat schon im Handbuch, S. 34 darauf hingewiesen, daß die Zahl der Patentprozesse, zu denen in diesem Sinne ja auch die Nichtigkeitsklagen zu rechnen sind, weniger auf die Mangelhaftigkeit des Patentschutzverfahrens hinweist, denn als Zeichen ungeahnten Fortschrittes und ungeahnter Rührigkeit anzusehen ist.

die auch in Deutschland von der Nichtigkeitsabteilung zu entscheiden gewesen wären, nämlich die 122 Nichtigkeits- und 11 Rücknahmeanträge, so blieben für 10 Jahre nur 133 Sachen übrig, welche in Deutschland zur Kompetenz der ordentlichen Gerichte gehört hätten, also nicht einmal so viel, als im Jahre 1908 allein von der zuständigen Patent-Zivilkammer des Landgerichts I Berlin zu erledigen waren! Schon diese Zahlen zeigen, daß das Beispiel Österreichs für Deutschland mit seiner soviel höheren Anzahl von Patentprozessen (zu denen doch auch noch die über Gebrauchsmuster kommen) nicht maßgebend sein kann.

Es kommt hinzu, daß nach österreichischem Recht die Inanspruchnahme der ordentlichen Gerichte in Patentsachen durch die obengenannten Vorschriften des Patentgesetzes nicht ausgeschaltet wird. Abgesehen davon, daß, wie in Deutschland, sämtliche Patentverletzungsklagen vor die ordentlichen, und zwar die mit der Handelsgerichtsbarkeit betrauten, Gerichte gehören (§ 96 PG.), welche ebensowenig, wie die deutschen, gemischte Gerichte sind, lassen auch die Vorschriften des Patentgesetzes eine Verhandlung anderer Patentsachen vor den ordentlichen Gerichten zu; dies gilt namentlich von den neben der Aberkennungsklage des § 29 Patentgesetzes vor den Zivilgerichten verfolgbaren kontraktlichen und deliktischen Aussprüchen auf Übertragung des Patents.[143]) Sodann gehört zwar die Abhängigkeitserklärung zur Kompetenz der Nichtigkeitsabteilung, doch können auch die ordentlichen Gerichte über diese Frage dann entscheiden, wenn der Verletzungskläger die Klage darauf stützt, daß der Beklagte, wenn er sein eigenes Patent ausübe, des Klägers Patent verletze, weil Abhängigkeit auch ohne Abhängigkeitserklärung bestehe, — sowie dann, wenn der Beklagte einwendet, sein zwar für abhängig erklärtes Patent sei unabhängig von dem des Klägers.[144]) Endlich bietet der § 111 des Patentgesetzes die Möglichkeit, daß auch die Gerichte sich mit Feststellungsanträgen zu befassen haben:[145]) Während Beck von Mannagetta[146]) aus dem Gesetzestext

---

[143]) Dr. Ritter Beck von Mannagetta, Das neue österreichische Patentgesetz, 1897, S. 23; Dr. L. Munk, Das österreichische Patentgesetz, 1901, S. 139.

[144]) Munk, a. a. O., S. 141; s. auch Engländer, M. & W. 1910, S. 112 ff.

[145]) § 111, der spezifisch österreichischen Ursprungs ist und für dessen gesetzgeberischen Gedanken Kohler, Handbuch, S. 371 ein entschiedenes Bedürfnis anerkennt, lautet:

„Es ist jedermann gestattet, durch Entscheidung feststellen zu lassen, daß Erzeugnisse, welche er herstellen, in Verkehr bringen oder gebrauchen will, oder ein Verfahren, welches er anzuwenden beabsichtigt, weder

folgert, daß das Betreten des gerichtlichen Weges mit Feststellungsklagen auf Grund der ZPO. überhaupt ausgeschlossen sei, vertritt Munk[147]) den Standpunkt, daß „die selbst aus meritorischen Gründen erfolgte Abweisung des Feststellungsantrages der gerichtlichen Entscheidung nicht präjudiziert." Schließt man sich der letzteren Ansicht an, so können auch die Gerichte in die Lage kommen, über Feststellungsklagen zu entscheiden; auch kann dem Feststellungsantrag vor dem Patentamt noch die Einrede der Rechtshängigkeit eines Eingriffsstreites entgegengesetzt werden.[148]) Das österreichische Patentamt besitzt also jedenfalls nicht die ausschließliche Kompetenz für die Auslegung von Patenten und der österreichische Gesetzgeber hat sogar, wie von Stahl, a. a. O., S. 256 dargelegt hat, „für die Entscheidung der Frage, ob ein Erzeugnis oder ein Verfahren unter den Schutzbereich eines Patentes fällt, dem Gericht den Vorrang eingeräumt." Dies bringt die Möglichkeit widersprechender Erkenntnisse der Gerichte und der Patentbehörden über die Grenzen der Wirksamkeit eines Patentes gegenüber derselben technischen Erscheinung[149]) in bedeutend verstärktem Maße mit sich, als es in Deutschland möglich wäre!

Nach Mitteilungen, welche der Verfasser den Herren Ministerialsekretär im K. K. Patentamt und Privatdozenten Dr. Adler-Wien und Patentanwalt Karmin-Wien verdankt, läßt sich die Zahl der bei den ordentlichen Gerichten anhängigen Patentprozesse aller Art auch nicht einigermaßen sicher feststellen; die Zahl der vor den Gerichten verhandelten Patentsachen, welche nicht Eingriffsstreitigkeiten betreffen, soll ver-

---

ganz, noch teilweise unter ein von ihm bestimmt zu bezeichnendes Patent fallen."

Absatz 4 dieses § bestimmt:

„Die rechtskräftige Entscheidung, daß ein bestimmtes Erzeugnis oder Verfahren nicht unter ein bestimmtes Patent fällt, schließt jeden gerichtlichen Schritt des Patentinhabers gegen denjenigen, der die Feststellungsentscheidung erwirkte, wegen Eingriffes hinsichtlich des in der Entscheidung bezeichneten Erzeugnisses oder Verfahrens aus."

[146]) a. a. O., S. 131.

[147]) a. a. O., S. 404.

[148]) S. § 111, Abs. 3; allerdings ist nach einer Entscheidung des österreichischen Patentgerichtshofes v. 30. III. 1909 ein Feststellungsantrag nur dann unzulässig, wenn vorher eine Eingriffsklage wegen Verletzung des in Betracht kommenden Patentes gegen den Feststellungswerber selbst erhoben worden ist; vergl. Österreichisches Patentblatt, 1909, S. 901.

[149]) S. österr. Patentgerichtshof, a. a. O. und Entscheidung v. 28. 10. 1909, das., S. 1108.

schwindend gering sein.[150]) Berücksichtigt man dies und erwägt man, daß bei der zweifellos größeren Zahl der Patentstreitigkeiten in Deutschland divergierende Entscheidungen bedeutend häufiger vorkommen müßten und bedeutend gefährlicher wirken würden, so wird man die Einführung des österreichischen Systems für Deutschland nicht befürworten können;[151]) umso weniger, als auch dort sich das patentamtliche Verfahren in den meisten Fällen nicht schneller abwickeln soll, als das Verfahren vor den ordentlichen Gerichten, trotzdem beim patentamtlichen Verfahren nur zwei, beim gerichtlichen Verfahren drei Instanzen vorgesehen sind; eine Statistik hierüber besteht nicht.

Das gleiche gilt von Ungarn, dessen Patentgesetz vom 7. VII. 1895 sich an das deutsche anlehnt und dem österreichischen unmittelbar vorangegangen ist: Auch das ungarische Gesetz beruht grundsätzlich auf dem Vorprüfungs- und Aufgebotssystem, so zwar, daß die Neuheit nicht von Amts wegen geprüft wird, sondern nur, wenn auf Grund eines Einspruchs die Nichtneuheit gerügt wird (§§ 33 und 35). Das ungarische Patentamt besteht aus zwei Abteilungen, der Anmelde- und der Gerichtsabteilung; letztere entscheidet unter dem Vorsitz des Präsidenten oder seines Stellvertreters in einem aus zwei zum Richteramt befähigten und zwei technischen Mitgliedern des Patentamts bestehenden Fünfersenat; sie ist für die Prozesse auf Nichtigkeitserklärung und Entziehung von Patenten, sowie ferner nach § 57 dann zuständig, wenn jemand die Einreichung irgend einer Eingriffsklage befürchtet und durch Entscheidung der Patentbe-

---

[150]) Patentanwalt Karmin hat liebenswürdigerweise umfassendste Ermittelungen bei allen Gerichten der im Reichsrate vertretenen Königreiche und Länder, bei sämtlichen in Patentsachen meist beschäftigten österreichischen Advokaten, sowie bei der statistischen Zentralkommission des K. K. Justizministeriums veranstaltet, jedoch nur feststellen können, daß bisher österreichische Zivilgerichte nur in 4 Fällen eine Entscheidung über die in Eingriffsstreitigkeiten aufgeworfene Vorfrage der Rechtsgültigkeit eines Patents entschieden haben (2 davon sind veröffentlicht im österreichischen Patentblatt 1903, S. 942 und 952, 1907, S. 152); von den Strafgerichten sind sogar nur 2 Fälle dem Patentamt mitgeteilt worden, in denen sie dieselbe Vorfrage auf Grund des § 107 österr. Pat.-Ges. zu entscheiden hatten; doch soll die effektive Zahl dieser Fälle zweifellos größer sein; mein Gewährsmann hat selbst 5 ermittelt.

[151]) Es darf auch nicht verschwiegen werden, daß in den Fällen, in denen eine konkurrierende Zuständigkeit der Gerichte und des Patentamts besteht, dem letzteren nicht deshalb der Vorzug gegeben werden soll, weil es mit Technikern besetzt ist, sondern deshalb, weil diese Techniker das Patentwesen als solches infolge ihrer Praxis besser verstehen, als die sonst damit zu befassenden Gerichte.

hörden feststellen lassen will, daß der von ihm hergestellte oder benutzte Gegenstand oder das Verfahren gegen irgend ein von ihm zu bezeichnendes Patent nicht verstößt.[152]) Die Berufung gegen die Entscheidungen der richterlichen Abteilung geht an den in der Besetzung von vier richterlichen und zwei technischen Mitgliedern unter Vorsitz des Präsidenten gebildeten „Patentsenat"; auch die Beschwerden gegen die abweisenden Beschlüsse der aus zwei technischen und einem richterlichen Mitglied bestehenden Anmeldeabteilung gehen an die Gerichtsabteilung, die sonach I. und II. Instanz zugleich ist. Im übrigen gehören die Klage auf Anerkennung des Patentrechts, auf Einstellung des Eingriffs und auf Schadenersatz wegen unbefugter Benutzung (§ 58), ferner die Feststellungsklage des Vorbenutzers (§ 12), die Klage auf Entschädigung im Falle der Enteignung des Eigentums (§ 14), die Klage auf den Gegenwert der Patentübertragung oder die Lizenzgebühr (§ 10 und 11), die Klage aus der Gemeinsamkeit des Patents (§ 11) und endlich die auf das Eigentumsrecht aus dem Patent (§ 59) vor die ordentlichen Zivilgerichte, und zwar nach § 59 vor die Landgerichte als Handelsgerichte. Hiernach ist also die Zuständigkeit des ungarischen Patentamts eine weit begrenztere, als die des österreichischen Patentamts. Die Anmeldeabteilung und richterliche Abteilung haben sich durchaus bewährt; jedoch soll nicht dasselbe von dem Patentsenat gelten, in dem nur ein einziges fachmännisches Mitglied, nämlich der Präsident selbst, tätig ist; es wird darüber geklagt, daß sich infolgedessen weder ein inniges Zusammenarbeiten, noch eine vollständige Vertiefung in die Materie des Patentrechts herausbilden könne; man geht deshalb auch in Regierungskreisen daran, den Patentsenat in seiner jetzigen Organisation zu ändern. — Nach Mitteilungen, die Herr Advokat Richard Szirmai, Budapest in Gemeinschaft mit Herrn Ministerialrat Dr. Kosá dem Verfasser zur Verfügung gestellt hat, läßt sich eine Statistik über die vor den Zivil- und Strafgerichten verhandelten Patentprozesse auch nicht annähernd aufstellen; ihre Zahl soll gering sein; auf Grund des § 57 sind in den Jahren 1896 bis 1908 Feststellungsanträge vorgebracht worden in: 5, 5, 5, 2, 8, 7, 7, 10, 10, 8, 10, 7 und 9, zusammen 93 Fällen, oder in 13 Jahren durchschnittlich jährlich etwa in 7 Fällen! Über Schwierigkeiten bei der Erhebung von Sachverständigenbeweisen sind Klagen nicht laut geworden; im allgemeinen lassen sich geeignete Sachverständige unschwer finden; jedoch haben sie, wie die genannten Herren erklären, in

---

[152]) Dieser Paragraph bildet also offensichtlich das Vorbild des österreichischen § 111.

der Regel die Neigung, über ihr Amt hinaus zu gehen und den Fall als Richter selbst entscheiden zu wollen! — Da auch das Verfahren vor dem Patentamt das ordentliche Handelsverfahren ist, so ist die Dauer der Prozesse vor dem Patentamt und vor den Gerichten im allgemeinen die gleiche; sie kann auf etwa 1—2 Jahre, je nach der Schwierigkeit des Falles, angegeben werden. Es bedarf nach dem für Österreich Gesagten keiner näheren Ausführung, daß auch das ungarische Beispiel für deutsche Verhältnisse in keiner Weise in Betracht kommen kann.

III. Die Kammern für Handelssachen.

Man hat für die Sondergerichte auch die Analogie der Kammern für Handelssachen herangezogen, in welchen ebenfalls neben Juristen fachkundige — ehrenamtliche — Laienrichter tätig sind; man hat darauf verwiesen, daß nach der vom Verfasser früher veröffentlichen Statistik die Hälfte aller Prozesse einschlägiger Art vor einem Gerichtshof verhandelt würden, der schon jetzt zum Teil aus rechtsgelehrten Richtern, zum Teil aus Kaufleuten zusammengesetzt sei.[153]) Auch diese Analogie ist durchaus unzutreffend. Zunächst handelt es sich, wie die frühere Statistik ergab, bei den vor den Kammern für Handelssachen verhandelten Sachen nur zu einem verschwindenden Teil um Patent-, zum größten Teil dagegen um Gebrauchsmuster- und Warenzeichensachen. Sodann aber werden, wie die Vorschläge II, S. 14 und 15 mit außerordentlicher Schärfe betonen, die Erfahrungen, die mit der Gerichtsbarkeit dieser Kammern in Gebrauchsmustersachen gemacht wurden, als durchweg ungünstig bezeichnet,[154]) sodaß sogar der Wunsch laut geworden ist, diese Sachen lieber den Zivilkammern zuzuweisen. Mag auch diesem abfälligen Urteil die Ansicht berufener Persönlichkeiten (z. B. Bolze, DJZ. 1907, S. 1298 und Degen, a. a. O., S. 14) gegenüber stehen, so ist doch nicht zu leugnen, daß die Handelsrichter, die über kaufmännische und geschäftliche Dinge Urteil und Erfahrung besitzen, ihre Befähigung zur Beurteilung schwieriger technischer und rechtlicher Tatbestände noch nicht erbracht haben,[155]) auch noch nicht erbringen konnten. Das, was die Anhänger der Sondergerichtsbestrebungen von den technischen Richtern verlangen, können sie bei Handelsrichtern nach dem jetzigen Stande der Dinge unmöglich finden,

---

[153]) Breslauer, GewRSchutz, 1908, S. 340.

[154]) S. auch Osterrieth, GewRSchutz, 1909, S. 422.

[155]) S. auch Seligsohn, Ztschr. f. d. gesamte Handels- und Konkursrecht, Bd. 66 (1909), S. 158/159 und Geh. JR. Polte, im „Tag" vom 16. III. 1910.

weil eben zu Handelsrichtern heutzutage nur Kaufleute ernannt werden können, von denen selten einer Techniker, noch seltener aber Techniker mit einer allgemeinen technischen Vorbildung ist. Wollte man nicht Kaufleute, sondern technisch gebildete Beisitzer zu Handelsrichtern bestellen[156]), also die Kammern für Handelssachen zu technischen Gerichten ausbilden, so könnte man die Richter nur im Ehrenamt anstellen und würde damit allen Gefahren ausgesetzt sein, die mit der ehrenamtlichen Tätigkeit eines technischen Richters verknüpft sind (vgl. darüber Kapitel II, § 4). Jedoch kommt hier noch hinzu, daß man schlechterdings nicht so viel Techniker zu ehrenamtlichen „Industrierichtern" bestellen könnte, als nötig wären, um nur einigermaßen die technischen Hauptfächer vertreten zu lassen; nicht minder würde es, wie die Vorschläge II, S. 15 mit Recht betonen, für solche hauptamtliche Techniker an der nötigen Beschäftigung fehlen! Daß in dem Augenblick, in dem man — statt der Kaufleute — hauptamtliche Techniker in die „Industriekammern" berufen würde, diese Techniker nicht mehr eine den Handelsrichtern analoge Stellung einnehmen würden, liegt auf der Hand. Auch würde bei einer Besetzung des Gerichts mit zwei Technikern und nur einem Juristen die Gefahr bestehen, daß bei Meinungsverschiedenheiten der Techniker der Vorsitzende den Ausschlag gibt, also gerade das Mitglied, das angeblich am wenigsten von der Sache versteht. Daß nach der Zivilprozeßnovelle von 1909 die Kammern für Handelssachen nunmehr auch als Berufungsinstanz bestellt sind, (wegen ihrer Zuständigkeit besonders in Wettbewerbssachen vgl. Stein, im „Recht", 1910, S. 766 und Finger, M. & W. 1910, S. 210), beweist übrigens noch nicht, daß sie auch für die Spezialrechtsprechung, selbst in geänderter Besetzung, die berufenen Gerichte wären.

IV. Die Gewerbe- und Kaufmannsgerichte.

Wenn man auch allmählich davon abgekommen ist, in den Gewerbe- und Kaufmannsgerichten Vorbilder einer gemischten Patent-Gerichtsbarkeit zu sehen, so erscheint es doch notwendig, auch über sie noch einiges zu sagen: Ist es nämlich richtig (s. darüber S. 395), daß Sonder-

[156]) Vergl. Vorschläge II. S. 15 und Zeitschrift „Technik und Wirtschaft", 1908, S. 92; ferner Stöcker, daselbst 1909, S. 41 und Mitt. v. Verband Deutscher Diplom-Ingenieure 1909, S. 66; Cahn, a. a. O., S. 34 meint, „die Juristen, welche sich eine gewisse Routine in der Behandlung rein kommerzieller Angelegenheiten angeeignet haben, würden auch am sachgemäßesten den Vorsitz in der Technikerkammer führen", — m. E. hat das Eine mit dem Anderen nicht das Mindeste zu tun.

gerichte allenfalls dann Berechtigung haben, wenn sie als iudicia parium zur Ausgleichung von Interessengegensätzen dienen und wenn die Laienrichter, wie Hellwig („Tag" vom 14. X. 1909) ausführt, bei der in erster Linie stehenden Beantwortung der Tatfrage ihre Lebens- und Geschäftserfahrungen zur Geltung bringen sollen, so würde dies wohl bei den Gewerbe- und Kaufmannsgerichten, wie auch bei den schon genannten Kammern für Handelssachen zutreffen. Der Gesetzgeber hat auch den Gewerbe- und Kaufmannsgerichten nur die Entscheidung solcher Fragen übertragen wollen, die in ihr eigenstes Lebens- und Geschäftsgebiet fallen. Ganz anders verhält es sich aber bei den gemischten Patentsondergerichten; hier stehen technische Fachfragen zur Entscheidung! In voller Würdigung dieser Tatsache haben es denn auch die Vorschläge II, S. 9 abgelehnt, die Parallele mit den Gewerbe- und Kaufmannsgerichten zu ziehen, „bei deren Einrichtung und Zusammensetzung jedenfalls die Tendenz eines sozialen Ausgleichs mitbestimmend war". Ob diese Tendenz auch erreicht worden ist, oder nicht vielmehr eine einseitige, also nicht unparteiische Judikatur zu Gunsten der Arbeitnehmer Platz gegriffen hat,[157]) ist hier unerheblich: wesentlich ist, daß gerade das Moment, das zu Gunsten der genannten Gerichte angeführt zu werden pflegt, auf die Patentsondergerichte nicht anwendbar ist; die technischen Prozesse haben mit sozialer Rechtsprechung nichts zu tun; soweit etwa die Höhe des Schadenersatzes in Betracht kommt, bedarf es technischer Beisitzer wahrlich nicht! Auf die Frage der Schnelligkeit des Verfahrens braucht hier nicht eingegangen zu werden, nachdem Kapitel I, § 5 gezeigt hat, daß die Dauer der Patent- pp. Prozesse schon nach dem heutigen Verfahren eine unerwartet kurze ist. Es bliebe also die Billigkeit des Verfahrens. Es verdient betont zu werden, daß dieser Grund noch nirgends in der deutschen Diskussion, ganz im Gegensatz zu der des Auslands, für die Errichtung von Sondergerichten ins Feld geführt ist; er würde auch, wie oben S. 352 gezeigt, kaum zutreffen; eine vereinzelte Äußerung, wie die in dem schon erwähnten Rundschreiben der Siemens & Halske Aktiengesellschaft, daß sich auch wegen der geringeren Kosten das schiedsgerichtliche Verfahren empfehle, kann nicht als maßgeblich erachtet werden; denn daß es — schon wegen des Ausschlusses von Rechtsmittelinstanzen —

[157]) Vergl. Glücksmann, Preuß. Verw.-Blatt, 1908, 184; Göbel, D. J. Z. 1907, S. 704; Viezens, Preuß. Verw.-Blatt 1907, S. 182 und 1908, S. 577; Cahn, D. R. Z. 1909, S. 68; Oppler, das. 1910, S. 51.

billiger ist, als das gerichtliche, und zwar auf allen Gebieten der Rechtspflege, ist sicher!

Fallen sonach, — trotz der unleugbaren Popularität, deren sich die Gewerbe- und Kaufmannsgerichte in weiten Kreisen der Bevölkerung erfreuen, — die Vergleichsmomente tatsächlich aus, so ist allerdings anzuerkennen, daß, worauf schon öfters hingewiesen ist,[158]) eine ganze Reihe vereinfachter Verfahrensvorschriften des Sondergerichtsverfahrens verdient, in den allgemeinen Zivilprozeß übernommen zu werden; hat doch auch die Zivilprozeßnovelle davon einen — wenn auch zunächst nur spärlichen — Gebrauch gemacht!

Dazu kommt noch ein weiterer Gesichtspunkt, der zwar als „Angelpunkt der Erfolge dieser Sondergerichtsbarkeit" bezeichnet werden kann, aber gerade für die Patentsondergerichte völlig außer Betracht bleiben muß; wie Glücksmann[159]) ausführt, hat der Gesetzgeber sich die Sondergerichte (Gewerbe- und Kaufmannsgerichte) nur „halb als Gerichtshöfe, halb als Stellen schiedsrichterlicher Schlichtung gedacht". Sie erfüllen diese ihre Aufgabe so gut, daß sie als „riesenhafte Vergleichsmaschinen"[160]) bezeichnet werden können; nach der Reichsstatistik[161]) sind im Jahre 1907 41,74% der Kaufmannsgerichts- und 41,65% der Gewerbegerichtssachen vergleichsweise erledigt worden; die Zahl der durch kontradiktorisches Urteil erledigten Sachen stellte sich auf nur 16,5 bezw. 19,54%[162]). Diese Zahlen zeigen zwingend, daß, wenn auch die Gewerbe- und Kaufmannsgerichte staatliche Gerichte sind, sie doch eine wesentliche andere Funktion, als die der eigentlichen Rechtsprechung erfüllen; haben sie günstige Erfolge erzielt, so liegt der Grund dafür in der Tatsache, daß überhaupt Sondergerichten das Bestreben vergleichsweiser Schlichtung der Rechtsstreitigkeiten innewohnt; der psychologische Einfluß des den Parteien näher stehenden, demselben Berufsstande angehörigen Richters wirkt viel eher in der Richtung eines versöhnenden Ausgleichs, als in der einer autoritativen Entscheidung; zur Herbeiführung möglichst vieler gerichtlicher

---

[158]) Vergl. u. A. Glücksmann, Vortrag in der Jur. Gesellsch. zu Berlin v. 12. X. 1907, Jahresbericht 1907/08, S. 30 ff.; Dittenberger, Gutachten zum 29. D. J. T. Bd. IV, S. 346.

[159]) Jurist. Gesellschaft 1907/08, S. 30/31.

[160]) Viezens, Bürokraten und Lords, S. 89.

[161]) Stastisches Jahrbuch für das Deutsche Reich 1909, S. 294 und 296.

[162]) Der Prozentsatz der vor dem Berliner Kaufmannsgericht seit seinem Bestehen (1. VI. 1905) bis zum 31. XII. 1908 durch Vergleich erledigten Sachen beträgt ca. 39 und der durch kontradiktorisches Urteil entschiedenen Prozesse 14%; s. Verwaltungsbericht des Magistrats zu Berlin, 1909, Nr. 32.

Vergleiche brauchen aber gemischte Patentsondergerichte nicht errichtet zu werden!

Nach alledem dürfte der Nachweis erbracht sein, daß alle die Gründe, die für die Errichtung von Sondergerichten sprechen sollen, einer strengen Nachprüfung nicht Stich halten können. Es sind nun die Gründe zu besprechen, die gegen solche Maßnahmen eine eindringliche Sprache reden.

Kapitel II.

Nachteile der Errichtung von Patentsondergerichten.

I. Allgemeine.

§ 1.

Einfluß der Zersplitterung der Rechtspflege.

a) Im allgemeinen.

Unter den Gründen, die im allgemeinen gegen die Einrichtung von Sondergerichten für Patentsachen sprechen, steht in erster Reihe der, daß jede Einrichtung eines Sondergerichtes eine Zersplitterung der allgemeinen Rechtspflege bedeutet. Es ist richtig, daß eine starke Strömung sich dahin bemerkbar macht, der Vielgestaltigkeit des Lebens entsprechend, vielgestaltige Fachgerichte zu errichten;[1]) man fordert Handwerker-, Bau-, Schiffahrts-,[2]) Landwirtschafts-,[3]) Schriftsteller-,[4]) Verleger-, Theater-, Gesinde-,[5]) Kolonial-,[6]) Mieter-, Jugend-, Ehe- und andere Gerichte. Man vergißt dabei, daß man auf diesem Wege zu einer Atomisierung der gesamten Rechtspflege und zu einer vollständigen Parzellierung der Rechtsprechung[7]) gelangt. Die Rechtspflege ist etwas Einheitliches, historisch Gewordenes und organisch Zusammen-

[1]) Vergl. namentlich Fuchs, Gemeinschädlichkeit S. 151/152; Claus Wagner, Justizgesundung, S. 20/21.

[2]) Vergl., Wildhagen, Gerichtsbarkeit in Schiffahrtsprozessen, 1909 (Vortrag).

[3]) Vgl. die Mitteilung des Geh. OJR. Kübler, Leipziger Kongreßberichte, S. 57.

[4]) Victor Blüthgen, Berliner Gerichtszeitung vom 14. XII. 1907.

[5]) Vgl. DJZ. 1910, S. 240.

[6]) StA. Fuchs, DJZ. 09, S. 378; nach Zeitungsnachrichten aus dem April 1910 ist die Errichtung nines obersten Gerichtshofes für Angelegenheiten der kolonialen und konsularen Gerichtsbarkeit bereits in Vorbereitung.

[7]) Dove, Leipziger Kongreßberichte, S. 93.

hängendes! Dieser einheitliche Grund und Boden, auf dem allein die verschiedenen Zweige der Rechtspflege wachsen und gedeihen können, kann nicht ohne Schaden von den verschiedensten Stellen aus bebaut und beackert werden. Nicht nur, daß jede Absplitterung von dem Bau der Justiz, mag sie auch noch so klein sein, den Glauben an die Unparteilichkeit der Rechtsprechung erschüttert und die Wertschätzung der richterlichen Tätigkeit fühlbar vermindert, bedeutet jede neue Einengung des Umfangs des richterlichen Arbeitsfeldes eine Gefahr für die Einheitlichkeit der Rechtsprechung und eine Verminderung der Leistungsfähigkeit der Richter.[8]) Es sind wahrlich keine Gegengründe, wenn gesagt wird, daß „für den Richter die Rechtseinheit nicht viel mehr bedeute, als eine Erleichterung bei der Rechtsprechung" oder „daß eine Zersplitterung der Rechtspflege schon deshalb nicht zu befürchten sei, weil der Gedanke, im Richterkollegium Rechts- und Sachkundige zu vereinigen, um sich greifen wird und die dann vorhandenen Sondergerichte sich der allgemeinen Rechtspflege wieder einordnen werden."[9]) Es ist hier nicht der Ort, zu untersuchen, inwiefern im allgemeinen Sondergerichte Berechtigung haben; denn hier kommt es nur darauf an, ob Sondergerichte für den gewerblichen Rechtsschutz ohne Rücksicht darauf, ob später einmal die Rechtspflege für alle möglichen Arten von Rechtsstreitigkeiten atomisiert wird, gerechtfertigt sind. Nur das eine sei betont, daß, wie Kohler[10]) durchaus zutreffend ausführt, Sondergerichte, abgesehen von internationalen Ausnahmen und vorübergehenden Bedürfnisfällen, nur als judicia parium wünschenswert sind und als solche eine durchgreifende soziale Berechtigung haben. Damit deckt sich, was Oertmann[11]) zu diesem Punkte sagt: „Wie immer man über Laiengerichte denken mag, ihre Rechtfertigung finden sie, wenn

---

[8]) Aus der unabsehbaren Zahl der Gegner von Sondergerichten im Allgemeinen, die z. T. nicht speziell zur Frage der Patentsondergerichte das Wort ergriffen haben, seien hier nur genannt: Viezens, Bürokraten und Lords, S. v. 93/94; Martius, a. a. O., S. 145; Drahten, Der Rechtsschutz des bildenden Künstlers, 1908; Finger, Festgabe für Kohler, S. 62; Koffka, DJZ., XII. S. 1162; Scherling, D. J. Z., 1908, S. 870; v. Buchka, das., S. 1197; Mitteis, das., S. 1038; Dittenberger, 29. DJT., IV. S. 347; de Niehm, DRZ. 1909, S. 37, v. Pfister, das., S. 40; Leeb, das., S. 52; die bedeutsame anonyme Schrift: Der Kampf um geistig hochstehendes Reichsgericht, 1910, S. 31, Anm. 1.

[9]) So Wildhagen, Leipziger Kongreßberichte, S. 35.

[10]) „Tag" v. 19. XI. 1907 und Juristisches Literaturblatt, 1909, S. 2.

[11]) Rektoratsrede 1908, S. 57, Anm. 48 u. S. 21/22.

7*

überhaupt, nur durch die Bedeutung, die den nicht auf formal logischer Schulung, sondern auf Kenntnis der ‚Kulturnormen‘ und gesellschaftlichen Verhältnisse beruhenden Werturteilen in der Rechtsprechung zukommt."[12]) Um solche Abwägung von Interessenkollisionen aber handelt es sich in den hier in Rede stehenden Fällen nicht; hier sind Rechtsfragen und die ihnen zugrunde liegenden technischen Probleme zu lösen. Lassen sich schon aus diesen allgemeinen Erwägungen heraus Patentsondergerichte nicht rechtfertigen, so spricht gegen ihre Absplitterung im besonderen noch folgendes: Kaum ein anderes Gebiet des Rechtes ist so wenig in sich selbst abgeschlossen, wie gerade das Patent-[13]) und überhaupt das Urheberrecht. Verdanken wir doch gerade dem von Kohler jahrzehntelang vertretenen Gedanken,[14]) „daß das Patentrecht nicht ein abgelöstes, abgetrenntes Bereich der Wissenschaft bilden dürfe, sondern aufzunehmen sei als integrierender Bestandteil des Zivilrechts," die Blüte und das Gedeihen unseres Patentrechts! Mit Recht hat Kohler[15]) auch darauf hingewiesen, daß „das Industrierecht ein Teil des bürgerlichen Rechts ist, dort eingegliedert werden muß und in Verbindung zu bleiben hat mit der ganzen Konstruktion und der ganzen Entwicklung des Systems der Rechte. Alle glücklichen Ideen des bürgerlichen Rechts sollen auch dem Industrierecht zuteil werden und umgekehrt soll das Industrierecht die allgemeine Rechtslehre befruchten und eine Menge von Fragen und Problemen in diese allgemeine Rechtslehre hineintragen, wodurch unser Blick erweitert und unsere Gesamtvorstellung des Rechts erhöht wird." Diese hohe Aufgabe des Rechts müßte notwendigerweise verkümmern, wollte man „Laien im Recht" zu der Rechtsprechung zuziehen. Was auf der einen Seite, d. h. für die Entscheidung eines Einzelfalles, unter ganz besonderen Umständen und in seltenen Fällen bestenfalls gewonnen werden könnte, nämlich vielleicht eine sachlich (technisch) zutreffendere Entscheidung eines Einzelprozesses, das würde wettgemacht werden durch den Verlust, den die Rechtspflege im allgemeinen zu erleiden hätte. Man hat demgegenüber eingewendet,[16]) daß die Zahl der Prozesse in Patentsachen, die den ordent-

[12]) Vergl. auch die trefflichen Ausführungen bei Düringer, Richter und Rechtsprechung, S. 30/31.

[13]) Einen recht gelungenen Versuch, das Patent- und Erfinderrecht in privatrechtlichem Boden fest zu verankern, hat Gülland in seinem schon genannten Werk gemacht.

[14]) Handbuch, S. 30.

[15]) „Tag" v. 17. XI. 1907.

[16]) Duisberg, Leipziger Kongreßberichte, S. 76 und Kloeppel das., S. 96.

lichen Gerichten abgenommen werden sollten, so gering sei, daß „nur ein ganz kleines winziges Splitterchen von dem großen juristischen Block sich ablösen würde" und daß „dies ein Unglück sei, das das Deutsche Reich noch ertragen könne, wenn dafür nur im übrigen die Interessen der deutschen Industrie gewahrt bleiben". Dieser Einwand ist nicht stichhaltig; es ist zwar richtig, daß nach der Statistik nur etwa 0,3 % aller bürgerlichen Rechtsstreitigkeiten der Jurisdiktion der ordentlichen Gerichte genommen werden würden, wenn man für diese Sachen Sondergerichte einführte; aber es kann eben bei diesen Patentsondergerichten nicht sein Bewenden haben: mit demselben Recht, mit dem die Industrie, oder wenigstens einige ihrer Hauptvertreter, den Ruf nach Sondergerichten erschallen lassen, erheben auch andere Berufsstände ähnliche Forderungen.[17]) Man kann eben, selbst wenn es sich um noch so große wirtschaftliche Werte bei dieser Art von Prozessen handelt, sie allein nicht herausheben. Wer, wie oben dargelegt, diese Zersplitterung als ein Unglück für unser gesamtes Rechtsleben ansieht, der muß schon aus prinzipiellen Gründen der Forderung technischer Sondergerichte sich entgegenstellen, will er sich nicht dem

---

[17]) Es ist interessant, zu beobachten, daß gegen die Wildhagen'sche Forderung von Schiffahrtsgerichten noch jüngst sich eine kräftige Opposition geltend gemacht hat, die ebenfalls die Bedürfnisfrage verneint; einem in der Hauptversammlung des Zentralvereins für Deutsche Binnenschiffahrt im Dezember 1909 gehaltenen, mir gütigst zur Verfügung gestellten Vortrage des J.-R. Prof. Dr. Paul Alexander-Katz sei folgendes entnommen: Nach der letzten Reichsstatistik gebe es in der Binnenschiffahrt 17 000 Betriebe mit etwa 02 800 erwerbstätigen Personen. Die Frage sei, ob es sich für einen Bevölkerungsteil von 300 000 Köpfen lohne, eine Sondergerichtsbarkeit einzuführen. Diese Gerichtsbarkeit müßte sich über das ganze Deutsche Reich erstrecken, weil es an allen Wasserläufen und auf allen Kanälen eine Binnenschiffahrt gebe. In Berlin kämen jährlich im Durchschnitt 400 Amtsgerichtssachen, die mit der Schiffahrt etwas zu tun haben, zur Verhandlung. Nun wolle man eine Sondergerichtsbarkeit für die Schiffahrt einführen, und zwar nicht nur in Berlin, sondern in ganz Deutschland. Man denke sich einen solchen Sondergerichtshof zum Beispiel in Thorn, wo 15 bis 20 Sachen im Jahre verhandelt würden! Bei so geringer Zahl der Prozesse könne von einem organisatorischen Eingreifen nicht die Rede sein. Dagegen sei zu wünschen, daß die Schiffahrtsprozesse möglichst bei einer Abteilung des betreffenden Amtsgerichts verhandelt würden! — Dieser Wunsch ist schon z. T. erfüllt: unter dem 13. I. 1910 haben sich die Aeltesten der Kaufmannschaft von Berlin an den Justizminister mit dem Ersuchen gewandt, zu Handelsrichtern bei den Berliner Landgerichten auch solche Personen zu ernennen, die dem Kreise der Schiffahrtsgewerbetreibenden entnommen sind, und Streitigkeiten aus den Rechts-

Vorwurf aussetzen, „Sondergerichte für Sonderwerte"[18]) zu schaffen, wie trotz der gegenteiligen Ausführungen Bolzes[19]) wiederholt hervorgehoben werden muß. Bedürfte wirklich unsere Rechtspflege des Ersatzes der Sachverständigen durch sachkundige Spezialrichter, so müßte dies für alle Gebiete des Rechtslebens gelten; nicht aber dürfen die allgemeinen Interessen, die an der Einheit des Rechts wie an derEinheitlichkeit der Rechtspflege bestehen, zugunsten eines einzelnen Standes beeinträchtigt werden. Nur zwingende Notwendigkeit und der unumstößliche Nachweis dafür, daß auf der einen Seite unter den gegenwärtigen Zuständen eine Besserung der Rechtsprechung nicht zu erwarten, auf der anderen Seite aber von der Zuziehung technischer Richter mit Sicherheit eine Hebung der Rechtsprechung zu gewärtigen ist, könnte die Verfolgung solcher Sonderinteressen rechtfertigen.[20]) Dieser Nachweis ist aber nicht erbracht, im Gegenteil, die für ihn angeblich sprechenden Gründe sind im ersten Kapitel widerlegt worden und die praktischen Nachteile der gewünschten Sondergerichte werden im folgenden noch näher dargelegt werden.

b) Auf die Richter.

Wie auf die Rechtspflege im allgemeinen, so würde auch auf die Richter im besonderen die Sonderstellung der Sachen des gewerblichen Rechtsschutzes in der ordentlichen Rechtspflege mit großen Nachteilen ver-

---

verhältnissen des Rechts der Binnenschiffahrt einer einzigen Kammer für Handelssachen zuzuweisen. Der Justizminister hat den Präsidenten des Landgerichts I ersucht, darauf hinzuwirken, daß diese Rechtsstreitigkeiten in erster und zweiter Instanz vom 1. April d. J. ab einer einzigen Kammer überwiesen werden, und daß eine ständige Besetzung dieser Kammer für Handelssachen mit einem schiffahrtskundigen Handelsrichter herbeigeführt wird; dies ist inzwischen geschehen. Auch bei den Landgerichten II und III sollen voraussichtlich sämtliche Berufungssachen einer einzigen Kammer für Handelssachen zugeteilt werden.

[18]) Degen, Gegen die Sondergerichte, S. 22.

[19]) Leipziger Kongreßberichte, S. 60.

[20]) Sagt doch selbst Wildhagen, Schiffahrtsprozesse, S. 1: „Die Bewegung zugunsten der Sondergerichte birgt die ernste Gefahr in sich, daß sie zum allmählichen Verfall der allgemeinen Rechtspflege führt. Es ist daher große Vorsicht und sorgsamste Prüfung jedes Schrittes auf diesem Wege dringend geboten." Deshalb bedarf auch die in der Sachverständigensitzung des Vereins Deutscher Maschinenbauanstalten (Berichte s. 67) aufgestellte Behauptung, „das Schlagwort von der Zersplitterung der Rechtspflege liege ganz neben der Sache", keiner weiteren Widerlegung; handelt es sich auch heute vielleicht nicht mehr um eine vollständige Absplitterung, so ist die Gefahr der Zersplitterung doch zweifsellos vorhanden.

bunden sein. Man macht dem Richter zum Vorwurf, er sei „weltfremd", mit anderen Worten, er sei mit den speziellen Fragen des einschlägigen Falles nicht oder nicht genügend vertraut! Um wieviel mehr muß aber diese angebliche Weltfremdheit wachsen, wenn man das Arbeitsgebiet des Richters immer mehr einengt?[21]) Worauf beruht es denn, daß man den Richtern z. B. Unkenntnis der Lehren der Buchführung, Unerfahrenheit auf kaufmännischem Gebiet, Urteilslosigkeit in künstlerischen Dingen vorwirft, wenn nicht in letzter Linie darauf, daß ihnen eine intensive Beschäftigung mit diesen Dingen nicht möglich ist? Je mehr daher der rechtsgelehrte Richter von der Behandlung gewerbeschutzrechtlicher Sachen abgeschlossen wird, desto weniger wird er sich im Einzelfall in ihnen zurechtfinden können, desto weniger wird ihm auch in anderen Rechtsstreitigkeiten, bei denen technische Fragen eine Rolle spielen, das technische Verständnis und Interesse eigen sein; man denke an Bauprozesse, Gewährleistungsklagen wegen Mängeln an Maschinen, Haftpflicht- und Unfallsachen und anderes mehr. Durchaus zutreffend sagt W e r t h e i m e r:[22]) „Unseren Gerichten würde ein Gebiet verschlossen werden, das, wie kaum ein anderes, geeignet ist, einen Einblick zu gewähren in das vibrierende, stürmisch fortschreitende industrielle Leben unseres Volkes, in die durch das stete Streben nach Vorwärts, nach Vervollkommung der Produkte, nach Überflügelung der in- und ausländischen Konkurrenz sich ergebenden Interessenkollisionen, deren finanzielle und kulturelle Bedeutung und Wirkung". Man vergesse auch nicht, wie durch die Beschäftigung mit den Sachen des gewerblichen Rechtsschutzes bei ihrer zum Teil großen wirtschaftlichen Bedeutung das Verantwortlichkeitsgefühl des Richters aufs höchste gesteigert wird,[23]) wenn er sieht, eine wie einschneidende Bedeutung seine Entscheidungen auf ganze Industriezweige, ja Industrien haben können. Auch hier gilt das treffliche Wort eines englischen Richters: „The greater the responsability, the greater the judge"! Da man aber dem Richter als solchem nicht jedwede Beurteilung technischer Tatbestände nehmen kann, ja sogar durch die Patentsondergerichte ihm noch nicht einmal einen erheblichen Teil dieser Sachen nehmen will, — so würde der Jurisdiktion der ordentlichen Gerichte die große Zahl der gewöhnlichen Prozesse verbleiben, bei denen patentrechtliche Fragen, zum Teil als Inzident-

---

[21]) Vergl. auch D i t t e n b e r g e r, Gutachten zum 29. D. J. T. Bd. IV, S. 347; V i e z e n s, a. a. O., S. 86; F i n g e r, a. a. O., S. 62.

[22]) Leipziger Zeitschrift, 1908, S. 671/2.

[23]) Vergl. einen ähnlichen Gedankengang bei S c h i e f l e r, a. a. O., S. 93 bezüglich der Einführung der Berufung gegen Strafkammerurteile.

fragen, eine Rolle spielen. Es liegt sonach nicht etwa die Abtrennung der gewerblichen Rechtsschutzsachen von der ordentlichen Rechtspflege im Interesse einer sachgemäßen Rechtsprechung, sondern vielmehr eine möglichst weitgehende Zusammenlegung aller mit technischen Dingen zusammenhängenden Prozesse an möglichst einer oder wenigen Stellen.[24]) Es dürfte nicht bloßer Zufall sein, daß in der wissenschaftlichen Bearbeitung des Industrierechts die Richter bei weitem die letzte Stelle einnehmen; erst in der allerjüngsten Zeit scheint, angeregt durch den preußischen Ministerialerlaß vom 11. X. 1907, hier ein Wandel einzutreten, indem sich jüngere Kräfte auch diesem Felde zuwenden. Durch jede Absplitterung eines Spezialgebietes von der Rechtspflege muß die ganze Beobachtungs- und Betrachtungsweise der Richter eine lebensfremdere werden. Auch der Richterstand als Ganzes hat unter den Schlägen, die ihm durch die weitere Einengung seines Tätigkeitsgebiets beigebracht werden, schwer zu leiden: seine Arbeitsfreudigkeit m u ß gelähmt werden, wenn er sieht, daß ihm, aus Mißtrauen in seine Fähigkeiten und Kräfte, immer neue Gebiete des wirtschaftlichen und sozialen Lebens verschlossen werden; die Angehörigen dieses Standes, welche Verständnis, Lust und Liebe für die Vorgänge unseres Wirtschaftslebens haben, werden sich anderen Berufen zuwenden. Deshalb ist auch im Interesse eines modernen Richterstandes, der der Entwicklung der modernen Volkswirtschaft und der geistigen Kultur unserer Zeit gewachsen ist,[25]) jede Einrichtung von Sondergerichten, zumal von solchen, die sich mit den modernsten Errungenschaften der Naturwissenschaften zu beschäftigen haben würden, grundsätzlich abzulehnen.

Man könnte diesen Ausführungen entgegenhalten, daß, nach den Vorschlägen des Deutschen Vereins' und seiner Anhänger, die Juristen ja nicht vollständig von der Mitwirkung an den Patentsondergerichten ausgeschaltet, ihnen vielmehr eine maßgebliche Stellung auch in diesen Sondergerichten eingeräumt werden sollte. Dieser Einwand wäre dann begründet, wenn die Patentsondergerichte den ordentlichen Gerichten lediglich „angegliedert" werden sollten; dann würde allerdings ein allmählicher Wechsel in der Besetzung der den Juristen vorbehaltenen Stellen möglich sein, so daß diese Richter in lebendiger Fühlung mit der übrigen Zivilrechtspflege mehr oder minder bleiben könnten. Würden dagegen besondere Patentgerichte n e b e n den ordentlichen Gerichten geschaffen,

---

[24]) Es wird unten zu zeigen sein, zu welchen Ergebnissen diese Forderung bereits hinsichtlich der Konzentration der Patentsachen geführt hat.

[25]) Es sei hier verwiesen auf die trefflichen Ausführungen von H a r m s, Kölnische Ztg. vom 14. und 16. VIII. 1909, Nr. 861 und 866.

so müßte der rechtsgelehrte Richter, der diese Stellung zweifellos nicht nebenamtlich bekleiden könnte, aus dem eigentlichen Justizdienst ausscheiden und sich ausschließlich der Rechtsprechung in Sachen des gewerblichen Rechtsschutzes widmen; die Befruchtung der übrigen Zivilrechtsfrage durch ihn wäre daher ausgeschlossen und dem ordentlichen Zivilrichter dieses Gebiet in weitem Umfange nicht mehr zugänglich.

§ 2.

Behandlung der Patentsachen im Falle der Konkurrenz mit anderen Sachen.

Schon in dem einleitenden Paragraphen ist hervorgehoben worden, daß unter dem Begriff „Rechtsstreitigkeiten aus dem Gebiete des gewerblichen Rechtschutzes" an sich auch solche Prozesse zu verstehen seien, in denen patentrechtliche Fragen nicht das Klagefundament bilden, sondern erst im Laufe des Streites auftauchen. Es entsteht die Frage, wie diese Prozesse sich in die Gerichtsorganisation einordnen ließen, wenn neben den ordentlichen Gerichten Sondergerichte für gewerblichen Rechtsschutz geschaffen würden. Selbstverständlich bestimmt sich die Zuständigkeit der verschiedenen Gerichte nach dem Inhalt der Klageschrift; demnach würde in den hier vorausgesetzten Fällen das ordentliche Gericht zuständig sein. Auf der anderen Seite würde in einer großen Zahl von Fällen, bei denen zunächst die Klage auf Verletzung des Urheberrechts gestützt ist, und bei denen auch der Kernpunkt des Rechtsstreits eine patentrechtliche Frage zu sein scheint, die Zuständigkeit der Sondergerichte gegeben sein, wenn sich später herausstellt, daß die Entscheidung lediglich von der Beurteilung rechtlicher Momente abhängt. In beiden Fällen wäre der Zweck der Sondergerichte vereitelt: die technischen Fragen wären von einem ordentlichen Gerichte, die rein rechtlichen Fragen von dem gemischten Gericht zu entscheiden. Dies wäre nur eine Folge des überall auch sonst geltenden Grundsatzes, daß die zur Entscheidung eines Rechtsstreits berufene Behörde auch befugt ist, Vorfragen oder Inzidentfragen, die für die Entscheidung des Streites gelöst werden müssen, selbst zu lösen, sofern nicht das Gesetz hiervon eine Ausnahme verfügt. Solange daher nicht alle Prozesse patentrechtlichen Inhalts der Sondergerichtsbarkeit mit unterbreitet werden können, können die Sondergerichte für gewerblichen Rechtsschutz nur als Torso angesehen werden. Wenn man auch früher daran gedacht hatte, die Sachen technischen Inhalts, die vor den ordentlichen Gerichten anhängig geworden sind, einfach an die Patentgerichte zu überweisen, so hat man angesichts der prozessualen Bedenken, die dem entgegenstehen und auf die namentlich Magnus[26]) aufmerksam gemacht hat, später davon abgesehen und statt dessen vorgeschlagen, in den genannten Fällen die sich ergebenden Patentkollisionsfragen auszuschalten und sie der Entscheidung des Sondergerichts zu überlassen.[27]) Dieser Vorschlag wäre zunächst überhaupt nur dann diskutabel, wenn für das ganze Reich ein einziger Patentgerichtshof oder doch wenigstens für verschiedene Bundesstaaten nur je ein gemischtes Gericht geschaffen würde, oder wenn zur Vermeidung unangenehmster und zeitraubendster Kompetenzkonflikte bei Schaffung von dezentralisierten gemischten Gerichten gleichzeitig bestimmt würde, daß sie auch für die Entscheidung der bei den Gerichten ihres Bezirks auftauchenden Patentinzidentfragen zuständig sein sollten. Sodann aber würden bei solcher Regelung Schwierigkeiten aus der Notwendigkeit erwachsen, den technischen Stoff sachgemäß und vollständig auszuscheiden, Schwierigkeiten, die jene der richtigen Formulierung von Beweisbeschlüssen nach jetzigem System nicht selten übertreffen würden! Weiter würde die Folge eine ganz beträchtliche Verteuerung und Verzögerung der Prozesse sein. Wenn in Österreich in gewisser Hinsicht eine Vorabentscheidung über technische Fragen gemäß den §§ 107 und 108 des Patentgesetzes dem Patentamt überlassen ist, so will dies, wie oben S. 384 ff. dargelegt, für deutsche Verhältnisse nichts bedeuten; zudem liegt ja dort diese Vorentscheidung nur dem einen Patentamt ob. Endlich aber, — und dies erscheint mir ausschlaggebend —, würde diese Ausscheidung überall da zu unhaltbaren Zuständen führen, wo außer der objektiven Seite der Patentverletzung auch die subjektive Seite zu entscheiden ist; würde man nämlich bei Schadensersatzklagen die objektive Frage der Patentverletzung dem Sondergericht zur Entscheidung, und zwar durch alle Instanzen, überlassen und dem ordentlichen Gericht nur die Frage vorlegen, ob die Verletzung eine wissentliche oder grob fahrlässige war, so wäre der ordentliche Richter garnicht in der Lage, sachgemäß eine solche Entscheidung zu treffen; wie soll er, wenn er selbst keinen Einblick in das Wesen und die Tragweite des Patentes gewonnen hat und sogar hinsichtlich der Auslegung des Patents an die Entscheidung des gemischten Gerichts gebunden ist, sich über das Vorliegen oder den Grad des subjektiven Verschuldens schlüssig machen und entscheiden können, ob der Beklagte, falls Bedeutung und Tragweite der patentierten Erfindung zweifelhaft

---

[26]) Reformbestrebungen, S. 50.

[27]) S. u. a. Tolksdorf, Patentgerichte, S. 53.

sind, Kenntnis von dem Umfang des Patentschutzes hatte? Wie soll er ferner über einen angeblich faktischen Irrtum des Beklagten entscheiden können, wenn er den objektiven Tatbestand garnicht oder doch nur mit gebundenen Händen berücksichtigen darf? Würde man aber den ordentlichen Richter nicht an die Vorentscheidung binden, so wäre sie zwecklos; wie würde man sich auch mit divergierenden Entscheidungen der beiden konkurrierenden Gerichte abzufinden haben? Da das Gericht nach § 287 ZPO. darüber, ob und in welcher Höhe ein Schaden entstanden ist, unter Würdigung aller Umstände des Falles nach freier Überzeugung zu entscheiden hat, so würde auch prozessual die Ausscheidung der Frage nach der objektiven Patentverletzung eine Durchbrechung allgemeiner Prozeßgrundsätze bedeuten. Alle diese Zweifelsfragen und Bedenken, für die es eine befriedigende Antwort nicht gibt, lassen erkennen, daß eine Ausscheidung des rein technichen Stoffes aus einem Prozeß praktisch undurchführbar wäre; auch von Stahl, a. a. O. S. 251 erklärt solche Trennung „nicht für zweckmäßig".[28])

Einfacher scheinen sich die Fälle zu erledigen, in denen eine sogenannte Patentsache vor den gemischten Gerichten anhängig geworden ist, die sich hinterher als reine Zivilsache „entpuppt"; man könnte diese Sachen an das zuständige ordentliche Gericht verweisen. Allein auch hier sind Verwickelungen nicht auszuschließen; z. B. wenn die Aktivlegitimation streitig wird; über solche, oft nicht zweifelsfreien Rechtsfragen müßte der ordentliche Richter entscheiden; erst im Falle ihrer rechtskräftigen Bejahung wäre dem Rechtsstreit vor dem Sondergericht Fortgang zu geben. Im gewöhnlichen Zivilprozeß können solche Komplikationen nicht eintreten, da hier der Richter mit einem Zwischenurteil nach § 303 ZPO. helfen kann, der Prozeß also keinen Aufschub erleidet! Wollte man aber dem gemischten Gericht die Entscheidung auch der Rechtsfragen überlassen,

---

[28]) Übrigens war schon in der Reichstagskommission zur Beratung des Patentgesetzes von 1891 ein Antrag dahin, daß, — wenn in einem bürgerlichen Rechtsstreit über Rechte aus Patenten oder in einem Strafverfahren wegen Patentverletzung Streit über den Sinn des Patents oder über das Vorhandensein einer Verletzung desselben entstehe, — unter Aussetzung des Verfahrens die Vorentscheidung dieses Streitpunktes (wenn das Urteil von seiner Entscheidung abhänge) vom Patentamt einzuholen sei, zurückgezogen worden, nachdem die Regierungsvertreter dargelegt hatten, daß die Annahme des Antrags eine wesentliche Mehrbelastung des Patentamts zur Folge haben und es „im hohen Grade bedenklich sein würde, die Entscheidung über die objektive Seite einer Patentverletzung der einen, über die subjektive aber der anderen Behörde zu übertragen".

so entsteht wieder die Gefahr zwiespältiger Rechtsprechung, ohne daß die Zusammensetzung dieses Gerichts die Gewähr für ihre sachgemäße Behandlung böte! Daß letzten Endes das Reichsgericht zuständig sein würde, beseitigt diese Gefahr nicht, oder jedenfalls nicht genügend.

Ist bei den vorstehenden Erörterungen immer noch ein einfacher Tatbestand vorausgesetzt, so verwickelt sich die Sachlage noch viel mehr in den Fällen der objektiven Klagenhäufung (ZPO. § 260); wenn auch dem Gericht die Trennungsbefugnis nach § 145 das. zusteht, so kann sie doch oft aus prozeßtechnischen Gründen unangebracht erscheinen. Der Kläger würde es deshalb in der Hand haben, durch geschickte Klagebegründung sich die Kompetenz des einen oder anderen Gerichts nach seinem Gutdünken zu schaffen!

Das Gesagte muß genügen, um darzutun, daß die gemischten Sondergerichte eben wegen ihrer Sonderstellung nur Sonderfälle treffen und das Ziel, das sie erreichen sollen, garnicht erreichen können. Es würde naturnotwendig eine große Zahl von Prozessen außerhalb des Bereiches der Sondergerichte bleiben; gerade deshalb besteht aber umsoweniger Anlaß, für eine nicht einmal erschöpfende Maßnahme so tiefgreifende Änderungen unserer Gerichtsverfassung vorzunehmen, wie sie die Errichtung von Patentsondergerichten darstellen würde.

II. Besondere.

Praktische Ausgestaltung der Sondergerichte.

Es soll nunmehr geprüft werden, ob sich nicht auch der Umsetzung des Gedankens einer besonderen Gerichtsbarkeit für Sachen des gewerblichen Rechtsschutzes in die Praxis so große Hindernisse in den Weg stellen würden, daß von gesetzgeberischen Maßnahmen dieser Art nur aufs dringendste abzuraten ist. Allerdings hat sich der Deutsche Verein auf den Standpunkt gestellt, „daß gegenüber der prinzipiellen Forderung, daß in Patentstreitigkeiten Richter mitwirken, die die technische Seite der Sache verstehen, die Ausgestaltung an Bedeutung verliert."[29]) Dementsprechend hat der Leipziger Kongreß 1908 sich auch nur mit der prinzipiellen Frage beschäftigt, während die früheren Kongresse, deren Arbeiten

---

[29]) v. Schütz, GewRSchutz, 1908, S. 301; er gibt als hauptsächlichen Grund an, daß die vom Verfasser dieses Gutachtens seinerzeit vorgelegte Statistik zu spät eingetroffen sei, um eine Nachprüfung der Kommissionsbeschlüsse zu ermöglichen; es sollte deshalb erst abgewartet werden, ob sich die Statistik für die folgenden Jahre bestätigen werde; dann sollten „praktische Vorschläge zur Ausgestaltung der gemischten Gerichtsbarkeit gemacht werden!"

gewissermaßen die Bedeutung einer I. Lesung hatten, die Frage der Ausgestaltung der Sondergerichte ebenso in den Kreis ihrer Erörterungen gezogen hatten, wie dies noch die für den Leipziger Kongreß ausgearbeiteten „Vorschläge" (II) taten. Verfasser muß auch heute noch den früher schon erhobenen Vorwurf[30]) aufrechterhalten, daß man absichtlich die praktische Ausgestaltung der Idee im Dunkeln gelassen hat, um so die Stimmen auch derer zu erhalten, die prinzipiell Anhänger der Sondergerichte, aber von der Möglichkeit ihrer praktischen Einführung nicht überzeugt sind. Desto notwendiger ist es hier, auch die Fragen zu beleuchten, die sich auf die Möglichkeit praktischer Ausgestaltung der gemischten Gerichte beziehen.[31])

Hier kommt hauptsächlich in Betracht, ob man einen einzigen Patentgerichtshof für das ganze Reich oder verschiedene Patentgerichte errichten will und kann; danach läßt sich erst die Frage entscheiden, ob auch ausreichendes Richtermaterial für die Besetzung der gemischten Gerichte zur Verfügung stehen würde, und ob die Zuziehung der Techniker im Hauptamt oder im Nebenamt wünschenswert und durchführbar ist; erst dann endlich kann beurteilt werden, welche Rolle der Techniker auf der Richterbank zu spielen berufen wäre. Dabei wird sich zeigen, daß fast alle Gesichtspunkte, die gegen wirkliche Sondergerichte sprechen, auch gegen die den Landgerichten nur „angegliederten" gemischten Kammern ins Feld zu führen sind.

§ 3.

Zentralisation oder Dezentralisation?

Was zunächst die wichtige Frage der Zentralisation oder Dezentralisation der gemischten Sondergerichte anlangt, so hatte sich der Hamburger Kongreß des Deutschen Vereins 1902 — entgegen dem ihm von der damaligen Patent-Kommission unterbreiteten Vorschlage — für einen zentralen Patentgerichtshof ausgesprochen. Und in der Tat läßt sich eine große Reihe schwerwiegender Gründe für eine solche Maßnahme geltend machen: zunächst würde nur ein solcher Gerichtshof, wie die Statistik gezeigt hat, eine genügende Zahl von Sachen zu bearbeiten haben, um lebensfähig

---

30) Im „Recht", 1908, S. 633.

31) Daß eine Diskussion bloß über die Prinzipienfrage jedes praktischen Wertes entbehrt, hat wohl auch Wildhagen empfunden, als er in seinem Schlußwort als Berichterstatter auf dem Leipziger Kongreß in erster Linie auf „den wissenschaftlichen Charakter des Vereins" hinwies: Kongreßberichte, S. 123.

erhalten werden zu können,[32]) (s. S. 367). Sodann würde für einen solchen zentralen Patentgerichtshof ein viel größerer Personenkreis zur Verfügung stehen, aus dem man das technische Richtermaterial entnehmen könnte; man brauchte sich dann auch nicht auf ortsangesessene Techniker zu beschränken. Der Reiz, an einer Zentralbehörde zu wirken, würde wohl auch einen gewissen Einfluß auf diejenigen technischen Kreise ausüben, die vielleicht ihrer Zuziehung als Richter an den unterinstanzlichen Gerichten widerstreben würden. Weiter würden bei einem zentralen Gericht Techniker und Juristen sich schneller miteinander einarbeiten, als bei vereinzelten gemischten Gerichten. Nicht zuletzt würde bei Schaffung eines einheitlichen Gerichtshofs größere Gewähr für die gerade hier so wichtige Einheitlichkeit der Rechtsprechung geboten sein, als im anderen Fall! Naturgemäß muß sich auch der Geschäftsgang bei einem Zentralgerichtshof schneller abwickeln, als bei verschiedenen dezentralisierten Gerichten, die vielleicht zu gleicher Zeit über dieselben Schutzrechte zu entscheiden haben, dieselben Patentakten benutzen müssen, verschiedene Sachverständige vernehmen würden u. a. m. Ob die Errichtung eines zentralen Patentgerichtshofs geringere Kosten verursachen würde, als die Angliederung verschiedener technischer Kammern an die bestehenden Landgerichte, kann zweifelhaft sein. Endlich könnte ein zentraler Patentgerichtshof, aber auch nur ein solcher, in Kammern oder Senate eingeteilt werden, die den verschiedenen Zweigen der Technik entsprechen; in dieser Hinsicht war — unter Zugrundelegung der Verteilung der Patentklassen auf die einzelnen Anmeldeabteilungen des Patentamts — die Kommission für den Hamburger Kongreß zu folgenden Vorschlägen gelangt:[33])

„Die Patentgerichtshöfe sollen aus 5 Kammern bestehen, und zwar:

1. Kammer für Streitsachen aus dem Gebiete des Maschinenbaues.

2. Kammer für Streitsachen aus dem Gebiete der chemischen Technik.

3. Kammer für Streitsachen aus dem Gebiete des Bergbaues, Hüttenwesens, Feuerungsanlagen, Gießerei, Gasbereitung, Landwirtschaft (ausschließlich landwirtschaftlicher Maschinen).

4. Kammer für Streitsachen aus dem Gebiete der physikalischen Technik insbesondere der Elektrotechnik und der Feinmechanik.

---

[32]) S. auch die Ausführungen des Geh. Just.-Rat Dr. Mayer, Leipziger Kongreßberichte, S. 86.

[33]) Hamburger Kongreßvorschläge, S. 5—7: Vorschläge I, S. 11; eine andere Einteilung in nur 3 Kammern schlägt Toltsdorf, a. a. O., S. 79 vor.

5. Kammer für Streitsachen aus dem Gebiete des Baufaches des Bauingenieurwesens, des Schiffsbaues und der handwerksmäßigen Technik (ausschließlich Maschinenbau)."

Diese Klasseneinteilung würde nur dann Bedeutung haben, wenn die technischen Richter Spezialfachleute sein sollten und könnten. Man hat jedoch, wie gezeigt, von dieser Forderung Abstand genommen und wird deshalb auch von einer solchen Klasseneinteilung absehen müssen. Das würde natürlich nicht ausschließen, auch bei nicht zentralisierten Gerichten, nach Möglichkeit dafür zu sorgen, daß nur ein solcher Techniker im Einzelfall mitwirke, der gerade dem in Betracht kommenden technischen Gebiet nahesteht, also z. B. für chemische Sachen Chemiker, für mechanische Sachen nur Mechaniker u. s. f. Mag dies auch in den Vorschlägen I und II nicht zum Ausdruck gekommen sein, so wird es doch als die Absicht der Anhänger von Sondergerichten unterstellt werden können (s. v. Schütz, Leipziger Berichte, S. 52).

Trotz dieser etwaigen Vorzüge würden die Nachteile eines einheitlichen Patentgerichtshofs überwiegen: Abgesehen davon, daß die Grundsätze über die Zuständigkeit durchbrochen werden würden, — womit man sich aber auch dann abfinden müßte, wenn nur einzelne dezentralisierte gemischte Gerichte eingerichtet würden —, sprechen politische Erwägungen gegen solche Zentralisation.[34]) Wo sollte der gemischte zentrale Patentgerichtshof errichtet werden? Gegen Berlin würden sich voraussichtlich gewichtige Stimmen erheben. Auch das Rheinland (etwa Düsseldorf) dürfte nicht in Betracht kommen, gerade weil hier die persönlichen Beziehungen der technischen Richter zu der Industrie eine zu bedeutende Rolle spielen würden. Bayern und Württemberg haben kein Interesse an einem solchen Patentsondergerichtshof. Bliebe Sachsen, wo in Leipzig oder Dresden blühende Hochschulen und Universitäten sich befinden; vielleicht auch Braunschweig oder Darmstadt.[35]) Aber auch dagegen wird geltend zu machen sein, daß eine solche Zentralisation „tiefgehende Eingriffe in die den Bundesstaaten verfassungsmäßig zustehenden Rechte hinsichtlich der Organisation der Gerichte und der Ausübung der Rechtsprechung" enthalten würden.[36]) Unzweifelhaft würde auch der Zentral-

[34]) Vergl. v. Martius, a. a. O., S. 144.

[35]) So Herse, Mitteilungen vom Verband Deutscher Patentanwälte, 1907, S. 117.

[36]) Darauf hat besonders der Vertreter des Reichsjustizamts auf dem Leipziger Kongreß, Geh. Obergerierungsrat Oegg hingewiesen: Leipziger Berichte, S. 72; vergl. auch Cahn, Techniker als Richter, S. 32/33.

gerichtshof eine bedeutende Belästigung der Parteien und sonstigen Prozeßbeteiligten infolge weiter Reisen, die sie an den Sitz des Gerichts zu machen hätten, bedeuten; denn es ist sicher, daß in viel höherem Grade, als beim Patentamt, eben wieder wegen des mündlichen Verfahrens, die Anwesenheit der Parteien oder ihrer Vertreter am Sitze des Patentgerichts erforderlich sein würde; auch wird sich hier viel öfter die Notwendigkeit umfangreicher Beweisaufnahmen (z. B. zur Feststellung des Verletzungsgegenstandes oder eines Vorbenutzungsrechts) herausstellen; daß auch damit eine Verlangsamung des Prozessierens und eine Verteuerung der Prozesse Hand in Hand gehen würde und müßte, bedarf keiner näheren Erörterung;[37]) auch die Wirkung auf die nicht am Sitze des Patentgerichtshofs ansässigen Vertreter ausländischer Patentinhaber (Patentgesetz § 12) ist — mit v. Martius — nicht außer Acht zu lassen.

Aus allen diesen Gründen dürfte ein zentraler Patentgerichtshof nach Lage der Dinge nicht empfehlenswert, auch nicht erreichbar sein. Man begnügt sich deshalb, lediglich dezentralisierte Patentgerichtshöfe zu verlangen. Dabei ist nicht verkannt worden, daß nach den Ergebnissen der Statistik die Errichtung solcher gemischter Gerichte bei allen Landgerichte ebenso wenig notwendig, als durchführbar sei. Die Statistik hat gezeigt, daß nur an einigen wenigen größeren Industriepunkten eine größere Zahl einschlägiger Sachen zusammenkommt, und daß daher auch nur hier sich eine solche Einrichtung ausbauen lassen würde; im wesentlichen kämen nur einzelne größere Orte in Betracht, die entweder Sitz einer Universität oder Hochschule oder Mittelpunkt einer besonders starken Industrie sind; daß es sich dabei empfehlen würde, größere Bezirke, etwa einzelne Provinzen oder Bundesstaaten zu einem Ganzen zusammenzufassen, ist ohne weiteres anzuerkennen. Allein, dieser Gedanke, die Sachen des gewerblichen Rechtsschutzes bei einem bestimmten Gericht, das an sich vielleicht nicht zuständig wäre, zu konzentrieren, läßt sich auch verwirklichen, ohne daß gemischte Gerichte eingerichtet würden, und kann dann allerdings außerordentlich vorteilhaft wirken (vgl. Kap. III, § 1).

§ 4.

Ständige oder nichtständige Richter?

Weiter fragt es sich, ob die technischen Richter im Hauptamt oder im Nebenamt (ehrenamtlich) angestellt werden sollten. Als Vorbild für nichtständige technische Richter ist auf die nichtständigen Mitglieder des

---

[37]) S. v. Martius, a. a. O.; Degen, a. a. O., S. 16.

Kaiserlichen Patentamts hingewiesen worden, die freilich nur in den Nichtigkeits- und Beschwerdeabteilungen tätig sind; daß mit diesen Mitgliedern die besten Erfahrungen gemacht worden sind, ist in der Diskussion über die Patentsondergerichte von keiner Seite angezweifelt oder bestritten worden; erst verschiedenen, in der technischen Presse jüngst erschienenen Aufsätzen ist es vorbehalten gewesen, außerordentlich heftige Angriffe gegen die nichtständigen Mitglieder des Patentamts zu erheben. Diese Angriffe können jedoch um so mehr auf sich beruhen, als die Institution der nichtständigen Mitglieder des Patentamts mit derjenigen etwaiger ehrenamtlicher technischen Mitglieder der gemischten Gerichtshöfe nicht auf eine Stufe gestellt werden kann, weil eben die Art ihrer Tätigkeit hier und dort eine verschiedene ist.

Für die Zuziehung von Richtern im Ehrenamt spricht wesentlich die Erwägung, daß der Kreis derjenigen Personen, die als Richter in Betracht kommen könnten, dadurch erheblich erweitert würde. Da diese Herren im Jahre voraussichtlich nicht allzu häufig zu Sitzungen herangezogen werden würden, so würden wohl auch wissenschaftlich und technische hervorragende Kräfte neben ihrem Berufe die Zeit finden, sich der Sache zu widmen; auch würden die nichtständigen technischen Richter in engster Berührung mit den Fortschritten der Technik und des wirtschaftlichen Lebens bleiben, und ihre praktischen, in ihrem Hauptberufe gewonnenen Erfahrungen auf der Richterbank verwerten können.[38]) — Andererseits besteht die Gefahr, daß die Heranziehung solcher nichtständigen Mitglieder eine Verlangsamung des Verfahrens und eine Erschwerung des Geschäftsganges infolge der Notwendigkeit, die Richterbank für jede einzelne Sache richtig, d. h. mit einem Fachmann zu besetzen, nach sich ziehen würde; es kann in dieser Hinsicht auf die Ausführungen Degens, a. a. O. S. 14/5 Bezug genommen werden, der eine beispielsweise Zusammenstellung der an einem Tage bei Gericht anstehenden Sachen mitteilt; da auch die nichtständigen Richter des gemischten Gerichtshofs nicht immer am Sitz des Gerichts wohnen werden, so müßte dies bei der Anberaumung von Terminen berücksichtigt werden. Man bedenke, welche Opfer man den Richtern zumuten würde, die, um vielleicht in einer Sache ihres Fachgebiets mitzuwirken, den ganzen Vormittag auf dem Gericht warten müssen, bis sie schließlich hören, daß die Sache vertagt wird! Sind diese Unannehmlichkeiten des Wartens schon für die nichtständigen Mitglieder des Patentamts

[38]) Wenn Degen a. a. O., S. 12/13 sagt, daß nur die ehrenamtlichen Richter die ihnen gestellten Aufgaben erfüllen könnten, so geht er m. E. zu weit.

lästig, so werden sie für nichtständige Richter, die im industriellen Leben stehen, geradezu unerträglich sein; die persönlichen Opfer mögen jedoch die beteiligten Kreise bringen, wenn sie sich von einer Änderung des bestehenden Zustandes Ersprießliches versprechen! Schlimmer ist, daß auch der Möglichkeit kurzer Vertagungen, die sich gerade im Zivilprozeß so zweckmäßig erweisen, sowie der Anberaumung von Publikationsterminen die Rücksicht auf die ehrenamtlichen Richter häufig entgegenstehen würde. Auch hier trifft der Vergleich mit den Handelsrichtern nicht zu, da diese für eine ganze Sitzung, die technischen Richter aber nur für einzelne Sachen einberufen werden können, es sei denn, man könnte die Termine so ansetzen daß ein Fachmann an einem Sitzungstage gleich bei mehreren Prozessen mitwirken kann; da sich dies fast kaum ermöglichen lassen wird, so müßte darunter natürlich auch die Schnelligkeit des Verfahrens leiden. Es kommt hinzu, daß die nur ehrenamtliche und gelegentliche Tätigkeit als Richter eine weniger innige Verschmelzung des juristischen und technischen Elementes zur Folge haben kann, und daß die technischen Richter wegen ihrer selteneren Heranziehung, sich weniger leicht und weniger schnell die unbedingt erforderlichen Kenntnisse des Rechts und des Rechtsganges aneignen könnten,[39]) mögen sie auch den Fortschritten der Technik, selbst auf den ihnen ferner liegenden Gebieten, folgen können. Nicht zu leugnen ist ferner, daß „sie meist unselbständig und unsicher in der Beurteilung patenttechnischer und -rechtlicher Fragen sein und bleiben, und nur zu leicht durch den Vorsitzenden und die juristischen Beisitzer beeinflußt und umgestimmt werden" werden. Durchschlagend erscheint jedoch ein anderes Moment, das gerade bei dem ehrenamtlichen Richter in bedeutend höherem Maße Geltung haben muß, als bei den nichtständigen Mitgliedern des Patentamts: von Schütz[40]) hat 1890, also vor dem Inkrafttreten der Patentgesetznovelle, die ja erst die ständigen technischen Mitglieder des Patentamts geschaffen hat, gegen die nichtständigen Mitglieder geltend gemacht, „daß ein großer Teil des Mißtrauens, welches anerkanntermaßen (!) dem Patentamt vom Publikum entgegengebracht wird, auf der irrtümlichen Annahme beruhe, die Mitglieder des Patentamts gehörten zum großen Teil dem Gewerbe an" und daß „dieses Mißtrauen noch überwuchert werde, wenn in der Tat die gewerblichen Kräfte in großer Zahl zur Tätigkeit am Patentamt herangezogen würden, da es ja in der Natur der Sache liege, daß sie in

[39]) Vergl. Tolksdorf, a. a. O., S. 90; Haeuser, Leipziger Kongreßberichte, S. 69.

[40]) Zeitschrift des V. D. I., 1890, S. 676 ff.

dem Zweige tätig sein müßten, in dem sie hervorragend sachverständig seien, daß sie also namentlich über Beschwerden ihrer eigenen Konkurrenten urteilen müßten". Diese Besorgnisse waren und sind für das Patentamt zweifellos ungerechtfertigt und übertrieben; mit weit mehr Fug und Recht wird man sie aber bezüglich der technischen Mitglieder der gemischten Gerichte hegen können. Und doch bedarf es gerade hier der absolutesten Unabhängigkeit und Unbefangenheit des Richters; er darf nicht nur nicht in eigener Sache urteilen, sondern er muß auch von der Mitwirkung in solchen technischen Prozessen ausgeschlossen sein, die auf seinen eigenen Beruf, sein eigenes Gewerbe von Einfluß sein könnten! Hier offenbart sich wieder die mehr öffentlich-rechtliche Natur und die weittragende Bedeutung der Patentprozesse, deren Wirkung über die unmittelbar Beteiligten hinausgreift, und häufig sich auf die Konkurrenz erstreckt. Dieser Konkurrenz wird aber der nichtständige, der Industrie entnommene Richter nicht selten angehören, auch wenn er nicht selbst Patente auf dem einschlägigen Gebiet besitzen sollte! Er wird in den meisten Fällen unter ihrer Herrschaft stehen oder doch groß geworden sein. Es wird daher die notwendige absolute Unbefangenheit dem technischen Richter im Ehrenamt mehr oder minder abgehen, und — noch schlimmer als dies — es wird seine Unparteilichkeit und Unbefangenheit im Publikum immer angezweifelt werden.[41]) Nicht treffender kann die Sachlage gekennzeichnet werden, als mit den Worten des Präsidenten des Kaiserl. Patentamts auf dem Leipziger Kongreß (Berichte S. 89): „Die großen Industriellen haben, wenn ich so sagen darf, keine Zeit für solche Dinge, und . . . sie sind befangen oder, — wenn sie es nicht sind, — fühlen sie sich befangen, und wenn sie sich selbst nicht befangen fühlen, dann wird nach außen doch sehr leicht die Idee entstehen, der Betreffende könnte vielleicht befangen sein; und schon die Existenz dieser Idee, auch wenn keine Spur eines tatsächlichen Anhalts ihr zu Grunde liegt, würde nach meiner Erfahrung genügen, um das Vertrauen in diese Gerichtsbarkeit zu erschüttern". Es hieße die Wucht dieser Worte abschwächen, wollte man ihnen etwas hinzufügen; selbstredend hat die Befangenheit der technischen Richter, die

---

[41]) Es sei hier auf die oben (S. 357) wiedergegebenen Äußerungen Duisberg's über die Sachverständigen zurückverwiesen; sein Urteil über die ehrenamtlichen Techniker hat er schon auf dem Kölner Kongreß (Kongreßberichte S. 34) dahin abgegeben: „Solche von Fall zu Fall zu berufenden Techniker, meist ohne die erforderliche Schulung in der Rechtsprechung, sind nicht genügend unparteiisch und haben auch oft von vornherein schon eine vorgefaßte Meinung."

8*

meist unbewußt vorhanden sein wird, nichts zu tun mit ihrem Gerechtigkeitsgefühl, ihrer Loyalität und ihrem Takt. — Die Bedenken gegen die Befangenheit der ehrenamtlichen Richter würden abgeschwächt werden, wenn man sie nicht aus den Kreisen der Industrie entnähme; hier kämen in erster Reihe die Professoren und Lehrer an den Hochschulen, für die besonders warm Bolze [42]) eintritt, sowie Staatsbeamte in Betracht; gegen erstere führt Tolksdorf, a. a. O., S. 90 mit Recht aus, daß „zahlreiche Hochschulprofessoren in sehr innigem Konnex mit der Industrie stehen, derart, daß sie einer Firma ihre Erfindungen zur gewerblichen Verwertung übertragen“; auch werden bekanntlich gerade Hochschulprofessoren mit Vorliebe zur Erstattung von Privatgutachten herangezogen. [43]) Wenn man nun auch den ehrenamtlichen Richtern von Gesetzes wegen oder im Verordnungswege die Erstattung von Privatgutachten untersagen könnte, [44]) so würde man damit zweifellos eine große Reihe sonst geeigneter Persönlichkeiten davon abschrecken, ein Amt zu übernehmen, dessen jährliche Besoldung unter Umständen nicht größer sein wird, als das Honorar, das ein oder zwei Privatgutachten einbringen werden. Hat doch auch schon auf dem Leipziger Kongreß der Präsident des Kaiserl. Patentamts für die Berufung von Professoren als nichtständige Mitglieder erklärt: „Die Professoren sind anderweitig so stark in Anspruch genommen, daß sie unserem Ruf und, wenn er in ziemlich verlockende Formen sich kleidet, nur selten folgen“. — Was aber die Techniker in Staatsstellungen anlangt, die vollkommen unabhängig, unbefangen und vielleicht auch infolge nicht zu starker Arbeitsüberlastung in der Lage sind, solche ehrenamtliche Richtertätigkeit nebenamtlich auszuüben, so ist zu bedenken, daß diese Herren meistenteils zu sehr Spezialisten auf einem Sondergebiet geworden sind, um einen genügenden Überblick über das nicht gerade einschlägige Gebiet zu haben; auch sind für eine ganze Reihe technischer Gebiete, — gedacht ist vornehmlich an die chemische, besonders die Farbstoff-Industrie, und die sogenannten Gewerbe des täglichen Lebens, — staatliche Techniker

---

[42]) D. J. Z. 1907, S. 1235; auch schon Entwurf einer Patentnovelle, 1890, S. 98.

[43]) Dem Verfasser ist aus seiner richterlichen Tätigkeit ein Fall bekannt, in welchem sämtliche in Betracht kommenden deutschen Hochschullehrer als gerichtliche Sachverständige nicht bestellt werden konnten, weil sie in irgendeiner Weise schon früher in der betreffenden Angelegenheit tätig geworden waren!

[44]) Ähnlich, wie den Beamten des Patentamts; vergl. § 12 des Reichsbeamtengesetzes v. 31. III. 1873 und Bekanntmachung des Patentamts v. 6. I. 1882 (Patentblatt 1882, S. 17 u. 1890, S. 9).

überhaupt nicht oder nicht in genügender Anzahl tätig; endlich wird sich bei der immer mehr zunehmenden Ausdehnung staatlicher industrieller Betriebe die Möglichkeit, staatliche Beamte zu ehrenamtlichen Richtern zu bestellen, immer weiter verringern![45]) Alles dies zeigt, daß der Heranziehung ehrenamtlicher Richter schwere prinzipielle und praktische Bedenken entgegenstehen. Diesen Bedenken hat sich auch der Deutsche Verein nicht verschlossen; wenn er sich trotzdem in seinen Vorschlägen II für die Zuziehung technischer Richter im Ehrenamt ausgesprochen hat, so ist dies offensichtlich nur geschehen, weil die ursprüngliche Forderung eines zentralen Patentgerichtshofes nicht durchführbar, für dezentralisierte Gerichte aber hauptamtliche Technikerrichter nicht erreichbar erschienen. Als fast übereinstimmende Ansicht der Industrie selbst — und sie hat hier den Ausschlag zu geben — muß es bezeichnet werden, daß nur Techniker im Hauptamt den an sie als Richter zu stellenden Anforderungen genügen würden. Dies ist namentlich auf dem Leipziger Kongreß mit aller Schärfe zum Ausdruck gekommen;[46]) auch sonst wird darüber in beteiligten Kreisen kein Zweifel gelassen. Dabei spielt auch noch der Gesichtspunkt eine Rolle, daß die Industrie, der durch die soziale Fürsorge, neue Steuern und die Verpflichtung zur Übernahme von Ehrenämtern immer neue Opfer auferlegt werden, sich gegen die Übernahme weiterer ehrenamtlicher Stellungen wehrt, denen sie nicht das Gewicht beimißt, um die damit verbundenen Opfer wett zu machen.[47]) Man höre nur die Stimmen aus der Industrie selbst, um beurteilen zu können, daß der Optimismus von Bolze unbegründet ist, der ausruft: „Die Industriellen und Sachverständigen, die Künstler, Schriftsteller und Verleger müssen nur Opfer bringen, sie müssen Mann für Mann antreten, auch die hohen Herren, sie müssen sich eintragen lassen, wie die Ingenieure ...

[45]) So könnten z. B. in Prozessen über drahtlose Telegraphie, über Schiffskessel, über Rohrrücklaufgeschütze, sowie die sonstigen das Heereswesen und die Marine angehende Patenten, wenn diese Prozesse gegen das Reich oder von dem Reich abhängig gemacht würden, staatliche Angestellte, z. B. Obertelegraphen-ingenieure, Militär- und Marinebeamte usw. nicht als Richter fungieren!

[46]) S. die bündige Erklärung Haeuser's auf dem Leipziger Kongreß, Berichte, S. 118; auch der Berliner Bezirksverein des V. D. J. verlangt hauptamtliche Richter.

[47]) Vergl. die beachtliche Äußerung des Dr. Steche, als Vertreters des Verbandes sächsischer Industriellen, Ortsgruppe Leipzig, Leipziger Kongreßberichte, S. 110. Über die sozialpolitische Belastung des deutschen Unternehmertums zu vgl. u. a. Deutsche Industrie-Zeitung, 1909, S. 631.

in die Listen, aus denen die wechselnden Beisitzer für die einzelnen Prozesse einberufen werden, um neben den ständigen Richtern das volle Stimmrecht über Tat- und Rechtsfragen auszuüben", — nach Bolzes Ansicht freilich „nicht im Hauptamt, sondern im Ehrenamt".[48]) Wenn schließlich geltend gemacht wird, daß aus einer etwaigen Befangenheit des technischen Richters sich Mißstände für die Beurteilung der Sache nicht ergeben würden, weil „im einzelnen Falle den Parteien immer noch die Möglichkeit der Ablehnung der Richter bleibe, von der — falls ein technischer Beisitzer in einer Sache befangen scheine — kein zu schüchterner Gebrauch gemacht werden werde",[49]) so zeigt dieser Einwand eigentlich schon, daß die gemischten Gerichte in praxi den Todeskeim in sich tragen; denn es kann keinem Zweifel unterliegen, daß das Verfahren vor diesen Gerichten infolge Richterablehnungen zu unerhörten Prozeßverschleppungen, vielleicht sogar zum Justizstillstand führen wird; diese Gefahr wird besonders bei dezentralisierten Gerichten bestehen, bei denen die Zahl der in Betracht kommenden technischen Richter nur eine geringe sein kann. Zu welchen unhaltbaren Zuständen dies führen muß, wenn z. B. über Anträge auf einstweilige Verfügungen zu beschließen ist, hat Wertheimer[50]) treffend dargetan. Man denke aber auch an die Fälle, in denen erst im Laufe des Verfahrens sich herausstellt, daß der oder die technischen Beisitzer irgend ein wirtschaftliches Interesse an der Sache haben, — wenn z. B. erst bei der Erörterung des Standes der Technik auf ein Schutzrecht zurückgegriffen wird, das dem Richter gehört oder gehört hat. Wer die Handhabung von Ablehnungsanträgen seitens böswilliger Prozeßparteien aus der Praxis kennt, darf nicht von vornherein die Rechtsuchenden darauf verweisen, daß sie „von diesem Recht einen nicht zu schüchternen Gebrauch machen" sollten!

Wenn auch hier wieder auf die günstigen Erfahrungen hingewiesen wird, die in Österreich mit den ehrenamtlichen Mitgliedern des Patentamts gemacht seien, so sei demgegenüber auf das verwiesen, was der Herr Präsident des österreichischen Patentamts (Leipziger Berichte, S. 84)

[48]) Deshalb ist auch anfechtbar, was die Vorschläge II, S. 15 sagen: „Die Auswahl kann unter den hervorragendsten Technikern des Bezirks getroffen werden und namentlich auch unter solchen, deren Persönlichkeit und Stellung Sicherheit für volle Unbefangenheit und für autoritative Beherrschung eines technischen Gebietes gewährt. In erster Linie wurde dabei an Professoren und Staatsbeamte, daneben auch an die hervorragendsten Kräfte der Industrie gedacht."

[49]) Vorschläge II, S. 13.

[50]) Wertheimer, M. & W., 1908, S. 156.

selbst ausgeführt hat: daß man nämlich, „wenn man die Techniker als Richter aus dem Kreise der Industrie nimmt, Personen bekommt, die so menschlich sind, daß sie, wenn sie einer Erfindung gegenüberstehen, die ihrem Geschäftsbetriebe nahe steht, nicht das nötige unparteiische Gewissen aufbringen"! Deshalb seien die nebenamtlichen Mitglieder des Patentamts und des Patentgerichtshofs ausschließlich aus Kreisen genommen, die nicht unmittelbar durch die Fragen der Industrie in ihren materiellen Interessen berührt würden, also aus dem Kreise der Professoren aller technischen Hochschulen Österreichs, aus Versuchs- und Lehranstalten und sonstigen staatlichen Anstalten, kurz aus einem Kreise von Personen, die vollständige Unabhängigkeit besäßen (wegen der derzeitigen Besetzung des Patentamts und Patentgerichtshofes s. österreichisches Patentblatt 1909, S. 1021 ff.). Was beweist dies nun für die deutschen Verhältnisse? Schon S. 385 ist darauf hingewiesen worden, daß die Industrie Österreichs bedeutend weniger entwickelt ist, als die unserige und daß die Zahl der einschlägigen Sachen sich auch nicht annähernd messen kann mit den deutschen Ziffern! Kann es da Wunder nehmen, daß bei der großen Zahl der zur Verfügung stehenden Kräfte die nichtständigen Mitglieder des Patentamts, da sie der Industrie nicht angehören, wohl nie in einen Gewissenskonflikt geraten können, wie er soeben als leicht möglich geschildert ist? Kann es da Wunder nehmen, daß bei einer so geringen Zahl von Prozessen, die noch dazu nicht im deutschen Zivilprozeßverfahren verhandelt werden, sich keine Schwierigkeiten bei der Terminsansetzung und Terminswahrnehmung ergeben? Im Gegenteil: Wären die Erfahrungen in Österreich ungünstige, so müßte man sogar nach einem anderen Grunde hierfür suchen! Also das österreichische Beispiel kann auch hier nicht maßgebend sein.

Es bleibt sonach nur die Möglichkeit, Techniker im Hauptamt zu Richtern der gemischten Gerichte zu bestellen; allerdings bieten solche Richter eine größere Gewähr für die notwendige Unabhängigkeit. Damit sind aber auch ihre Vorzüge im Vergleich zu ehrenamtlichen Richtern erschöpft. Zwar möchte der Befürchtung Degen's,[51]) daß denselben Gefahren, denen wir Juristen ausgesetzt sein sollen, diese Techniker in Wahrheit ausgesetzt sein würden, den Gefahren der „Einseitigkeit" und „Verknöcherung", nicht ausschlaggebendes Gewicht bei-

[51]) Gegen die Sondergerichte, S. 13; Runkel-Langsdorf, ZIndR. 1908, S. 133 ff.

zumessen sein: Die ständigen Mitglieder des Patentamts sind ein beredtes Beispiel dafür, daß ihre Beschäftigung sie nicht aus der Fühlung mit der Praxis gebracht hat; gegen diese Gefahr ließen sich auch Maßnahmen verschiedenster Art schaffen, auf die zum Teil Isay[52]) schon hingewiesen hat. — Nach dem S. 412 Gesagten kann auch das Bedenken, daß, wenn man sich für hauptamtliche Richter entscheiden würde, die Hochschullehrer von der Betätigung als technische Richter ausgeschlossen sein würden, weil „die meisten Professoren wahrscheinlich sehr gern im Nebenamt tätig sein, aber ihren Beruf nicht aufgeben würden",[53]) nicht zu schwer ins Gewicht fallen. Wichtiger ist schon, was Bolze, DJZ. 1907, S. 1234 im Hinblick auf die Unabhängigkeit der Gesinnung und des Charakters und ein durch eine jahrhundertelange Geschichte entwickeltes Standesbewußtsein des deutschen Richters in die Worte zusammengefaßt hat: „Der Richter taugt nicht zum Industriellen und Kaufmann, aber er taugt besser, als der Industrielle und Kaufmann, zum ständigen Richter". Ausschlaggebend wird aber sein, — worauf namentlich Geh. Rat Kübler auf dem Leipziger Kongreß nachdrücklich hingewiesen hat[54]) — daß die technischen Richter im Hauptamt sich nicht in die allgemeine Gerichtsorganisation einordnen lassen, weil dadurch der alte, in den §§ 2 und 4 des GVG. niedergelegte Fundamentalsatz der bestehenden Gerichtsorganisation, — daß im Hauptamt nur juristisch vorgebildete Personen zu Richtern ernannt werden könnten, — und zwar erstmalig,[55]) durchbrochen würde. Da aber die Garantien einer tunlichst einheitlichen Rechtsanwendung in einer gemeinsamen Vorbildung derer liegen, deren Lebensaufgabe die Anwendung des Rechts werden soll, und da, wie hinzuzufügen ist, den technischen Richtern nicht eine gleiche Vorbildung wie den Juristen gegeben werden kann, so erscheint es weder wünschenswert noch erreichbar, daß zugunsten einer kleinen, aber mächtigen Minderheit an einer der festesten Säulen unserer Gerichtsverfassung gerüttelt werden sollte, zumal jede praktische Erfahrung mit nicht juristisch vorgebildeten ständigen Richtern fehlt!

Das Ergebnis der vorstehenden Untersuchung ist also ein durchaus negatives: Ehrenamtliche technische Richter will die Industrie nicht haben und kann sie nicht gebrauchen; hauptamtliche technische Richter können

---

[52]) Gerichtsbarkeit, S. 27.

[53]) Prof Bucherer, Leipziger Kongreßberichte, S. 115.

[54]) Leipziger Kongreßberichte, S. 55.

[55]) Selbstredend kann hier die Analogie der Handelsrichter, die nur ein Ehrenamt bekleiden, nicht herangezogen werden.

und werden die Verbündeten Regierungen niemals bewilligen, weil sonst auch jeder andere Berufsstand die gleichen Forderungen stellen könnte!

Man hat nun noch daran gedacht, sogenannte „fliegende oder Reiserichter“ für größere Bezirke zu bestellen, und sie je nach Artung des einzelnen Falles, zur Besetzung der zuständigen Kammern heranzuziehen (vgl. Vorschläge II, S. 15). Es soll dagegen nicht geltend gemacht werden, daß die Stellung des Reiserichters „etwas komisches“ an sich hat; auch die englischen Reichsrichter sind zum Teil „Reiserichter“; auch daß diese Einrichtung unverhältnismäßig große Kosten und Umstände verursachen würde, kann nicht ausschlaggebend sein. Aber: wer soll den zuständigen Richter bestimmen? Der Vorsitzende? Er kann häufig der Sache gar nicht ansehen, welchem Gebiet der Technik sie zugehört! Ein unter Mitwirkung eines allgemein gebildeten technischen Richters gebildetes Kollegium? Auch für dieses werden sich genügend Schwierigkeiten ergeben, wenn nicht gar dieser Richter der Konkurrent einer der Parteien ist! Weiter: wie wird der Reiserichter die an verschiedenen Gerichten seines Bezirks anstehenden Termine wahrnehmen, heute hier, morgen dort, übermorgen vielleicht an drei verschiedenen Stellen tätig sein können? Man braucht sich nur die praktischen Konsequenzen dieses Vorschlags auszumalen, um ihn als völlig unannehmbar zu bezeichnen; er würde auf eine vollständige Lahmlegung unserer Justiz hinauskommen. Mit Recht hat der Präsident des Kaiserl. Patentamts (Leipziger Kongreßberichte, S. 89) noch darauf verwiesen, daß die Patentprozesse nicht in einem Termin erledigt werden können, also der Reiserichter zu jedem Termin anwesend sein müßte, auch schon zu solchen, in denen nur über die Vertagung der Sache zu beraten wäre! Man kann wohl annehmen, daß sich zu einer so außerordentlichen Inanspruchnahme kein einigermaßen zum Richter geeigneter Techniker hergeben würde; auch das Aushilfsmittel der Aktenversendung zur Information des Richters würde nicht verfangen; denn in jedem Termin müßte eben das ganze Richterkollegium voll versammelt sein. Daß man aber nicht, ähnlich den englischen courts of assizes, nur periodische Patentgerichtssessionen einrichten kann, zu denen gewissermaßen der „technische Reiserichter“ als Kommissar entsendet würde, liegt bei unserem Gerichtsverfahren auf der Hand.

Es würde sich hiernach eigentlich erübrigen, auf die Frage der Besetzung der gemischten Gerichte weiter einzugehen. Es soll jedoch auch noch darauf hingewiesen werden, welche Schwierigkeiten die Erlangung des geeigneten Richtermaterials machen würde.

In erster Linie sei auch hier wieder auf das Zeugnis des Präsidenten des Kaiserl. Patentamts Bezug genommen, der auf dem Frankfurter,[56]) Düsseldorfer[57]) und Leipziger Kongreß 1908[58]) ausdrücklich erklärt hat, daß „die Gewinnung des Personalersatzes für die ständigen Mitglieder des Patentamts die schwierigste und verantwortungsreichste Aufgabe sei und die höchste Sorgfalt erfordere". Hat sich aber schon die Besetzung des Patentamts, dessen Gehälter höher sind, als die der erstinstanzlichen einzelstaatlichen Richter, jahrelang nicht leicht erwiesen, so würde die Besetzung gemischter Gerichte, in welcher Gestalt auch immer, noch weit größere Schwierigkeiten machen; denn es würde nicht nur, wie der Herr Präsident in Frankfurt a. M. gesagt hat, das Patentamt mit in Wettbewerb treten, sondern es würden die verschiedenen erstinstanzlichen, vielleicht gar noch die zweitinstanzlichen Gerichte geeignete Kräfte für sich beanspruchen! Die Vorschläge I, S. 10 nehmen zwar an, daß es „genügend Techniker von technischem Wissen und ausreichenden Fähigkeiten gebe, welche sich durch den (im Vergleich zur Industrie) zwar geringeren, aber sicheren Gehalt, die Aussicht auf Pension und die Möglichkeit auf Erwerbung eines Titels bestimmen ließen, evtl. auch auf eine bessere Stellung in der Industrie zu verzichten"; einen gleichen Gesichtspunkt vertreten die Vorschläge II, S. 13. Wenn an beiden Stellen zur Stützung dieser Ansicht auf die Besetzung des Patentamts hingewiesen wird, so kann dies gegenüber den oben erwähnten Mitteilungen des Präsidenten des Patentamts natürlich nicht ins Gewicht fallen. Auch die Lockung mit Titeln, etwa eines Königl. Gerichtsingenieurs[59]) (vielleicht auch Ehrenzeichen), dürfte kaum verfangen. Was die Gehaltsfrage anlangt, so mag es ja richtig sein, daß eine ganze Reihe mittlerer Techniker, vielleicht auch älterer erfahrener Ingenieure, gern bereit wäre, ihre Stellung in der Industrie mit Staatsstellungen zu vertauschen, die ihnen jedenfalls eine gesetzliche Pension sichern würden; denn, während früher die Gehälter in der Industrie die staatlichen Gehälter bei weitem übertrafen, sind, wie neuere Untersuchungen dargetan haben, in den letzten Jahren nur die Gehälter der leitenden Persönlichkeiten der Industrie außerordentlich gestiegen, die der mittleren Angestellten dagegen

[56]) Damals noch als Vertreter des Reichsamts des Innern; Frankfurter Kongreßberichte, S. 41.

[57]) Düsseldorfer Kongreßberichte, S. 41.

[58]) Leipziger Kongreßberichte, S. 89; s. auch Fehlert, in der Sachverständigensitzung des VDMA., a. a. O., S. 86.

[59]) Vergl. Stöcker, Technik und Wirtschaft, 1909, S. 42.

nicht entsprechend gewachsen; geht doch unsere wirtschaftliche Entwickelung dahin, die frei und unter eigener Verantwortlichkeit schaffenden Individualitäten der Privatindustrie immer mehr zu beamteten Gliedern herabzudrücken, und damit ihr Einkommen und ihre soziale Stellung zu schmälern, so daß das Drängen weiter akademisch gebildeter Kreise, namentlich der Techniker, in staatliche Stellungen zu gelangen, zumal im Hinblick auf die starke Vermehrung des technischen Nachwuchses, einigermaßen erklärlich wird; deshalb erscheint es auch nicht unwahrscheinlich, daß sich mittlere Techniker nach den Richterstellen drängen würden. Eine ganz andere Frage aber ist es, ob gerade diese Techniker geeignet sein werden, das verantwortungsvolle und schwere Amt eines Richters auszufüllen, und ob die Industrie sich Rechtssprüchen, die unter Zuziehung solcher Techniker gefällt werden, beugen wird. Es liegt in der Natur der Sache, daß Herren, die in der Industrie mit solchen Gehältern zufrieden sein müßten, wie sie den vom Staate gezahlten selbst unter Berücksichtigung der vom Staat zu zahlenden Pension entsprechen, nur Anfänger oder — nach einem Worte Düringers [60]) — „Mittelmäßigkeiten" sein könnten, nämlich „solche Techniker oder Patentanwälte, die in der Praxis nicht hinreichenden Erfolg finden"; und dies in einer Zeit, in der auf allen Gebieten des Lebens die besten gerade gut genug sind, um sich durchzusetzen! Von diesem Gesichtspunkte aus kann allerdings der Befürchtung v. Stahls (a. a. O., S. 248), daß mit der Einführung technischer Richter viele wertvolle Kräfte ihren für Volkswirtschaft und Gemeinwohl wichtigen Aufgaben entzogen würden, kaum beigetreten werden; grade die volkswirtschaftlich wertvollen Kräfte werden sich aller Voraussicht nach der Tätigkeit als Technikerrichter entziehen! — Daß die Gehaltsfrage für die Techniker nicht besonders verlockend sein kann, hat Wildhagen in seinem Vortrage „Gerichtsbarkeit in Schiffahrtsprozessen", S. 11 wohl auch dadurch anerkannt, daß er — äußerst geschickt — verlangte, es sollten die Gehälter, wenn sie auf die Dauer sich als unzulänglich erweisen sollten, erhöht werden, und zwar nicht nur für die Techniker, sondern auch für die Juristen; dieses Argument steht etwa auf derselben Stufe, wie das von Wildhagen gegen die Dauer der Prozesse angeführte; hier wie dort allgemeine, keine Sonderargumente für die Sondergerichte! Wenn schließlich Wildhagen darauf hinweist, daß man ja auch trotz der niedrigen Gehälter die erforderlichen rechtsgelehrten Richter für die notwendigen Stellen

[60]) Düringer, Richter und Rechtsprechung, S. 34; weit schärfer lautet noch das Urteil von v. Martius, a. a. O., S. 143.

finde, so ist auch dieses Argument unschwer zu widerlegen; denn der Richter, der als Jurist großgeworden ist, muß sich eben mit den Stellen, die der Staat ihm zur Verfügung stellen kann, begnügen; er weiß von vornherein, daß seine Aussichten durch die Zahl der erlangbaren Stellen begrenzt sind; ganz anders der Techniker, der seinen einmal gewählten Beruf, in dem er schon Jahre gestanden hat, aufgeben müßte; dem Juristen winkt schließlich auch noch die Aussicht auf Vorwärtskommen; der Techniker dagegen wird auf der einen Seite den Rückweg zur Industrie mehr oder weniger verschlossen finden, auf der anderen Seite aber in der technischen Richterlaufbahn ein Weiterkommen nicht erhoffen können; denn daß Techniker auch zur Berufungsinstanz zugezogen werden sollten, erscheint, — wie alsbald näher dargelegt werden wird, — ausgeschlossen.

Aus alledem ergibt sich, daß das technische Richtermaterial für die gemischten Gerichtshöfe nicht oder mindestens nicht in den geeigneten Persönlichkeiten vorhanden sein kann und wird.

§ 5.

Der Sachverständige hinter der Barre.

Aber selbst wenn sich genügend geeignete Techniker finden würden, die neben den Juristen auf der Richterbank Platz nehmen könnten, würde es sich weiter fragen, ob sich dann nicht neue Gefahren auftun würden, denen gegenüber das bisherige System (mit den weiter unten zu besprechenden Verbesserungen) bei weitem vorzuziehen wäre! Es mag hier unterstellt werden, daß der technische Richter die ihm von den Anhängern der Sondergerichte zugedachte Stellung (s. oben Kap. I, § 3) voll und ganz ausfüllt. Da wird zunächst die Besorgnis wach, daß er der Kontrolle durch die Parteien entbehrt. Denn während diese bei ihren Vorträgen vor einem nur juristischen Kollegium davon ausgehen können, daß der Jurist, grade weil er den technischen Dingen mehr oder minder unbefangen und unvoreingenommen gegenübersteht, nur das bei der Beurteilung der Sachlage berücksichtigt, was sie ihm vorgetragen haben, müssen sie beim technischen Richter befürchten, daß er seine eigene Sach- und Fachkunde ausschlaggebend wirken lassen werde, sie also etwaige technische Irrtümer der Richter erst aus dem Urteil ersehen können.[61]) Wenn man auch nicht mit v. Martius, a. a. O., S. 143 annehmen will, „die Gefahr der Fehl-

[61]) Vergl. namentlich Magnus, Reformvorschläge, S. 53; v. Martius, a. a. O., S. 143.

sprüche wachse hierdurch in dem Maße, daß das Urteil einer technischen Behörde, wie ein Zufallsspiel anzusehen ist", so bleibt doch die Tatsache bestehen, daß mindestens Überraschungen der Parteien durch die Urteilsfällung häufiger als bisher vorkommen und die Parteien dadurch noch häufiger in die Berufungsinstanz werden gedrängt werden. Auch können von technischen Richtern noch leichter, als von sachlich ganz unbefangenen, juristischen Richtern subjektive Meinungen als ausgemachte Tatsachen behandelt werden! Auf diese Gefahren ist seit Beginn der Patentgerichtsbewegung ständig hingewiesen worden.[62]) Wenn die Vorschläge II, S. 12 sie deshalb für nicht dringlich erachten, „weil der Vorsitzende sofort wieder die Verhandlung eröffnen werde, sobald in der Beratung Gesichtspunkte auftreten, die in der mündlichen Verhandlung noch nicht erörtert worden" seien, so übersehen sie, daß es sich in vielen, wenn nicht in den meisten Fällen gar nicht um das Auftreten neuer, sondern um eine neue technische Würdigung bereits erörterter Gesichtspunkte handeln wird; ferner, daß es für den juristischen Vorsitzenden, der ja vom Standpunkt der Sondergerichtsanhänger „Dilettant", d. h. ein Mann ist, der „die wahren Schwierigkeiten, die in der Sache liegen, nicht erkennt", außerordentlich schwer ist, festzustellen, ob und welche neue Gesichtspunkte in der Beratung aufgetreten sind. Deshalb hat auch hier Wildhagen[63]) ein anderes Argument in die Debatte eingeführt; er fragt, ob denn die Heimlichkeit der Beratungen ein solcher rocher de bronze sei, daß unter allen Umständen daran festgehalten werden müßte. Es bedarf keiner näheren Darlegung, daß auch diese Frage wieder nicht das Gebiet des gewerblichen Rechtsschutzes allein, sondern das gesamte Zivilprozeßverfahren betrifft, so daß dieses Argument zur Widerlegung von Einwendungen gegen die Sondergerichte schlechterdings nicht herangezogen werden kann; mit vollem Recht hat aber auch Wertheimer ausgeführt,[64]) daß die

---

[62]) Sie waren auch der Hauptgrund, aus dem sich der Ausschuß des Internationalen Vereins gegen die Zuziehung technischer Richter erklärt hat (s. J. d. Intern. Ver., 1898, S. 393 und 1902, S. 192); auf sie hat bereits Kohler in seinem Handbuch, S. 829, hingewiesen; sie sind auch auf dem Leipziger Kongreß und noch neuestens von Düringer, „Richter und Rechtsprechung", S. 32, in helles Licht gerückt worden; auch von Stahl legt auf sie (S. 243 seines Gutachtens) maßgebliches Gewicht; vgl. endlich auch Heimann in seinem mehrerwähnten Aufsatz.

[63]) Leipziger Kongreßberichte, S. 34 und Schiffahrtsgerichte, S. 11.

[64]) Leipziger Zeitschrift, 1908, S. 673; aus dem im Text angegebenen Grunde wird man sich auch nicht mit dem Vorschlage Lobe's befreunden können (JW. 1910, S. 131), daß den Parteien zunächst ein mit Tatbestand

öffentliche Beratung nur eine fortgesetzte Verhandlung sei und die Autorität, die jedes gerichtliche Urteil für sich beanspruchen müsse, bei ihr hinfällig werden würde! Wenn man erst zu solchen Argumenten seine Zuflucht nehmen muß, die eine grundlegende Änderung unseres ganzen Zivilprozeßverfahrens zur Voraussetzung haben, so zeigt dies doch, daß eine Besserung der Zustände nicht so sehr von der Zuziehung der Techniker, als von anderen Faktoren, insbesondere einer allgemeinen Reform der Zivilprozeßordnung, erwartet wird und zu erwarten ist.

Dazu kommt, daß der technische Richter nur zu leicht geneigt sein wird, von der Erhebung von Sachverständigenbeweisen auch da abzusehen, wo der Jurist solche noch beschließen würde. Statt vieler anderer Äußerungen[65]) zu diesem Punkt sei hier nur wiedergegeben, was der Präsident des Patentamts auf dem Leipziger Kongreß gesagt hat: „Das allerbedenklichste Element ist der Halbsachverständige, der glaubt, daß er volles Sachverständnis besitzt; das ist ein Element, vor dem wir uns hüten müssen, und ich möchte beinahe sagen, dieses Element ist fast noch gefährlicher, als der ganz unschuldige, der unbefangene Richter". Es liegt eben in der menschlichen Natur, daß der Sachkenner — und das wenigstens soll der technische Richter doch sein — es nur zu leicht für ein Eingeständnis mangelnder Sachkunde halten wird, wenn er selbst noch die Zuziehung von Spezialsachverständigen für erforderlich erklärt, die ihm gegenüber doch gewisser-

---

und Gründen versehener Urteilsvorschlag unterbreitet und ihnen Gelegenheit gegeben werden sollte, die Angriffe hiergegen in sachlicher und rechtlicher Hinsicht innerhalb einer Notfrist geltend zu machen.

[65]) S. besonders auch v. Martius, a. a. O.; S. 143 und Schlesinger, a. a. O., S. 248: „Ich halte die Steckenpferdchen, die ein Richter-Ingenieur haben könnte, für viel bedenklicher, als die eines autoritären Gutachters; denn letztere unterliegen der Kritik der Parteien. Ich habe gefunden, daß gut eingearbeitete Juristen viel häufiger die richtige Entfernung von der Streitfrage als ganzes bei der Urteilfindung einhielten, als der technische Sachverständige. Ich habe gefunden, daß der Ingenieur zu häufig die Lupe, ja das Mikroskop anwendet und dann den Wald vor Bäumen nicht sieht, wo der Jurist sich mit freiem Auge ohne weiteres den Gesamteindruck erhält". Zu vgl. Damme, D. J. Z. 1908, S. 398: „Auch findet man gerade bei Koryphäen vielfach Steckenpferdchen, deren Vorführung den Gutachten den Beigeschmack der Einseitigkeit zu verleihen droht". Ferner erklärte Justizrat Haeuser auf dem Kölner Kongreß, Kongreßberichte, S. 23: „Der Jurist, der nichts von der Sache versteht, ist mir lieber, als der Techniker, der nur ein Viertel oder die Hälfte versteht"; s. auch Patentanw. Heimann auf dem Leipziger Kongreß, S. 111.

maßen den Obergutachter spielen müßten, und daß er es als eine Art Zurücksetzung betrachten wird, wenn sein juristischer Kollege seinen Ausführungen auf technischem Gebiet nicht das Vertrauen schenkt, das die Zuziehung von Spezialsachverständigen überflüssig machen könnte. Ist es nicht bezeichnend, daß ein so hervorragender Sachkenner, wie Edwin Katz,[66]) gerade unter Hinweis auf die Praxis des Patentamts davor warnt, den technischen Sachverständigen nicht in zu weitem Maße auszuschalten, weil sich daraus die naheliegende Gefahr tatsächlicher Fehlsprüche ergebe? Wie würde sich dies erst gestalten, wenn nicht die erstklassigen Kräfte, die dem Patentamt in den Nichtigkeits- und Beschwerdeabteilungen zur Verfügung stehen, sondern die sogenannten „Mittelmäßigkeiten", (im Sinne Düringers) — deren Selbstbescheidung naturgemäß geringer ist, als die jener Herren, — zu Gericht sitzen würden? Zutreffend befürchtet daher Wertheimer,[67]) daß die technischen Richter infolge ihres Halbwissens auf einem Spezialgebiet den juristischen Richter auf Irrwege drängen werden, und das gemischte Gericht es eher unterlassen wird, aufklärende Fragen an die Parteien und Sachverständigen zu richten. Und sind nicht gerade auch in der Technik „die Meinungen oft nach Schulen und Richtungen so geteilt, daß, wenn man weiß, welcher Richtung der Mann angehört, man oft auch schon weiß, wie er die streitige Frage beantworten wird"?[68]) Ist im Vergleich zu solchen — im besten Sinne des Wortes — voreingenommenen Technikern der unbefangene Jurist mit technischer Vorbildung nicht „das kleinere Übel"? Und schließlich: Sind die beiden Techniker unter einander uneinig oder nicht imstande, die juristischen Mitglieder des Kollegiums aufzuklären und zu überzeugen, was nutzt dann ihre Zuziehung? Sie wird eher Verwirrung stiften!

Aus dem Gesagten ergibt sich denn auch die Antwort auf die Frage, die Wildhagen und Isay aufgeworfen haben,[69]) und die dahin geht: „wenn man schon anerkenne, daß es zweckmäßig sei, den Sachverständigen von vornherein zu allen Verhandlungen zuzuziehen und ihn in das Beratungszimmer hineinzunehmen, was hindere dann eigentlich, den weiteren Schritt zu tun und den Sachverständigen als gleichberechtigten Richter in das Kollegium zu setzen?" Diese Antwort lautet, daß

[66]) Leipziger Zeitschrift, 1908, S. 49 ff.

[67]) Wertheimer, M. & W., 1908, S. 156.

[68]) Max Burckhard, Der Richter, (Sammlung „Das Recht"), S. 73.

[69]) Wildhagen, Leipziger Kongreßberichte, S. 33 und 124; Isay, das., S. 48.

eben gerade dieser Schritt über die Barre von so großer und weittragender Bedeutung ist, daß derselbe Techniker, der bisher als Sachverständiger Vorzüglichstes geleistet haben mag, in demselben Augenblicke, in dem er die Richterbank betritt, aufhört, nur Sachverständiger zu sein und neue Pflichten überkommt, deren Erfüllung für die Gesamtheit mit den oben gekennzeichneten Gefahren verbunden sein muß. Das Ergebnis ist also auch hier: Der Sachverständige hinter der Barre ist abzulehnen!

§ 6.

Die Rechtsmittelinstanzen.

Wie auf dem Gebiet der Strafprozeßreform der Kampf noch um die Frage tobt, ob die Laienrichter auch zur Berufungsinstanz zugezogen werden sollen, so ist auch in der Erörterung über die Patentsondergerichte dieser Frage ein großes Gewicht beigemessen worden; hier kommt aber noch hinzu, ob man zentralisierte oder dezentralisierte II. Instanzen für die Sachen des gewerblichen Rechtsschutzes schaffen soll.

So lange man für einen zentralisierten Patentgerichtshof mit verschiedenen Kammern als I. Instanz eintrat, verstand es sich von selbst, daß man auch nur einen zentralisierten Patentgerichtshof II. Instanz ins Auge fassen konnte, der ebenfalls aus verschiedenen Senaten für die verschiedenen Gebiete der Technik bestehen sollte; es war auch nur folgerichtig, daß man für die II. Instanz ebenfalls hauptamtliche technische Richter forderte; die Senate sollten mit einem rechtskundigen Vorsitzenden, zwei rechtskundigen und zwei technischen Beisitzern besetzt sein. Dies war der Inhalt der Beschlüsse des Hamburger Kongresses 1902, der ja für die Kammern der I. Instanz nur einen Juristen (als Vorsitzenden) und zwei technische Beisitzer vorgesehen hatte.[70]) Dabei ist jedoch zu beachten, daß diesem zentralisierten Patentgerichtshof II. Instanz auch die Berufungen in Nichtigkeits- und Zurücknahmesachen übertragen werden sollten, die jetzt dem Reichsgericht obliegen. Schon im Jahre 1890 war v. Meibom[71]) für eine Lostrennung der Berufungen in Nichtigkeits- und Zurücknahmesachen von dem Reichsgericht eingetreten, vornehmlich weil er für sie „wegen ihres öffentlich-rechtlichen Charakters eine den Verwaltungsgerichten entsprechende Behörde und ein dem verwaltungsgerichtlichen entsprechendes Verfahren" für geeignet hielt, bei dem aller-

---

[70]) Hamburger Kongreßberichte, S. 12.

[71]) Bemerkungen zum Entwurf eines Gesetzes zur Abänderung des Patentgesetzes, S. 16.

dings Techniker und Juristen zusammenwirken sollten. Die Anhänger der Sondergerichte zielen jedoch, wie schon erwähnt, auf eine prinzipielle Einheitlichkeit der Rechtsprechung in allen Patentsachen ab, die sie nur dann als gewahrt ansehen, wenn der gemischte Gerichtshof auch über die Berufungen in Nichtigkeits- und Zurücknahmesachen zu entscheiden haben würde. Von noch anderem Standpunkt gehen diejenigen aus, die nur das Reichsgericht zu entlasten beabsichtigen; da jedoch nach Syring[72]) und der Begründung des Entwurfs eines Gesetzes betr. die Zuständigkeit des Reichsgerichts in den Jahren 1900—1908 nur 32, 33, 34, 50, 54, 49, 67, 69 und 88 Patentberufungssachen neu eingingen, deren Bearbeitung allerdings „einen bedeutenden Aufwand an Zeit und Mühe" für den zuständigen I. Zivilsenat erforderte, so wird die Beseitigung der Zuständigkeit des RG. umsoweniger zu empfehlen sein, als nicht nur die beteiligten industriellen Kreise mit der Rechtsprechung des Reichsgerichts fast ausnahmslos einverstanden sind, sondern als auch, wie ein Mitglied gerade dieses I. Senats, Reichsgerichtsrat Dr. Hagens, noch neuerdings ausgesprochen hat, „die völlige Ausschaltung des Reichsgerichts in Patentsachen eine capitis deminutio des ersteren sein würde, von der großen Menge der Interessenten aber auch nicht gewünscht werde."[73]) Man wird deshalb den Ausführungen der oben genannten „Begründung" nur beipflichten können: „Für die Handhabung und Entwickelung des Patentrechts wird es nach allgemeiner Ansicht ersprießlicher sein, wenn wichtige Rechtsfragen von einem Gericht nachgeprüft werden, das gegenüber dem Patentamt eine unzweifelhafte Autorität besitzt. Dazu kommt, daß die Revisionen, die Verletzungen des Patentrechts zum Gegenstande haben, dem Reichsgericht unter keinen Umständen abgenommen werden können; die Entscheidung dieser Sachen erfordert aber Bekanntschaft mit dem Patentrecht und diese wird am besten durch die Beschäftigung mit den eigentlichen Patentstreitigkeiten erworben." Es verdient hier besonders betont zu werden, daß gerade der Deutsche Verein in einer Eingabe vom 18. III. 1910 an den Reichstag betr. den vorgenannten Gesetzentwurf (GewRSchutz, 1910, S. 65 ff.) ausdrücklich hervorhebt, daß die Nichtigkeitsklagen in letzter Instanz unbedingt bei

---

[72]) Gutachten zum 29. Deutschen Juristentag, III, S. 170/1.

[73]) DJZ., 1909, S. 1108; übereinstimmend damit schon Robolski, Theorie und Praxis, S. 180.

dem RG. verbleiben müssen und daß gerade deshalb die „gleiche Zentralinstanz auch für die Verletzungsklagen erforderlich sei"! Diese Notwendigkeit des vollen Zusammenhangs der gewerblichen Rechtsschutzsachen untereinander und mit dem Ganzen des Reichsgerichts spricht auch gegen den Vorschlag, den J.-R. Zelter in der DJZ. 1910, S. 49 zur Entlastung des Reichsgerichts gemacht hat, nämlich einen mit nur fünf Mitgliedern besetzten Senat „für gewerblichen Rechtsschutz" einzurichten, der für das Plenum nicht als Zivilsenat gelten sollte; auch ein solcher Senat würde nicht — wie Zelter annimmt — eines fortdauernden formalen Zusammenhangs mit dem Plenum entraten können; läßt man die gewerblichen Rechtsschutzsachen überhaupt dem Reichsgericht, so darf man auch dessen Organisation nicht antasten. Daß nach dem Vorschlage Zelters materiell die Rechtsprechung im Patentrecht dem Reichsgericht erhalten bliebe, ist nur ein Scheingrund! Auch R.-G.-R. Dr. Düringer hat (DJZ. 1910, S. 334 [3]) diesen Vorschlag abgelehnt. Man kann in ihm auch nicht etwa (vgl. ZJudR. 1910, S. 19) „den Kern zur weiteren Entwicklung des Sondergerichts" erblicken, da Zelter ebenso eine nur juristische Besetzung dieses kleinen Senates ins Auge gefaßt hat, wie der Abg. Dr. Junck, der im Reichstag am 14. IV. 1910 die Schaffung eines neuen Zivilsenats für das ganze gewerbliche Schutzrecht angeregt hat. — Da andererseits (vgl. S. 379) im Interesse des Patentamts diesem die erstinstanzliche Zuständigkeit in Nichtigkeits- und Zurücknahmesachen belassen werden muß, könnte die Entscheidung II. Instanz nur einer Behörde übertragen werden, die dem Patentamt im Instanzenzug des Reichs übergeordnet wäre, so daß auch für die Durchführbarkeit eines einheitlichen Berufungsgerichts für Patentverletzungs- und Nichtigkeitssachen ein zentraler Reichs-Patentgerichtshof Voraussetzung sein würde. Wenn Thoma (Bd. I dieser Gutachten, S. 104) die Zurücknahme- und Nichtigkeitssachen in II. Instanz einem zu schaffenden Reichsverwaltungsgericht, „dessen Senat dabei mit technisch gebildeten Beisitzern zu besetzen wäre", übertragen will, so spricht, von allem anderen abgesehen, dagegen wiederum (s. S. 378) die Erwägung, daß es sich bei den genannten Sachen nicht um die „Anfechtung eines Verwaltungsaktes" handelt und daß ein Verwaltungsgericht, das weder mit dem P.A., noch mit dem R.G. in Konnex steht, am wenigsten geeignet zur Entscheidung dieser auf technischem Boden erwachsenen Rechtsfragen erscheint. Lediglich für Zurücknahmesachen, die noch am ehesten zur Verwaltungsrechtspflege gezählt werden könnten, kann aber wegen ihrer verschwindenden Zahl und, weil auch bei ihnen die Auslegung des Patents meist die Hauptrolle spielt, der Vorschlag Thoma's nicht als empfehlenswert bezeichnet werden. Man wird also unter allen Umständen dem Reichsgericht die Berufungen in Patent- und Zurücknahmesachen belassen müssen.

Wenn nun die Anhänger der Patentsondergerichte, weil ein zentralisierter Patentgerichtshof I. Instanz nicht zu erreichen ist, für eine zentralisierte II. Instanz eintreten, so ist der Hauptgrund der (vgl. Vorschläge II; S. 17), daß die endgültigen tatsächlichen Feststellungen über ein gewerbliches Schutzrecht, namentlich über die Auslegung eines Patentes, einheitlich erfolgen müßten, solle nicht der Wert eines Patentes illusorisch werden.

Auch gegen ein solches zentralisiertes Gericht II. Instanz sind aber die oben schon hervorgehobenen Bedenken politischer Natur geltend zu machen; ja es erscheint noch mehr den herrschenden Grundsätzen über die Gerichtshoheit zu widersprechen, daß die tatsächlichen Feststellungen, die von den Untergerichten eines Bundesstaats getroffen worden sind, von einem zentralen deutschen Gericht sollten nachgeprüft werden können; eine solche Erscheinung wäre einzig in ihrer Art. Weiter würde ein zentrales Berufungsgericht die Parteien und sonstigen Prozeßbeteiligten durch die Notwendigkeit, nach dem Sitz des Gerichts zu reisen, erheblich belästigen. Demgegenüber kann der Gewinn, der in der Erzielung einer möglichst einheitlichen Rechtsprechung liegt, jedenfalls so lange nicht ausschlaggebend sein, als eine dritte Instanz bestehen bleiben soll. — Mag auch, ähnlich wie früher Werner v. Siemens (s. S. 314) Justizrat Haeuser (Leipziger Kongreßberichte, S. 69) erklärt haben, daß die Industrie, wenn man gemischte Gerichte erreichte und die II. Instanz zentralisiert würde, in diesen Fällen auf die III. Instanz verzichten könnte, so ist doch recht zweifelhaft, ob dies zweckmäßig sein und tatsächlich den Anschauungen aller Beteiligten entsprechen würde: denn eine Instanz, die noch das Tatsachenmaterial nachzuprüfen und infolge des beneficium novorum teilweise erst zu sammeln hat, kann nicht gleichzeitig auch für die Rechtseinheit Sorge tragen! Auch die genannte Eingabe des Deutschen Vereins vom 18. III. 1910 weist mit aller wünschenswerten Schärfe auf die Notwendigkeit hin, gerade für die Sachen des gewerblichen Rechtsschutzes die „mit bewundernswertem Verständnis" erfließende Rechtsprechung die RG. unbeschränkt aufrecht zu erhalten; besonders hierauf stützt sie ihren Haupteinwand gegen die Einführung des Difformitätsprinzips! Mit Recht weist sie übrigens darauf hin, daß es bedenklich ist, die

9*

Revision gegen Urteile auszuschließen, durch die über eine einstweilige Verfügung entschieden ist, wie es § 545, Abs. II des gen. Gesetzentwurfs vorschlägt; denn es lassen sich nicht nur Prozesse über gewerbliche Schutzrechte derat in die Länge ziehen, daß bei der kurzen Schutzdauer — namentlich in Gebrauchsmustersachen — eine einstweilige Verfügung vielfach allein eine Sicherung gegen Rechtsverletzungen ermöglicht, sondern es werden auch, wenn das RG. erst in einer einstweiligen Verfügungssache gesprochen hat, dadurch oft tatsächlich die Hauptklagen erledigt, weil es sich häufig nur um eine Auslegungsfrage handelt. Es besteht also auch von diesem Gesichtspunkt aus die Notwendigkeit der Aufrechterhaltung einer Revisionsinstanz, wenn auch einer Herausheburg dieser Sachen aus dem § 545, II des Entwurfs hier nicht das Wort geredet werden soll. Kann sonach ernstlich nicht von einer Revisionsinstanz abgesehen werden, so entfällt auch die letzte Stütze für die Errichtung einer zentralen II. Instanz.

Was sodann die Frage der Zuziehung von Technikern überhaupt anlangt, so gelten für die II. Instanz, eben als Tatsacheninstanz, dieselben Gründe für und wider; auch von Stahl führt a. a. O., S. 246 aus, daß die Beibehaltung einer ausschließlich rechtskundigen Besetzung in den höheren Instanzen mit dem Wesen der vorgeschlagenen Neuerung nicht vereinbar sei. Die Sachlage ist nur hier insofern noch bedenklicher, als der zweitinstanzliche technische Berufsrichter leicht in die Lage kommen kann, über die technischen Ausführungen nicht nur seiner erstinstanzlichen Berufsgenossen, sondern auch unter Umständen eines in I. Instanz vernommenen Spezialsachverständigen urteilen zu müssen; er wird also auch vom Fachstandpunkt aus der Sache noch befangener gegenüberstehen, als der erstinstanzliche Techniker! Wenn ähnliches auch heute schon, z. B. im Verhältnisse der Beschwerdeabteilungen zu den Anmeldeabteilungen des PA. vorkommt, so liegt dieser Fall doch anders, weil im patentamtlichen Erteilungsverfahren andere Fragen zu prüfen, die Techniker im Kollegium in der Mehrzahl sind, und die Vernehmung von Spezialsachverständigen in den Anmeldeabteilungen eine Seltenheit bildet.

Würde man für die II. Instanz technische Richter zulassen, so könnten wohl nur hauptamtliche Richter in Frage kommen; dies würde auch mit Rücksicht auf die höheren Gehälter, den höheren Rang und die geringere Zahl der erforderlichen Kräfte, sowie im Hinblick darauf durchführbar erscheinen, daß am Sitz oder in nächster Nähe der meisten Oberlandesgerichte sich Universitäten, Hochschulen, sonstige staatliche Anstalten und Industriezentren befinden. Allein auch hier gilt, daß unsere Gerichtsverfassung Berufsrichter nur mit der nach GVG. §§ 2 und 4 erforderlichen Vorbildung kennt! — Wollte man die Richter I. Instanz in die II. Instanz aufrücken lassen, so bestünde hier noch mehr, als bezüglich der erstinstanzlichen Richter die Gefahr, daß sie durch die längere Beschäftigung mit den Patentsachen die Fühlung mit den Fortschritten der Praxis verlieren würden; verfehlt ist die Gegenbehauptung, daß dieser Vorwurf der „Verknöcherung" viel mehr Berechtigung in Beziehung auf den juristischen Richter habe; denn er lernt die Fortschritte seines Faches eben durch die Tätigkeit in seinem Beruf, während der Techniker, der den Richterberuf ergreift, aufhört, nur noch Techniker zu sein, sich vielmehr bemühen wird, „Richter" zu werden! Auch ist nicht zu vergessen, daß, wenn man mit den Vorschlägen II, S. 17 nur die Qualität der Richter für die Besetzung der II. Instanz maßgebend sein ließe, man das Ansehen der erstinstanzlichen Richter herabdrücken würde.

Trotz aller dieser Bedenken ist in Leipzig ausdrücklich erklärt worden, daß die Zuziehung von Technikern im Ehrenamt für die I. Instanz nur unter dem ausdrücklichen Vorbehalt gutgeheißen werde, daß eine zentralisierte II. Instanz mit Technikern im Hauptamt geschaffen werde. Man hat also offensichtlich undurchführbare Vorschläge gemacht! Im einzelnen hat die Patentkommission des Deutschen Vereins für die Besetzung der Senate dieselbe Anzahl technischer und juristischer Richter (3 Juristen zu 2 Technikern) für genügend erachtet, wie für die I. Instanz.[74]) Hiergegen spricht, daß nach deutschem Recht grundsätzlich die Zahl der Richter höherer Instanz größer ist, als die der unteren Instanz.

Sofern man nicht die Notwendigkeit eines Revisionsgerichts überhaupt leugnet, sieht man hier von der Zuziehung technisches Richter ab, im wesentlichen wohl deshalb (vgl. die Vorschläge I, S. 13 und II, S. 17), weil das Reichsgericht lediglich Rechtsfragen nachzuprüfen habe. Man gibt also damit stillschweigend zu, daß eine Trennung der Rechts- von der Tatfrage möglich sei, ja man wünscht sogar ausdrücklich (Vorschläge II, S. 17), daß das Reichsgericht den technischen Tatbestand

---

[74]) Auch Tolksdorf, a. a. O., S. 96/7, der sich wohl am eingehendsten mit dieser Frage beschäftigt hat, verlangt für die II. Instanz nur 3 Juristen und 2 Techniker, während er für die I. Instanz 2 Juristen und 3 Techniker fordert, weil das Schwergericht bei der Behandlung der Streitigkeiten in II. Instanz auf die rechtliche Beurteilung der Fälle zu legen sei, — eine Begründung, die sich schwer mit seiner Ansicht vereinen läßt, daß sich die Rechts- und Tatfragen in Patentstreitigkeiten überhaupt nicht trennen lassen!

nicht nachprüfen solle! Man verzichtet damit gerade auf die Art der Auslegung von Patenten, die — unabhängig von dem Wortlaut des Patentanspruchs und dem Inhalt der Erteilungsakten — vornehmlich den Stand der Technik zur Zeit der Anmeldung als Auslegungsbehelf berücksichtigen will! Vom Standpunkt der Weiterentwicklung des Patentrechts und der Förderung der Rechtseinheit kann dieser Wunsch jedenfalls nicht als berechtigt anerkannt werden.

§ 7.

Patentstrafsachen.

Geht man an die Erörterung der Frage, ob sich für Patentstrafsachen aus dem Gebiet des gewerblichen Rechtsschutzes Sondergerichte empfehlen, so müssen alle die Argumente ausscheiden, die für die Zuziehung von Laienrichtern zur Strafrechtspflege im allgemeinen geltend gemacht werden; denn es handelt sich hier nicht um den Wert oder Unwert der Laienrichter überhaupt, sondern um die besondere Frage, ob besonders geeigenschaftete Laienrichter zu besonders gearteten Prozessen als Richter zugezogen werden sollen. Zieht man auch hier in erster Linie die Statistik zu Rate, um ein ungefähres Bild über die Bedürfnisfrage zu gewinnen, so wird auch sie große Überraschungen bieten. Allerdings berücksichtigt die deutsche Reichskriminalstatistik, die im folgenden allein zugrunde gelegt werden kann, nur diejenigen strafbaren Handlungen, die durch rechtskräftige richterliche Entscheidung erledigt sind, also nicht diejenigen Fälle, bei denen zwar ein Vorverfahren oder eine Voruntersuchung stattfand, das Hauptverfahren aber nicht eröffnet wurde. Es unterliegt keinem Zweifel, daß die letztgenannten Sachen bei weitem die Zahl der Sachen, die zu einer Hauptverhandlung führten, übersteigen; z. B. schwebten 1909 bei dem Landgericht Berlin II 86 Ermittelungsverfahren wegen Verletzungen gewerblicher Schutzrechte, während nur 7 zur Aburteilung gelangten; für das Landgericht Potsdam stellten sich die Ziffern auf 10 zu 0![75]) Da aber die Sondergerichtsbewegung sich ausschließlich mit

[75]) Amtlichen Quellen sind folgende Angaben entnommen: keine einschlägigen Ermittelungssachen kamen 1908 und 1909 vor in: Aurich, Göttingen, Hildesheim, Lüneburg, Verden, Limburg, Hechingen; seit 15. XI. 1907 bis Ende 1909 bearbeiteten die Staatsanwaltschaften bei den Landgerichten:
Cassel 6 P.=, 2 GM.=, 3 Wz.=sachen;
Aachen 20 „ 11 „ 16 „
Hannover 34 P.=, GM.= und damit zusammenhängende Wettbewerbssachen;
Saarbrücken 30 P.=, GM.= und damit zusammenhängende Wettbewerbssachen;

der Organisation der Gerichte, nicht mit der der Staatsanwaltschaften befaßt, so reicht für die hier zu untersuchende Frage das vorhandene Zahlenmaterial aus, welches daher nur die strafbaren Handlungen gegen § 36 PG. und § 10 GMG., beides für das Jahr 1907, umfaßt, soweit ein Hauptverfahren stattfand.[76]) Es ergibt sich nun, daß von den 29 Oberlandesgerichtsbezirken des Deutschen Reiches in 14 keine Strafsache wegen der beiden vorgenannten Delikte gezählt wurde, nämlich im Bezirk der Oberlandesgerichte Augsburg, Braunschweig, Cassel, Colmar, Darmstadt, Hamburg, Jena, Kiel, Königsberg, Marienwerder, Oldenburg, Posen, Rostock und Stettin. Im übrigen zählt die Statistik auf:

Im Oberlandesgerichtsbezirk	Strafbare Handlungen gegen	
	§ 36 PG.	§ 10 GMG.
Bamberg	1 (1)	—
Berlin	1 (1)	8 (0)
Breslau	2 (2)	—
Celle	2 (1)	—
Cöln	3 (1)	3 (0)
Dresden	—	2 (0)
Düsseldorf	—	4 (0)
Frankfurt a. M. . .	—	3 (0)
Hamm	—	1 (1)
Karlsruhe	1 (1)	—
München	—	1 (0)
Naumburg	2 (0)	1 (0)
Nürnberg	2 (0)	—
Stuttgart	1 (1)	3 (1)
Zweibrücken . . .	—	1 (1)
zusammen	15 (8)	27 (2)

Die eingeklammerten Zahlen betreffen die Verurteilungen.

Cleve 2 P.-, GM.- und damit zusammenhängende Wettbewerbssachen;
Altona 12 P.-, GM.- und damit zusammenhängende Wettbewerbssachen;
Osnabrück 5 gewerbliche Rechtsschutzsachen;
Stade 3 " "
Neuwied 7 " "
Coblenz 4 " "
Wiesbaden 1 P.- und mehrere Wz.-sachen.

[76]) Auch hier ist das Gebiet des Warenzeichenrechts nicht berücksichtigt worden, und zwar weder hinsichtlich der Verletzungen der §§ 14, 15 und 16 des

Aus der Kriminalstatistik ergibt sich weiter, daß die Zahl[77]) der wegen Verletzung des Wbezgef. §§ 14, 15 und 16, des PG. § 36 und § 40, des GMG. § 10 und des Gesetzes betreffend das Urheberrecht an Mustern und Modellen vom 11. Januar 1876, § 14 verurteilten Personen, berechnet auf 100 000 Personen der strafmündigen Zivilbevölkerung, in dem Jahrzehnt 1898 bis 1908: 0,40, 0,41, 0,41, 0,36, 0,43, 0,49, 0,50, 0,61, 0,64 und 0,56 betrug. Die absolute Zahl der wegen der genannten Delikte im Jahre 1907 rechtskräftig verurteilten Handlungen stellte sich: in Preußen auf 162, in Bayern auf 20, in Sachsen auf 16, in Württemberg auf 10, in Baden auf 9, in Braunschweig auf 5, in Sachsen-Altenburg, Schwarzburg-Rudolstadt, Reuß ä. L., Lübeck und Bremen auf je 1, in Hamburg und Elsaß-Lothringen auf je 3, zusammen also für das ganze deutsche Reich auf 233, von denen jedenfalls die große Mehrzahl auf Warenzeichenverletzungen kommt.

Es ist klar, daß bei einer so außerordentlich geringen Zahl vorkommender strafbarer Handlungen gegen das Patent- oder Gebrauchsmustergesetz, von denen keine einzige anders als mit Geldstrafe belegt wurde, die Frage des Bedürfnisses einer besonderen Gestaltung der Gerichte uneingeschränkt zu verneinen ist; während aber gegenüber der geringen Zahl der zivilrechtlichen Patentprozesse geltend gemacht wird, daß sie aufgewogen werde durch die Bedeutung und den Wert der verletzten Rechtsgüter, kann dies für den Strafprozeß nicht behauptet werden: es ist bekannt, daß die Hilfe der Staatsanwaltschaft fast niemals in den Fällen angerufen wird, in denen es sich um wertvolle Patente und hohe materielle Interessen handelt. Unsere Industrie hat, von ganz verschwindenden Ausnahmen abgesehen, an der Bestrafung eines armen Sünders und günstigstenfalls an einer Buße bis zum Betrage von 10 000 Mark kein Interesse! — Aber auch aus inneren Gründen ist die Bedürfnisfrage für eine besondere Gestaltung der Strafgerichte für Patent- usw. Sachen zu verneinen: Zwar hatte die Kommission für die Reform des Strafprozesses einen Antrag, die Privatklage auf die Fälle der §§ 36, 40 PG., § 10 GMG., §§ 14, 15, 16 Wbzgef. und § 14 des Geschmacksmuster-

---

Warenbezeichnungsgesetzes, noch auch hinsichtlich der strafbaren Handlungen, die durch Anwendung von Warenbezeichnungen den Anschein eines Patentschutzes hervorrufen (§ 40 des Patentgesetzes).

[77]) Sie ist in der Reichskriminalstatistik nicht getrennt angegeben für die Vergehen gegen das Patent- und Gebrauchsmustergesetz und die sonstigen Vergehen gegen die Gesetze zum Schutz des geistigen Eigentums.

gesetzes auszudehnen, mit 17 gegen 4 Stimmen abgelehnt,[78]) Demnächst ist aber Reichsanwalt Dietz[79]) in seinem Gutachten zum 29. Deutschen Juristentag für eine Einschränkung des Legalitätsprinzips hinsichtlich der oben genannten Sachen eingetreten, und zwar namentlich mit Rücksicht darauf, daß, „wie die tägliche Erfahrung der Gerichte lehre, Strafanträge wegen Patent- und Gebrauchsmusterverletzung zu einem sehr großen Teile nur gestellt würden, um durch die Staatsanwaltschaft kostspielige Gutachten von Sachverständigen einholen zu lassen, oder es zu einem Vergleich mit dem Beschuldigten zu bringen, um dann nach Erreichung dieses Zweckes den Strafantrag oft wieder zurückzunehmen." Ja, man kann sogar behaupten, daß mitunter diese Strafanträge in fast erpresserischer Absicht gestellt werden. Denselben Standpunkt, wie Dietz haben Exzellenz Hamm und Staatsanwalt Feisenberger auf dem 29. Deutschen Juristentag eingenommen;[80]) auf Antrag Hamm hatte die III. Abteil. des Juristentages sich auch ausdrücklich für eine Einschränkung des Legalitätsprinzips mit Bezug auf Verletzungen des Urheberrechts, der Patente und Gebrauchsmuster ausgesprochen, das Plenum jedoch diesen Antrag abgelehnt. Erst die dem Reichstag jetzt vorliegende Neufassung des Entwurfs einer Strafprozeßordnung dehnt wieder die Privatklage auf alle Verletzungen des literarischen, künstlerischen und gewerblichen Urheberrechts, soweit sie als Vergehen strafbar sind, aus (§ 377, Nr. 5 und 8). Dieser Vorschlag wird hoffentlich zum Gesetz erhoben werden. Es fragt sich jedoch, ob so den bestehenden Mißständen genügend abgeholfen werden kann. Da nämlich, wie gesagt, der Strafrechtsschutz in der überwiegenden Mehrzahl der Fälle, namentlich bei Patent- und Gebrauchsmusterverletzungen, gemißbraucht wird, in den übrigen Fällen ein sofort zugreifender Schutz jedoch nicht erforderlich ist, so muß in erster Reihe diesem Mißbrauch gesteuert werden: man sollte daher die Strafverfolgung wegen dieser Delikte überhaupt erst nach rechtskräftiger Verurteilung wegen objektiver Patent- oder Gebrauchsmusterverletzung zulassen. So würde man verhindern, daß die staatlichen Strafbehörden nur zu dem Zwecke in Anspruch genommen werden, um dem angeblich Verletzten für ihn kostenlose Gutachten zu verschaffen, ihm womöglich Material zu Nichtigkeits- und Löschungsklagen zu besorgen oder irgendwie Zivilprozesse aus dem Wege zu räumen. Sache dessen, der einen Strafantrag stellen will, wäre

[78]) Protokolle der Strafprozeßkommission II, S. 47/8.

[79]) Gutachten zum 29. Deutschen Juristentag, Bd. III, S. 71 ff., 84/5.

[80]) Verhandlungen des 29. Deutschen Juristentags, Bd. V, S. 467 und 488.

es daher, zunächst durch Durchführung des Zivilprozesses den Beweis für sein ernsthaftes Interesse grade an der Bestrafung des Täters und für das Vorliegen einer objektiven Patentverletzung zu erbringen. Hiergegen kann nicht geltend gemacht werden,[81]) daß dadurch etwa der kleine Gewerbetreibende geschädigt werden würde, für den seine Erfindungen von großer wirtschaftlicher Bedeutung sein könnten und der nicht in der Lage sei, die Kosten eines langwierigen und kostspieligen Patentprozesses zu tragen; denn der Strafprozeß hat nicht die Aufgabe, den Rechtsuchenden billigen Zivilrechtsschutz zu gewähren oder ihn vorzubereiten; ist die Rechtsverfolgung im Wege des Zivilprozesses für kleine Gewerbetreibende wegen der damit verbundenen Kosten erschwert, so erleichtere man ihnen die Erlangung des Armenrechts! Auch der Einwand, daß die Sammlung des erforderlichen Beweismaterials für den Privatmann mit großen Schwierigkeiten verknüpft sei, schlägt nicht durch, weil dasselbe für alle die Fälle gelten müßte, in denen der Verletzte von der Anrufung der Strafgerichte überhaupt absieht. — Würde man dagegen die Zulässigkeit der Strafrechtsverfolgung abhängig machen von der vorhergehenden Verurteilung des Beschuldigten wegen objektiver Patentverletzung, so würde man auch auf diesem Gebiete eine einheitlichere und bessere Rechtsprechung erreichen; hat doch die Judikatur in Patentstrafsachen im allgemeinen unter der in Patentzivilsachen gestanden;[82]) wenn hier in letzter Zeit eine Besserung eingetreten ist, so ist dies auf die unten noch zu besprechenden Maßnahmen der Justizverwaltungen zurückzuführen. Weiter würde die Gefahr divergierender Entscheidungen der Zivilgerichte und der Strafgerichte auf ein Mindestmaß eingeschränkt werden. Man brauchte deshalb noch nicht die Strafgerichte an die Entscheidungen der Zivilgerichte zu binden; vielmehr sollte die Entscheidung des Zivilgerichts gewissermaßen nur eine Prozeßvoraussetzung für die strafrechtliche Verfolgung sein, ähnlich den Fällen, in denen die Verfolgung von einzelstaatlichen Verwaltungsbeamten — nach landesgesetzlichen Vorschriften — an die Vorentscheidung einer besonderen Behörde gebunden ist (vgl. EG. zum GVG. § 13)[83]). Der Strafrichter hätte also auch die Frage der objektiven Patentverletzung

---

[81]) Protokolle der Strafprozeßkommission II, S. 48.

[82]) Vgl. u. a. Magnus, J. W., 1907, S. 666.

[83]) Die Analogie des § 172 des StrGB., nach welchem der Ehebruch nur dann bestraft wird, wenn wegen dieses selben Ehebruchs die Ehe geschieden ist, kann nicht gut herangezogen werden, weil die Ehescheidung hier nicht Prozeßvoraussetzung, sondern Tatbestandsmerkmal ist.

selbständig zu prüfen, etwa so, „wie der ordentliche Zivilrichter über präjudizielle Rechtsverhältnisse, über privatrechtliche, wie selbst über öffentlich-rechtliche Fragen, soweit diese sein Urteil über den Streitgegenstand bedingen, auch dann zu befinden hat, wenn zur selbständigen Entscheidung hierüber ein anderer Richter zuständig wäre" (RG. i. ZivS., Bd. 71, S. 59). Für seine Entscheidung böte das Zivilurteil einen schätzenswerten Anhalt; weil er aber nicht an dieses Zivilurteil gebunden sein soll, würde das oben (S. 402) gegen eine Trennung der objektiven und der subjektiven Seite der Patentverletzungen geltend gemachte Bedenken hinfällig werden. Zweifellos würde ferner bei einer solchen Gestaltung der Strafrechtsverfolgung die Zahl der zur Anzeige bei den Staatsanwaltschaften kommenden einschlägigen Strafrechtsfälle bedeutend abnehmen. Ob man man nicht bei Annahme meines Vorschlags sogar das Legalitätsprinzip für diese Sachen unangetastet lassen könnte, bleibe hier dahingestellt.

Die Patentkommission des Deutschen Vereins hatte in ihrem Bericht für den Hamburger Kongreß davon Abstand genommen, eine besondere Behandlung der Patentstrafsachen vorzuschlagen und auch die Vorschläge I hatten diese Frage nicht erörtert; dagegen haben die Vorschläge II, S. 14 sich dahin ausgesprochen, daß die dezentralisierten gemischten Gerichte I. Instanz auch für die Entscheidung der Strafsachen zuständig sein sollten; sie erkennen ohne weiteres an, daß die Schaffung eines zentralen Patentgerichtshofs die Zuweisung der Strafsachen an die Sondergerichtsbarkeit ausschließen würde, erachten jedoch ihre Zuweisung an die dezentralisierten gemischten Gerichte für möglich, da auch hier die tatsächlichen Fragen eine ausschlaggebende Rolle spielten und es namentlich auch erforderlich erscheine, widersprechende Entscheidungen in denselben Sachen zu vermeiden. Unklar bleibt, wie es gehandhabt werden sollte, wenn mit den Vergehen der Patent- und Gebrauchsmusterverletzung ein anderes Delikt reell oder ideell konkurriert. Daß für das Gebiet des Strafprozesses ein Hin- und Herschieben der Sachen von einem Gericht zum anderen völlig ausgeschlossen ist, ist sicher. — Schon jetzt kann man übrigens, namentlich bei kleineren Gerichten, im Verwaltungswege Vorsorge treffen,[84]) daß dieselben Richter sowohl über die einschlägigen Zivil-, wie über die Strafsachen zu entscheiden haben.[85]) Ob man überall oder

---

[84]) Der Herr Staatssekretär des RJA. hat in der Sitzung des Reichstags v. 15. I. 1910 einen solchen Austausch als wünschenswert erklärt!

[85]) Vgl. Degen, a. a. O., S. 18; bemerkt sei, daß Guyer, Schweizer Juristen-Zeitung III, 50, sich gegen die Ausdehnung der Fachgerichte auf Strafsachen ausspricht!

auch nur an den meisten Orten die nötigen technisch vorgebildeten Schöffen zur Verfügung haben wird, ist äußerst zweifelhaft.

Alle diese Erwägungen sprechen zwingend gegen die Notwendigkeit und Durchführbarkeit der Errichtung von Patentsonderstrafgerichten.

Kapitel III.

Besserungsvorschläge.

Ist sonach im vorstehenden dargelegt worden, daß für Sondergerichte auf dem Gebiete des gewerblichen Rechtsschutzes kein Bedürfnis vorhanden ist, und daß befürchtet werden muß, sie würden statt der erwarteten Vorteile Nachteile mit sich bringen, so soll damit nicht gesagt sein, daß sich nicht auf diesem Gebiete im Rahmen der bestehenden Gerichtsorganisation Reformen empfehlen und durchführen ließen; statt „Revolution" heißt es auch hier „Reformation"! Diese Reformen werden sich in drei verschiedenen Richtungen zu bewegen haben, nämlich im Hinblick auf die Zuständigkeit der Gerichte, auf ihre Besetzung und die Ausbildung ihrer Mitglieder, sowie endlich auf das vor ihnen zu beobachtende Verfahren. Vorbildlich kann hier der schon oft genannte preußische Runderlaß vom 11. X. 1907 sein, dem sich die Justizverwaltungen der meisten übrigen Bundesstaaten angeschlossen haben, nachdem das Reichsjustizamt das Vorgehen Preußens zur Nachahmung empfohlen hatte. Wenn Anhänger der Sondergerichte versucht haben, den Wert dieser Verwaltungsmaßnahmen, und besonders des preußischen Erlasses dadurch herabzusetzen, daß sie sie als „Palliativmittel" oder „Mittelchen" bezeichneten,[1]) so steht dem entgegen, daß sogar von anderer gegnerischer Seite zugegeben worden ist, „es werde tatsächlich die Befolgung der von diesen Erlassen gegebenen Weisungen eine Besserung des bisherigen Verfahrens nach sich ziehen".[2]) Es sei auch besonders hervorgehoben, daß v. Stahl, a. a. O., S. 264 dem preußischen Erlaß das Zeugnis nicht versagt, er habe „Maßnahmen empfohlen, die nach den geltenden Gesetzen durchführbar und ihrem Zweck zu dienen vorzüglich geeignet sind, und er verdiene auch außerhalb des Staatsterritoriums, für das er ergangen ist, volle

[1]) Vorschläge II, S. 10; Fuchs, Recht und Wahrheit, S. 167.

[2]) Tolksdorf, Patentgerichte, S. 15; Wildhagen, Leipziger Kongreßberichte, S. 123.

Beachtung seiner nachahmenswerten Vorschläge." Wenn die Justizverwaltungen alsbald, nachdem der Ruf nach Patentsondergerichten einigermaßen substantiiert erklungen war, besondere Maßnahmen ergriffen haben, so müssen zum mindesten deren Wirkungen einige Zeit abgewartet werden. Tatsächlich sind mit ihnen schon vorzügliche Ergebnisse erzielt worden und es besagt deshalb wenig, wenn wiederum völlig beweislos in der erwähnten Sachverständigensitzung des Vereins deutscher Maschinenbauanstalten vom 7./8. XII. 1909 (Verhandlungsberichte, S. 67) behauptet worden ist, auch die seit dem Leipziger Kongreß mit der Rechtsprechung der ordentlichen Gerichte in Patentsachen gemachten Erfahrungen hätten „eine sichtbare Besserung der Zustände bisher nicht gezeitigt, und die Verwaltungsmaßnahmen seien als geeignet und ausreichend nicht anzuerkennen."

§ 1.

Die Konzentration der Sachen bei bestimmten Gerichten.

Schon in den Berichten zu dem Londoner internationalen Kongreß für gewerblichen Rechtsschutz war darauf hingewiesen worden, daß es sich empfehlen würde, die Streitigkeiten des gewerblichen Rechtsschutzes bei größeren Landgerichten bestimmten Kammern zu überweisen.[3]) Diesen Gedanken hatte zunächst Magnus in seiner mehrerwähnten Schrift „Reformbestrebungen" S. 54 propagiert; er verlangte zugleich, daß auch die Bearbeitung der betreffenden Strafsachen bestimmten Staatsanwälten übertragen würde. Auch der Frankfurter und Kölner Kongreß des Deutschen Vereins beschäftigten sich mit der Frage der Konzentration der Sachen des gewerblichen Rechtsschutzes bei einer bestimmten Kammer bezw. einem bestimmten Senat und nahmen entsprechende Beschlüsse an.[4]) Nicht minder fand dieser Gedanke in der Literatur Anklang und ein preußischer Justizministerialerlaß vom 25. XI. 1904 — I. 3789 — suchte ihm Eingang in die Praxis zu verschaffen; eine entsprechende Geschäftsverteilung fand sich schon seit Jahren bei dem Reichsgericht und den Oberlandesgerichten. Wenn man nun auch bei den erstinstanzlichen Gerichten solche Sonderkammern schuf, so ging man mit Recht davon aus, daß durch die

[3]) Z. der Intern. Verein., Bd. II, S. 396; s. auch für England, das., S. 404.

[4]) Vgl. Kölner Kongreßberichte, S. 45; schließlich stellte auch der Pariser Kongreß des Internationalen Vereins eine entsprechende Forderung auf.

Konzentration und Häufung der Sachen an einer bestimmten Stelle sich die Richter eine größere Übung in der Bearbeitung dieser Sachen aneignen und gerade durch die häufigere Beschäftigung mit diesem Gebiete der Rechtspflege größeres Interesse, mehr Lust und Liebe für dasselbe gewinnen werden. Die Gerichte werden sich naturgemäß auch besser und leichter in die verwickelten wissenschaftlichen Fragen des Patentrechts vertiefen, die Bearbeitung der Sachen richtiger und geschickter anfassen und sich in die rein technischen, häufiger wiederkehrenden Grundfragen einarbeiten können; sie werden sich allmählich einen Überblick über die in Betracht kommenden Sachverständigen und Auskunftsstellen für Sachverständige verschaffen und in ganz anderer Weise, als wenn sie alle paar Jahre einmal mit solchen Dingen zu tun hätten, die einschlägige Literatur und Judikatur beherrschen lernen; dies alles muß — wie Erfahrung und Statistik bestätigen — eine größere Beschleunigung und sachgemäßere Erledigung dieser Prozesse zur Folge haben. Ferner wird auch dadurch, daß sich erfahrungsgemäß an wichtige Patente eine ganze Reihe von Prozessen anzuschließen pflegt, eine nicht geringe Ersparnis an Arbeit und Zeit eintreten, und sich eine einheitlichere Rechtsprechung erzielen lassen. Endlich wird durch die Zentralisation der Niederlassung von Spezialanwälten, die sich dieser Sachen mit Verständnis annehmen[5]), Vorschub geleistet werden. Alle diese Vorteile, die die Anhänger der Sondergerichte nur durch Errichtung eines einheitlichen gemischten Patentgerichtshofes glauben erzielen zu können, liegen offen zu Tage; wenn trotzdem nicht überall und nicht schon seit langem solche Maßnahmen getroffen worden sind, so erklärt sich dies daraus, daß, — wie ja die Statistik beweist —, an vielen Orten die Zahl der einschlägigen Prozesse so verschwindend klein ist, daß sich tatsächlich irgend welche Sondermaßnahmen nicht lohnen; auch darf nicht übersehen werden, daß es sich bei der Frage der Bildung von Sonderkammern bezw. Sondersenaten lediglich um eine Frage der richterlichen Geschäftsverteilung handelt, für die ausschließlich die Präsidien der Landgerichte bezw. der Oberlandesgerichte zuständig sind (§§ 62, 63, 121 GVG.), so daß die Justizverwaltungen eine solche Konzentration nicht unmittelbar

[5]) Vgl. auch Hüfner, im „Recht" 1910 S. 97ff., der noch besonders darauf verweist, daß die Beschäftigung bei einem mit gediegenen juristischen Kenntnissen ausgerüsteten und auch auf dem Gebiet der Technik erfahrenen Patentanwalt für Juristen, die später in Patentrechtsstreitigkeiten als Richter zu wirken haben, die beste Schule sei; ob dieser Ansicht unbedingt beizupflichten sei, kann zweifelhaft sein; wegen der Ausbildung der Juristen s. S. 445ff.

anordnen können.[6]) Die Vorzüge einer bei einzelnen Landgerichten und bei den Oberlandesgerichten durchgeführten Konzentration haben sich in der Praxis jedoch so sehr durchgerungen, daß nunmehr bei folgenden Landgerichten Sonderkammern für die Bearbeitung des gewerblichen Rechtsschutzes eingerichtet worden sind[7]): I. Preußen: 1. bei sämtlichen Landgerichten des Kammergerichtsbezirk; 2. Oberlandesgerichtsbezirk Breslau: Beuthen, Breslau, Brieg, Glatz, Gleiwitz, Glogau, Görlitz, Liegnitz, Neiße, Oppeln, Ratibor, Schweidnitz. 3. Oberlandesgerichtsbezirk Kassel: bei sämtlichen Landgerichten. 4. Oberlandesgerichtsbezirk Celle: Hannover, Göttingen, Osnabrück. 5. Oberlandesgerichtsbezirk Cöln: Aachen, Cöln, Saarbrücken. 6. Oberlandesgerichtsbezirk Düsseldorf: Crefeld (vom 1. 1. 1910), Düsseldorf, Duisburg, Elberfeld. 7. Oberlandesgerichtsbezirk Frankfurt a. M.: Frankfurt a. M., Wiesbaden, 8. Oberlandesgerichtsbezirk Hamm: Arnsberg, Bochum, Dortmund, Essen, Hagen, Münster. 9. Oberlandesgerichtsbezirk Kiel: Altona, Flensburg, Kiel. 10. Oberlandesgerichtsbezirk Königsberg i. Pr.: Königsberg i. Pr. 11. Oberlandesgerichtsbezirk Marienwerder: Danzig, Elbing, Thorn. 12. Oberlandesgerichtsbezirk Naumburg a. S.: Erfurt, Halle a. S., Magdeburg, Naumburg, Nordhausen, Torgau. 13. Oberlandesgerichtsbezirk Posen: Bromberg, Posen. 14. Oberlandesgerichtsbezirk Stettin: bei sämtlichen Landgerichten. — II. Bayern[8]): München I, Nürnberg, Frankenthal, Augsburg, Würzburg. — III. Sachsen: Dresden (hier sind die Sachen des gewerblichen Rechtsschutzes auch bei einer Kammer für Handelssachen zentralisiert), Plauen, Leipzig, Zwickau, Freiberg, Bautzen, Chemnitz. — IV. Baden: Karlsruhe, Pforzheim, Mannheim. — V. Hessen: Darmstadt, Mainz, Gießen. — VI. Hamburg: Hamburg. — VII. Elsaß-Lothringen: Metz, Straßburg. — Bei sämtlichen Oberlandesgerichten von Preußen, Bayern, Sachsen, Baden, Hessen, Hamburg und Elsaß-Lothringen sind auch in der Berufungsinstanz die Sachen des gewerblichen Rechtsschutzes einem besonderen Senat zugeteilt.

---

[6]) Deshalb können auch die entsprechenden Ausführungen des preußischen Ministerialerlasses, soweit sie sich auf diese Fragen erstrecken, nicht anders, denn als beachtenswerte Ratschläge an die Gerichtspräsidien aufgefaßt werden.

[7]) Handel und Gewerbe, 1909, Nr. 26. Baden hat sich erst nach mehrfachen Eingaben der Mannheimer Handelskammer im Jahre 1910 diesem Vorgehen angeschlossen.

[8]) Für Bayern vgl. Handel und Gewerbe, XIV, 355.

Allerdings darf die Bedeutung dieser Einrichtung nicht überschätzt werden; denn sie besagt zunächst nur, daß bei den genannten Gerichten Sonderkammern bezw. -senate zur Verfügung stehen, die sich speziell — wenn auch nicht ausschließlich — mit der Bearbeitung der einschlägigen Sachen befassen. Ob diese Einrichtung die erhoffte und nachhaltige Wirkung haben wird, hängt ausschließlich davon ab, ob — wie der preußische Ministerialerlaß ausführt -- „sie durch Vereinbarung des Gerichtsstandes in wichtigeren Sachen unterstützt" wird. Der Erlaß nahm an, daß, wenn auch die Parteien sich zum Teil der Jurisdiktion dieser Sonderkammern zu entziehen versuchen würden, sich doch der Gedanke durchringen wird, daß diese Sachen jedenfalls in zweiter Instanz an einen besonders sachkundigen Senat kommen würden.[9] Allein die Erfahrung lehrt, daß nicht nur dolose Patentverletzer der Sonderzuständigkeit widerstreben, sondern daß, trotz vielfacher entsprechender eindringlicher Hinweise der Gerichtsbehörden (z. B. Celle, Köln, Frankfurt a. M., Hamm, Königsberg, Marienwerder), der Mehrzahl der Vorstände der Anwaltskammern und der Handelsvertretungen, von den Parteien, wie ihren Rechtsberatern häufig andere, als diese besonders bestimmten und besonders sachkundigen Gerichte bevorzugt werden, sei es, weil letztere zu weit entfernt und zu unbequem zu erreichen sind, sei es, weil die Zuziehung eines besonderen Anwalts erhöhte Kosten verursacht, sei es, weil die anderweitigen geschäftlichen Beziehungen der Handel- und Gewerbetreibenden nicht dorthin gravitieren, sei es, weil die Anwälte aus sonstigen Gründen nicht leicht geneigt sind, diese Sachen dem Landgerichte, bei dem sie zugelassen sind, zu entziehen, sei es endlich, weil die Parteien, für deren Prozeßinteresse nachteilige Vorentscheidungen ergangen sind, schwerlich bereit sind, auf diese Gerichte zu prorogieren; endlich haben sich in einigen Oberlandesgerichtsbezirken die in Betracht kommenden Landgerichte infolge der geringen Zahl der Sachen noch nicht solche Vertrauensstellung in den beteiligten Kreisen erringen können, daß sie eine Prorogation als besonders vorteilhaft erscheinen ließen. Häufig läßt sich auch die Zuständigkeit der Sonderkammern garnicht oder doch nur mit recht gewagten Rechtsdeduktionen oder sonstigen prozessualen Kunststücken begründen. Die praktischen Schwierigkeiten der Durchführbarkeit der Prorogation erkennen denn auch die Vorschläge II, Seite 11 und besonders Seligsohn, DJZ., 1909, S. 58 an. In der Praxis sind auch solche Prorogationen nach zuverlässigen Mitteilungen fast kaum

---

[9]) Geh. OJR. Kübler, Leipziger Kongreßberichte, S. 55.

vorgekommen. Es erscheint deshalb notwendig, die Benutzung der in Rede stehenden Einrichtung von dem guten Willen der Parteien unabhängig zu machen, d. h. sie zu zwingen, ihre Prozesse aus dem Gebiet des gewerblichen Rechtsschutzes vor bestimmten Kammern zur Erledigung zu bringen. Wenn auch die Entscheidung der Vereinigten Zivilsenate des RG. vom 18. 10. 1909, E. 72, S. 41 ff. in diesem Sinne günstig wirken mag, so genügt dies doch nicht; vielmehr ist dem oben S. 327 bereits mitgeteilten, von Reichsgerichtsrat Dr. Hagens auf dem Leipziger Kongreß gestellten und mit großer Mehrheit angenommenen Antrag [10]) der Vorzug zu geben.

Es sollte also für die in Betracht kommenden Streitigkeiten nur eine bestimmte Zahl von Landgerichten für zuständig erklärt werden; ob dies auf Grund eines Reichsgesetzes oder reichsgesetzlicher Ermächtigung durch Verwaltungsanordnungen der Bundesstaaten geschieht, ist unerheblich; wegen des möglichen Wechsels des Bedürfnisses dürfte der zweitgenannte Weg zu empfehlen sein.

Die Befürchtung,[11]) daß wohl kein Bundesstaat auch nur diesen kleinen, aber nicht unwichtigen Teil seiner Hoheitsrechte aufgeben werde, erscheint grundlos, weil die Bundesstaaten, soweit sie nicht eigene Oberlandesgerichte haben, sich bereits eines Teiles ihrer Hoheitsrechte begeben haben. Daß ferner dieser Vorschlag eine geringfügige Änderung des GVG. zur Folge haben müßte, kann ihn ebensowenig unannehmbar machen, wie der Umstand, daß er eine gewisse Erschwerung und Verteuerung der Prozeßführung zur Folge haben würde.[12]) Ohne gesetzliche Bestimmung der Zuständigkeit haben die Sonderkammern nur bedingten Wert!

Es ist weiter zu erstreben, daß die so gebildeten Kammern nicht nur die Streitigkeiten aus dem Gebiete des Patent- und Gebrauchsmusterrechts, sondern, soweit möglich, auch die Sachen des Warenzeichen- und Geschmacksmusterrechts, des unlauteren Wettbewerbs, soweit sie mit jenen in Zusammenhang stehen, sowie die Prozesse aus dem Gebiet des künstlerischen und geistigen Urheberrechts zu bearbeiten haben. Haben

---

[10]) Leipziger Kongreßberichte, S. 122 und 125; der Antrag wurde nicht begründet. Einen entsprechenden Vorschlag hatte der Verfasser bereits in seiner Schrift „Das Sachverständigenwesen", S. 58, Nr. 12, gemacht, indem er für Bildung besonderer Patentkammern bei den Landgerichten, die ihren Sitz am Sitz eines Oberlandesgerichts haben, eintrat.

[11]) Wertheimer, Leipziger Zeitschrift, 1908, S. 677.

[12]) S. d. Verf. Sachverständigenwesen, S. 48 u. Hüfner, a. a. O., S. 101.

diese Sachen doch alle mehr oder minder eine gemeinsame Wurzel, oft auch gemeinsame wirtschaftliche Beziehungen und werden sie doch zum Teil auch von denselben Rechtsgrundsätzen beherrscht. Auf der anderen Seite dürfen die so gebildeten Kammern nicht ausschließlich mit diesen Sachen betraut werden; dies könnte leicht eine gewisse Einseitigkeit der Mitglieder zur Folge haben, auch den Zusammenhang mit der übrigen Zivilrechtsprechung zerstören, ganz zu schweigen davon, daß dies auch aus naheliegenden Gründen für das Vorwärtskommen der Mitglieder dieser Kammern unzuträglich wäre; mit Recht hat daher der preußische Ministerialerlaß zu I. 3 darauf Gewicht gelegt, daß diesen Kammern auch noch gewöhnliche Rechtsstreitigkeiten zur Erledigung zuzuweisen seien. Sache einer geschickten Geschäftsverteilung ist es, keine Überlastung der Mitglieder dieser Kammern eintreten zu lassen; behaupteten doch früher die Sondergerichtsanhänger häufig, daß die Richter infolge ihrer Arbeitsüberlastung nicht in der Lage seien, sich so in die Sachen des gewerblichen Rechtsschutzes zu vertiefen, wie es für diese erforderlich sei (vgl. Vorschläge I, S. 6); bezeichnend ist, daß man auf dieses Argument, das noch auf dem Düsseldorfer Kongreß eine Rolle gespielt hat, nach dem preußischen Erlaß nicht mehr zurückgekommen ist. Um ein möglichst gründliches Einarbeiten der Richter in die ganze Materie zu ermöglichen, ist — wie der preußische Erlaß auch anerkennt — ein Wechsel der Mitglieder dieser Sonderkammern tunlichst zu vermeiden.[13])

Schließlich müssen erforderlichenfalls auch Kammern für Handelssachen zu Sonderkammern bestimmt werden; denn selbst, wenn man die Gebrauchsmustersachen, wie z erhoffen und wie dies auch in der Sachverständigensitzung des VDMA. vom 7./8. XII. 1909 für wünschenswert erklärt ist, bei der Revision des Patentgesetzes der Zuständigkeit der Kammern für Handelssachen entziehen wird, bleibt ihnen doch noch die große Zahl der Warenzeichen- und Geschmacksmustersachen. Es versteht sich endlich von selbst, daß den Sonderkammern auch die Berufungen in den von den Amtsgerichten entschiedenen Sachen des gewerblichen Rechtsschutzes zu überweisen sind.

In diesem Zusammenhange sei erwähnt, daß der preußische Ministerialerlaß auch für die Behandlung der Strafsachen durch bestimmte Dezernenten der Staatsanwaltschaften und besondere Strafkammern Fingerzeige gegeben hat; dement-

[13]) S. auch Degen, a. a. O., S. 18.

sprechend gibt es besondere ständige Dezernenten, die auch die Anklage im Hauptverhandlungstermin zu vertreten haben, bei den Oberstaatsanwaltschaften des Kammergerichts und denen in Köln und Düsseldorf, sowie bei den Staatsanwaltschaften der 3 Berliner und der meisten Landgerichte der Oberlandesgerichtsbezirke Breslau, Cassel, Celle, Cöln, Düsseldorf, Frankfurt a. M., Hamm, Kiel, Naumburg, Posen und Stettin, sowie bei den Landgerichten Insterburg und Memel. Sonderstrafkammern in dem Sinne, daß die einschlägigen Sachen vor eine bestimmte Strafkammer gehören, bestehen bei den 3 Berliner Landgerichten, ferner bei den Landgerichten in Altona, Breslau, Elberfeld, Duisburg (vom 1. 1. 1910), Düsseldorf, Essen, Hagen, Magdeburg, Frankfurt a. M., Wiesbaden, Cöln, Aachen, Saarbrücken, den Landgerichten des Oberlandesgerichtsbezirks Cassel und den meisten Landgerichten des Oberlandesgerichtsbezirks Breslau. Endlich liegen die Voruntersuchungen in den einschlägigen Sachen in der Hand eines bestimmten Untersuchungsrichters bei den Berliner Landgerichten, in Cöln, Aachen und Saarbrücken.

Bei der Frage der Zuständigkeit der Gerichte läßt es sich nicht umgehen, zu erörtern, ob man nicht die Landgerichte als ausschließlich zuständig für die einschlägigen Sachen erklären, und damit die Zuständigkeit der Amtsgerichte ganz ausschalten soll. Mit dieser Frage hat sich namentlich der Stettiner Kongreß des Deutschen Vereins beschäftigt; den Beratungen lag ein Referat des Rechtsanwalts Julius Magnus-Berlin zugrunde, der schon früher dieselbe Forderung vertreten hatte.[14]) Nachdem die Kompetenz der Amtsgerichte durch die Zivilprozeßnovelle vom 1. VI. 1909 von 300 auf 600 Mk. erhöht worden ist, ist sicherlich für einen Teil der Sachen des gewerblichen Rechtsschutzes, namentlich der Warenzeichen- und Gebrauchsmuster-Löschungs-, sowie der Geschmacksmustersachen nur mehr die Zuständigkeit der Amtsgerichte begründet und damit die des Reichsgerichts und der Oberlandesgerichte ausgeschaltet. Sicherlich bedeutet dies eine Gefahr für die Rechtseinheit, wie für die Inhaber von Schutzrechten, worauf namentlich auch in der erwähnten Eingabe des Deutschen Vereins vom 18. III. 1910 hingewiesen ist. Cantor[15]) nennt diesen Zustand einen solchen, der „dem Rechtsbewußtsein des zivilprozessualen Laien glatt ins Gesicht

---

[14]) Magnus, JW. 1907, S. 668, und besonders GewRSchutz 1908, S. 109 ff.; ferner Vorschläge III, S. 31 und Stettiner Kongreßberichte, S. 133; s. auch Wertheimer, JW. 1909, S. 639 ff.

[15]) ZIndR., 1909 S. 138.

10*

schlägt"; daß eine Besserung dieses Zustandes durch Änderung der jetzigen Rechtsprechung über die Streitwertfestsetzung eintreten werde,[16]) ist kaum zu erwarteu. Nichtsdestoweniger schießt das Verlangen, die Landgerichte ohne Rücksicht auf den Wert des Streitgegenstandes in I. Instanz als ausschließlich zuständig zu erklären, über das Ziel: Zunächst erscheint es durchaus aussichtslos, daß unmittelbar nach der Verabschiedung der Zivilprozeßnovelle eine Änderung über die Zuständigkeit der Amtsgerichte zu erreichen sein sollte. Ganz ausgeschlossen aber ist es nach Lage der Sache, auf diese Weise das Reichsgericht zum Revisionsgericht auf Grund des § 547, Nr. 2 ZPO. zu machen, in einer Zeit, wo alle möglichen Versuche angestellt werden, das Reichsgericht zu entlasten. Zu diesen mehr äußerlichen Gründen kommt aber noch der innere, auf den namentlich Degen, a. a. O. S. 18 treffend hingewiesen hat, daß gerade wegen des plutokratischen Charakters der Erhöhung der Revisionssumme die Entziehung der Revisionsinstanz eine möglichst ausnahmslose sein muß; mit demselben Fug und Recht, mit dem für die Sachen des geistigen Eigentums solche Sonderwünsche geltend gemacht werden könnten, könnten sie auch für andere Sachen erhoben werden. Übrigens wird man sich in den sicherlich doch nicht zahlreichen Fällen meist durch Erhebung einer Widerklage oder Verbindung der Unterlassungsklage mit einer Schadenersatzklage helfen können, mögen auch Anwälte und Parteien von diesem Aushilfsmittel bisher nicht gern Gebrauch machen.[17]) Auch die verschiedentlich in den Vordergrund gerückte Tatsache, daß den gewerblichen Schutzrechten Tragweite für das ganze Deutsche Reich innewohnt, also die Gefahr verschiedener Rechtsprechung durch die Amtsgerichte besonders groß wird, kann m. E. die erstrebte ausschließliche Zuständigkeitsbestimmung nicht rechtfertigen;[18]) denn auch andere Rechtsverhältnisse hätten sonst den Anspruch auf gleichmäßige Behandlung. — Anders läge es mit dem, auch von Degen gemachten Vorschlage, diese Sachen wenigstens der Kompetenz der Amtsgerichte zu entziehen und sie den Landgerichten zur erstinstanzlichen Entscheidung zu überweisen, auch wenn sie 600 Mk. und weniger Streitwert haben; einerseits würde dadurch die Zulässigkeit der Revision an das Reichsgericht vermieden, andererseits aber diesen Sachen die Wohltat der landgerichtlichen Sonderkammern zugängig gemacht werden; eine Überlastung der Landgerichte würde davon

---

[16]) Cantor, a. a. O. und Magnus, Stettiner Kongreßberichte, S. 134.

[17]) Magnus, GewRSchutz 1908, S. 111.

[18]) S. besonders Exzellenz Hamm, Stettiner Kongreßberichte, S. 136.

nicht zu befürchten sein. In diesem Sinne wäre gegen den Beschluß des Stettiner Kongresses: „Es ist wünschenswert, daß im GVG. Streitigkeiten aus dem Gebiete des gewerblichen Rechtsschutzes ohne Rücksicht auf den Streitwert in erster Instanz den Landgerichten zugewiesen werden", nichts einzuwenden;[19]) eine Notwendigkeit für solche Regelung ist aber zu verneinen, wenn man die Berufungen ebenfalls vor die Sonderkammern der Landgerichte bringt.

§ 2.

Vor- und Ausbildung der Richter.

Fast noch wichtiger, als die vorerwähnten Maßnahmen der Justizverwaltungen bezüglich der Einrichtung von Sonderkammern erscheint die Besetzung der Gerichte mit den geeigneten Kräften; gilt doch hier, vielleicht noch mehr als auf sonstigen Gebieten der Rechtspflege, das Wort: „Men, not measures". Ist im ersten Kapitel, § 2 eingehend dargelegt worden, welche Anforderungen an einen juristischen Richter zu stellen sind, der dazu berufen ist, in Sachen des gewerblichen Rechtsschutzes Recht zu sprechen, so ist hier zu untersuchen, wie man am besten und zweckmäßigsten so befähigte Richter ausbilden kann.

Wenn es auch zu weit geht, zu behaupten,[20]) „die Frage der Gerichtsbarkeit in Patentsachen sei im wesentlichen gar nicht eine Frage der Gerichtsverfassung, sondern eine solche der richterlichen Vorbildung," — so kann sie doch nicht gelöst werden, ohne daß Klarheit darüber geschaffen ist, ob bei der jetzigen Ausbildung der Juristen sich das vorerwähnte Ziel wird erreichen lassen.[21]) Es kann hier natürlich nicht die Frage der Vorbildung der Juristen im allgemeinen oder auch nur die Frage, ob die humanistische Vorbildung für die heutige Juristenwelt die geeignete oder einer mehr realistischen Vorbildung der Vorzug zu geben ist, andeutungsweise erörtert werden. Es kommt hier vielmehr nur darauf an, zu zeigen, wie denjenigen Juristen, die zur Rechtsprechung in Sachen des gewerblichen Rechtsschutzes berufen sind, die dazu erforderliche Vorbildung vermittelt werden kann. Hierbei wird zu beachten sein, daß die starke Strömung, die sich in unserem öffentlichen Leben gegen die Juristen geltend macht, und die namentlich von technischer Seite genährt wird, gerade von der angeblich unzureichenden

---

[19]) S. Stettiner Kongreßberichte, S. 132 ff.

[20]) Isay, Gerichtsbarkeit, S. 5, ders., Leipz. Kongreßber., S. 44 u. 107.

[21]) S. auch Apt, Leipziger Kongreßberichte, S. 103.

Ausbildung der Juristen und ihrem angeblich mangelnden Fleiß ausgeht; wird doch auch von hervorragenden Juristen — erinnert sei an Zitelmann's Vorschläge — über die unzweckmäßige Art des theoretischen juristischen Universitätsstudiums geklagt. Eine Änderung des juristischen Universitätsstudiums wird kommen, weil sie kommen muß; und sie wird bald kommen müssen.

Diese Reform des Universitätsstudiums berührt aber unsere Frage nicht; denn weder während seines Studiums, noch während der Vorbereitungszeit — mag nun diese oder jene verlängert oder verkürzt werden — hat der junge Jurist genügend Zeit,[22]) um sich die notwendige technische Vorbildung einigermaßen zu erwerben. Wir können aber auch nicht einmal wünschen, daß unser gesamter juristischer Nachwuchs gewissermaßen mit „technischem Öle" gesalbt wird; denn so hochbedeutsam auch unsere Technik und Industrie heutzutage dasteht, so nimmt sie doch nur einen geringen Teil des großen Organismus der Rechtspflege in Anspruch; es wird es auch in absehbarer Zeit so bleiben. Die Anhänger der Patent-Sondergerichte überschätzen eben die Bedeutung der einschlägigen Prozesse für die Gesamtheit; wer daran noch den geringsten Zweifel haben sollte, müßte durch die vorn gegebenen statistischen Nachweise überzeugt werden. Nicht technisches Wissen allein, oder auch nur in erster Linie, ist heute für den Richter neben seiner Fachkunde erforderlich, sondern in weit höherem Grade noch Kenntnis des kaufmännischen Getriebes, Kenntnis der Buchführung, der Warenkunde, des Börsenverkehrs, der nationalen und internationalen Handelsbeziehungen; im Osten des Reichs werden für den Richter in weit höherem Grade Kenntnisse des Agrarrechts und solche landwirtschaftlicher Verhältnisse nötig sein, als in unserem industriereichen Westen. Es hieße Übermenschliches verlangen und Dilettanten züchten, wollte man den jungen Juristen auf allen diesen Gebieten ausbilden. Viel wichtiger ist es, in ihn einen Grundstock gediegener allgemeiner Rechtskenntnisse, schneller Auffassungs- und Beobachtungsgabe, logischen Denkens und Erkennens, gerechten Fühlens und unabhängiger Gesinnung, sowie einen offenen Blick für die Bedürfnisse des Lebens zu pflanzen. Erst auf diesem Boden wird man weiter arbeiten

[22]) Wird neuerdings doch, — und m. E. mit mindestens dem gleichen Recht, wie die Sonderausbildung auf dem Gebiet des gewerblichen Rechtsschutzes — noch die Einrichtung obligatorischer seminaristischer Übungen auf dem Gebiet des Strafrechts, und dem der forensischen Psychologie verlangt; s. StAR. Schwickerath, DJZ. 1910, S. 192, und Prof. Dr. Reichel in einem Vortrage in der Juristischen Gesellschaft zu Berlin vom 12. II. 1910.

können, um dem jungen Juristen zu einem brauchbaren Praktiker zu machen; mit anderen Worten: die Ausbildung des Juristen für ein Sonderfach darf nicht in die Universitätszeit, auch nicht schon in den Vorbereitungsdienst verlegt werden, sondern erst später einsetzen. Darüber, daß auch unter den Richtern eine Arbeitsteilung und infolgedessen für sie eine Spezialausbildung erfolgen muß, kann ein Zweifel nicht obwalten. Haben wir doch auch schon unter den Rechtsanwälten Spezialisten für Handels-, Erbrechts-, Liegenschafts-, Patentsachen! Und glänzen nicht auch unter unseren höchsten Richtern Koryphäen der Wissenschaft auf Sondergebieten? Diese Spezialisierung muß bei den jungen Richtern gepflegt werden; denn „in der Beschränkung zeigt sich erst der Meister"! Je nach der Bedeutung der Sondergebiete wird dann auch das zu ihrer Pflege erforderliche Richtermaterial zur Verfügung stehen. Da nach allem Vorhergesagten der Bedarf an technisch vorgebildeten Richtern nur ein geringer sein wird, so wäre es auch schon aus diesem Grunde verfehlt, das Hauptgewicht der nicht-juristischen Vorbildung der Juristen allgemein auf das technische Gebiet zu verlegen; denn nur ein geringer Teil der Juristen würde diese Kenntnisse praktisch verwerten können. Es wird mit Sicherheit angenommen werden können, daß der Bedarf an solchen Richtern bei weitem überdeckt werden wird, wie dies Geheimrat Kübler auf dem Leipziger Kongreß[23]) ausdrücklich betont hat; mit 15—20 Richtern würde der Ersatz für das ganze Reich jährlich vollauf gedeckt sein! Mit Recht ist darauf hingewiesen worden,[24]) daß auch die Militärverwaltung nur ihre Offiziere, nicht schon die Offiziersaspiranten zu mehrjährigem Studium auf die Militär-technische Akademie schickt, und daß in großen industriellen Betrieben auch erst die angestellten Juristen häufig eine Ausbildung in dem Zweige der Technik erfahren, zu dem das Unternehmen gehört. Von denselben Gesichtspunkten sollten die Justizverwaltungen ausgehen. Der Jurist, der das zweite Staatsexamen bestanden hat und sich diesem Zweige der Rechtswissenschaft zuwenden will, wird auch nicht mehr nur gezwungen und widerwillig den Mysterien der Technik und der Patentrechtswissenschaft gegenübertreten; er wird daher ein ganz anderes Streben, ganz anderen Ernst und eine andere Auffassungsgabe an den Tag legen, als der junge Jurist, der nicht einmal weiß, ob er die erworbenen

---

[23]) Leipziger Kongreßberichte, S. 53.

[24]) Kölnische Zeitung v. 15. VI. 1908, Nr. 636.

Rechtskenntnisse später einmal wird verwerten können, sei es, daß er die Klippe des Examens nicht wird umsegeln können, sei es, daß er sich einem anderen, als dem richterlichen Berufe zuwenden wird. Deshalb erscheint es zweckdienlich, daß erst der zum Richteramt für fähig befundene Jurist sich technischen Spezialstudien zuwendet, falls er die dazu erforderliche Neigung und Befähigung in sich fühlt; denn ohne diese beiden Postulate wird er, — wie nicht oft genug betont werden kann, — selbst wenn er theoretisch noch so gut vorgebildet ist, nichts Ersprießliches leisten können! Zeit dazu hätte der Assessor in der Spanne zwischen bestandenem Examen und der Anstellung. Praktisch ließe sich dieser Vorschlag so durchführen, daß man den Assessoren etwa einen zweijährigen Urlaub zum Studium technischer Wissenschaften gewährte. Allerdings würden sich für ihn die Fachvorlesungen, wie sie jetzt an den Hochschulen und Universitäten gehalten werden, nicht eignen, da sie auf eine Vollausbildung technischer Kräfte berechnet sind, eine solche aber für den Patentjuristen weder erforderlich, noch auch nur wünschenswert ist; der Jurist soll und kann sich nicht zum Techniker ausbilden, — (welchem Spezialgebiet sollte er sich auch zuwenden?) — sondern nur die Grundzüge der Physik, Chemie, Mechanik, Elektrizität und Wärmelehre in sich aufnehmen. Es werden deshalb, wenn auch nicht an allen, so doch an einzelnen Hochschulen, etwa Berlin, Dresden, München, Darmstadt, Danzig, Breslau entsprechende Vorlesungen, speziell für Juristen, eingerichtet werden müssen, ähnlich denen, die z. B. in der Vereinigung für staatswissenschaftliche Fortbildung in Berlin gehalten werden. Spezialvorschläge nach dieser Richtung zu machen, ist hier nicht der Ort; es sei jedoch erwähnt, daß auch von technischer Seite[25]) zugegeben wird, der Jurist könne sich die für diese Sachen erforderliche technologische Allgemeinbildung in etwa 1—2 Jahren vollkommen aneignen. Die Zeit, die der Assessor — dasselbe muß auch für den bereits angestellten Richter gelten — auf dieses Studium verwendet hat, wäre ihm auf sein Dienstalter anzurechnen. Selbstredend dürfte und könnte ein solches Studium keine Anwartschaft auf feste Anstellung oder auf die Berufung in eine der Spezialkammern begründen. Trotzdem wird die auf dieses Studium verwendete Zeit auf keinen Fall für den so ausgebildeten Juristen verloren sein, da er leicht in der Privatindustrie, im Kommunaldienst oder sonstigen staatlichen Stellungen Unterkommen finden wird;

[25]) So in verschiedenen Unterredungen, die Verf. über diesen Punkt mit hervorragenden Hochschullehrern hatte; vgl. auch Ephraim, ZIndR. 1907, S. 196 ff.

auch würde man sicherlich einem so ausgebildeten Juristen in der Verwaltung den Vorzug geben vor einem sogenannten „Verwaltungs-Ingenieur" im Sinne des Professors Franz, oder „Technokameralisten", der weder ein voller Ingenieur noch ein voller Jurist ist, während man es hier mit einem durchgebildeten Juristen zu tun hätte, der sich die auch für die Verwaltung wünschenswerten technischen Kenntnisse angeeignet hätte. Neben diesem Studium müßte und könnte eine Beschäftigung in technischen oder gewerblichen Betrieben einhergehen. In dieser Richtung kann namentlich der Erlaß des Bayerischen Staatsministeriums vom 5. XI. 1907 zur Nachahmung empfohlen werden, der darauf hinzielt, daß die Rechtspraktikanten vor ihrer Anstellung im Staatsdienst sich in derartigen Betrieben beschäftigen lassen. Um auch minderbemittelten, tüchtigen Kräften die Möglichkeit einer solchen gewerblichen Ausbildung zu eröffnen, könnte, wie dies in der Kölnischen Zeitung vom 15. VI. 1908 vorgeschlagen ist, die auf das Dienstalter anzurechnende Ausbildungszeit als Kommissorium remuneriert werden; sollten sich Staatsmittel dazu nicht finden lassen, so würde wohl die Industrie selbst bereit sein, einen Fond hierfür zur Verfügung zu stellen. — Als sehr sachdienlich hat sich endlich eine Beschäftigung der Assessoren im Patentamt erwiesen;[26]) hier haben sie in den Nichtigkeits- und Warenzeichenabteilungen Gelegenheit, sich mit der praktischen Anwendung des Patentrechts und dem inneren Dienst der patenterteilenden Behörde vertraut zu machen, sowie Übung und Erfahrung auf patentrechtlichem Gebiet zu erlangen. Man könnte vielleicht die Gesamtzeit der wissenschaftlichen Ausbildung auf der Hochschule und der mehr praktischen auf dem Patentamt auf drei Jahre erstrecken; zwei Jahre kämen auf das Studium, das letzte Halbjahr und dann noch ein volles Jahr auf die Beschäftigung als Hilfsarbeiter im Patentamt, dem diese Kräfte ebenfalls wertvolle Dienste leisten können.

Alle diese Vorschläge schließen natürlich nicht aus, daß auch schon in der Vorbereitungszeit für die Ausbildung geeigneter Kräfte das Erforderliche getan wird. Geht man davon aus, daß diese Maßnahmen dazu bestimmt und geeignet sind, das Interesse der jungen Juristen für dieses Gebiet der Rechtspflege zu beleben und ihnen, wie der Vertreter des Sächsischen Justizministers auf dem Leipziger Kongreß[27]) zutreffend dargelegt hat, „die methodische Behandlung des Rechtsfalles zu zeigen", so kann ihr Wert nicht hoch genug veranschlagt werden. In dieser

---

[26]) Vgl. auch Hüfner, a. a. O., S. 101.

[27]) Leipziger Kongreßberichte, S. 21.

Beziehung ist nun schon an verschiedenen Orten Vorzügliches durch Abhaltung von Ausbildungskursen auf dem Gebiete des gewerblichen Rechtsschutzes geleistet worden.[28]) Eine technische Ausbildung können und sollen sie natürlich nicht geben; viel eher läßt sich schon auf dem rein patentrechtlichen Gebiet eine gewisse Vollständigkeit erreichen. Werden sie aber mit Besichtigungen industrieller Unternehmen unter sachkundiger Führung verbunden, knüpft sich womöglich an die Vorträge eine Diskussion, werden vielleicht auch einfachere Fälle schriftlich bearbeitet, so können sie außerordentlich segensreich wirken. Wenn erst die Notwendigkeit technischen allgemeinen Wissens in immer weitere Kreise der Juristen gedrungen ist, so werden sich diese auch in ihrem eigenen Interesse an den in fast allen größeren Städten stattfindenden Vorträgen und Kursen technisch-wissenschaftlicher Art beteiligen und auch auf diese Weise an ihrer Fortbildung weiter arbeiten.

Bei der großen wirtschaftlichen Bedeutung und der Fülle moderner Rechtsideen, die das gesamte Gebiet des gewerblichen Rechtsschutzes, wie des Urheberrechts überhaupt, in sich birgt, wäre es aber zu wünschen,

---

[28]) Derartige Kurse werden bei dem Landgericht I Berlin seit Jahren von Justizrat Dr. Edwin Katz, mit Erläuterung der technischen Fragen durch den Professor Hartmann von der Technischen Hochschule, abgehalten; die Teilnehmerzahl belief sich im Winter 1909/10 auf etwa 350. So hat auf Veranlassung des Landgerichtspräsidenten zu Elberfeld Dr. jur. et phil. Kloeppel eine Reihe von Vorträgen über Patent- und Gebrauchsmusterrecht gehalten, an denen nicht nur die dem Gerichtsbezirk angehörenden Referendare, sondern auch eine größere Zahl von Richtern und Anwälten teilgenommen haben; diese Vorträge sind in dem ansprechenden Handbuch „Patentrecht und Gebrauchsmusterrecht" gesammelt herausgegeben; so hat ferner im Auftrage des Landgerichtspräsidenten zu Magdeburg der Landrichter Dr. Gülland ebenfalls technische und rechtliche Vorträge über gewerblichen Rechtsschutz gehalten, aus denen das bereits mehrerwähnte, ausgezeichnete Buch „Einführung im die zivilistische Praxis in Erfindungs- und Patentsachen" hervorgegangen ist; weiter haben Patentanwalt Dr. Wirth in Frankfurt a. M. und Rechtsanwalt Dr. Wassermann in Hamburg (auf Veranlassung der Hamburger Oberschulbehörde) vor jüngeren Juristen, und auch Gewerbetreibenden, eine Reihe einschlägiger Vorträge gehalten, welche letzteren unter dem Titel „Die Grundzüge des deutschen Patentrechts" im Erscheinen begriffen sind. In einer Reihe anderer preußischer Gerichte sind ähnliche Maßnahmen getroffen (z. B. in Hannover, Cöln, Aachen, Düsseldorf [für die am Oberlandesgericht beschäftigten Referendare], Kiel) oder beabsichtigt. Wo dies zurzeit noch nicht der Fall ist, ist entweder die Zahl der Referendare zu gering oder es mangelt an geeigneten Lehrkräften. Auch in Leipzig, Gießen und sonstigen außerpreußischen Industriezentren sind ähnliche Kurse eingerichtet.

daß, — wie der preußische Ministerialerlaß besonders hervorhebt, — dieses Gebiet bei den juristischen Prüfungen nicht unberücksichtigt bliebe; Voraussetzung dafür ist, daß auch an allen oder doch den wichtigsten deutschen Universitäten mehr, als bisher Vorlesungen über dieses Gebiet gehalten werden, das doch gerade, wie kaum ein anderes geeignet ist, den mehr oder minder trockenen theoretischen Stoff des sonstigen Zivilrechts zu beleben und abwechselnd zu gestalten! Leider liegt dieser Zweig der juristischen Ausbildung noch sehr im Argen, so daß auch erst in vereinzelten Fällen in den Staatsprüfungen auf dieses Gebiet eingegangen werden kann. — Wesentlich ist ferner — wie nachdrücklichst betont sei — gerade für diese Sachen die Kenntnis der modernen Verkehrssprachen, nicht nur wegen der internationalen Bedeutung dieses Rechtsgebietes, sondern auch wegen der häufigen Heranziehung ausländischer, namentlich englischer und amerikanischer, Patentschriften in deutschen Patentstreitigkeiten; eine Kenntnis aller Fachausdrücke ist selbstverständlich nicht erforderlich; der Richter soll aber nicht, wenn ihm in der mündlichen Verhandlung eine Stelle aus einer ausländischen Patentschrift vorgelegt wird, dieser hilflos gegenüberstehen. — Weiter müssen die Büchereien wenigstens derjenigen Gerichte, die Sonderkammern haben, die einschlägigen Werke der deutschen und der hauptsächlichsten ausländischen, d. h. der österreichischen, englischen, amerikanischen und französischen Literatur aufweisen. Die großen Fachzeitschriften und Sammelwerke sollten nicht nur von den Bibliotheken gehalten werden, sondern auch bei den Mitgliedern der Sonderkammern zur Einsicht umlaufen, wie dies z. B. beim Patentamt üblich ist Da im allgemeinen die den Gerichten für diese Zwecke zur Verfügung stehenden Geldmittel recht geringfügig sind, und kaum zur Anschaffung der notwendigsten juristischen Werke hinreichen, andererseits aber die technischen Werke meist kostspielig sind, so könnte auch hier die Industrie durch Gründung eines Bibliotheksfonds in ihrem eigenen Interesse Wertvolles leisten; eine jährliche Ausstattung mit 2000—3000 Mark würde sicherlich dazu genügen.

Das Gesagte zeigt, daß bei energischem Angreifen ein Stamm von Richtern geschaffen werden kann, der bei vollkommenster juristischer Durchbildung allen Erfordernissen genügt, die selbst die Anhänger der Sondergerichte an die Richter für diese Sachen stellen zu können glauben. Diese Juristen werden imstande sein, das zu leisten, was für eine ersprießliche Rechtsprechung erforderlich ist, ohne daß man es nötig hätte, unter Durchbrechung grundlegender Prinzipien sie zum Teil durch Techniker auf der

Richterbank zu ersetzen. Dann wird es nur noch Sache der Justizverwaltungen sein, die richtigen Männer an den richtigen Platz zu stellen. Dies wird aber, wenn erst das geeignete Richtermaterial zur Verfügung steht, unschwer zu erreichen sein.

§ 3.

Das Verfahren, insbesondere der Sachverständigenbeweis und die technischen Beistände.

I. Zu der Konzentration der Gerichte und zu ihrer richtigen Besetzung muß als drittes ein der Eigenart der gewerblichen Rechtsschutzsachen möglichst angepaßtes Verfahren treten. Allerdings kann im Rahmen dieses Gutachtens nicht auseinandergesetzt werden, wie für diese Sachen im allgemeinen das Verfahren gestaltet werden sollte; vielmehr kann es nur Zweck der nachstehenden Skizzierung sein, die Ausgestaltung des Verfahrens in Patentsachen unter dem Gesichtspunkt zu untersuchen, ob nicht Wünsche, deren Erfüllung die Sondergerichtsanhänger nur von gemischten Gerichten erwarten, sich auch schon bei den jetzt bestehenden Gerichten durchführen lassen, so daß die Notwendigkeit der Errichtung von Sondergerichten noch mehr entfällt.

Wie oben Seite 382 erwähnt, wäre es wegen des mehr öffentlichen Charakters der in Rede stehenden Prozesse an sich wünschenswert, den Parteibetrieb und die Verhandlungsmaxime zugunsten eines Offizialbetriebs und Untersuchungsverfahrens möglichst einzuschränken. Nach dem in dieser Arbeit eingenommenen Standpunkt, daß für die Patentstreitsachen nach Möglichkeit keine anderen Grundsätze Anwendung finden sollen, als für die anderen Prozesse, ist allerdings eine Durchbrechung der allgemeinen Verfahrensgrundsätze nicht zu empfehlen, zumal hoffentlich eine allgemeine Reform unseres Zivilprozesses eine straffere Struktur des Verfahrens nach österreichischem Muster mit sich bringen wird, und sich auch innerhalb des geltenden Rechts Mittel und Wege werden finden lassen, um dem genannten Ziel möglichst nahe zu kommen. Sie zu weisen, war eine der Hauptzwecke der preußischen Rundverfügung vom 11. X. 1907; auch der Verfasser hat bereits an anderer Stelle eingehend erörtert,[29]) in welcher Richtung sich solche Maßnahmen zu bewegen hätten. Hierher gehört in erster Linie eine gehörige Vorbereitung der Sachen durch die Parteien in vorbereitenden

---

[29]) GewRSchutz 1907, S. 155 ff.

Schriftsätzen, die den Streitstoff in rechtlicher und technischer Beziehung voll erschöpfen, ohne zu langatmig und zu breit zu sein. Hierher gehören die Vermeidung nutzloser Ladungen, die Ausgestaltung des ersten Termins zu einer Art Vortermin, in welchem das Gericht mit den Parteien über etwaige noch unklare Punkte verhandelt, auf Zweifelsfragen aufmerksam macht, die prozessualen Nebenpunkte erledigt werden usw.; ferner prozeßleitende Verfügungen des Gerichts zur Heranschaffung der erforderlichen Akten und Urkunden, namentlich der unentbehrlichen Patenterteilungsakten, die übrigens der Kläger sich vor Anstrengung eines Prozesses immer in beglaubigter Abschrift beschaffen und dem Gericht alsbald mit der Erhebung der Klage überreichen sollte;[30]) natürlich müssen auch die in Betracht kommenden Patentschriften, am besten in einer der Besetzung des Gerichts entsprechenden Anzahl, eingereicht werden. Wünschenswert ist ferner, daß auch Modelle der in Betracht kommenden Patente und angeblichen Nachahmungen auf der Gerichtsschreiberei niedergelegt werden, über deren Identität sich der Gegner vor dem Termin zu erklären hat. Schon diese kleinen Hilfsmittel werden dazu dienen, die Verhandlung als solche genügend vorzubereiten. Notwendig ist sodann eine sachgemäße Formulierung des Klageantrags, welcher die konkrete Rechtsfolge enthalten muß;[31]) denn nur auf Grund eines konkreten Klageantrages kann das Gericht einen Urteilstenor erlassen, in welchem die konkrete Erfindungsbenutzung verboten wird.

Soweit schwierige technische Fragen in Betracht kommen, wird es unumgänglich nötig sein, schon zur ersten mündlichen Verhandlung einen Sachverständigen zuzuziehen, dem gemäß § 144 ZPO. die Aufgabe zufällt, bei Aufsuchung und Feststellung der Streitpunkte dem Gericht behilflich zu sein; auf die Zweckmäßigkeit einer solchen Zuziehung hat ebenfalls schon der preußische Justizministerialerlaß hingewiesen;[32]) ein solcher — erstklassiger — Sachverständiger würde natürlich auch dem technischen Richter mit seiner allgemeinen technischen Vollbildung weit überlegen

---

[30]) S. meinen genannten Aufsatz, S. 159.

[31]) S. den preußischen Justizministerialerlaß und Gülland, a. a. O., S. 289, sowie dort zitierte.

[32]) Vergl. u. a. auch Degen, a. a. O., S. 19; Düringer, DRZ., 1909, S. 50. Was Isay, Gerichtsbarkeit, S. 23, dagegen einwendet, ist nicht stichhaltig; denn der so zugezogene Sachverständige soll ja eben mit der Auslegung des Patents gar nicht befaßt werden, sondern nur die dem Richter erforderlich scheinenden technischen Aufklärungen geben; insbesondere soll er vor Fassung der Beweisbeschlüsse schon in Tätigkeit treten.

sein! Man könnte daran denken, den Sachverständigen, den das Gericht aus § 144 ZPO. zuzieht, auch an der Beratung teilnehmen zu lassen; ein Vorbild hierfür wäre der § 9 der Kaiserlichen Verordnung vom 6. Dezember 1891, betreffend das Berufungsverfahren beim Reichsgericht in Patentsachen, nach welchem das Reichsgericht zu der Beratung Sachverständige zuziehen kann, diese aber an der Abstimmung nicht teilnehmen dürfen.[33]) Während Degen, a. a. O., S. 20 eine dem gen. § 9 entsprechende Bestimmung ganz allgemein für die Streitigkeiten des gewerblichen Rechtsschutzes, ja vielleicht sogar für alle sogenannten Sachverständigen-Prozesse vorschlägt, bin ich der Ansicht, daß auch der Zuziehung eines Sachverständigen mit nur beratender Stimme dieselben Bedenken entgegenstehen, wie der Mitnahme des technischen Richters in das Beratungszimmer: den Parteien würde die Kontrolle über das fehlen, was dort an technischem Wissen dem juristischen Richter mitgeteilt wird. Auch hier muß der Satz gelten: Der Sachverständige muß an der Schwelle des Beratungszimmers Halt machen!

Die einzelnen Sitzungstage, — es empfiehlt sich, die einschlägigen Sachen immer auf einen Tag anzuberaumen —, dürfen nicht zu stark belastet sein, um einen ruhigen, erschöpfenden mündlichen Vortrag der Parteien, Augenscheinseinnahmen, Besichtigungen und Erklärungen der Modelle, Vorführungen der in Frage kommenden Maschinen und Einrichtungen zu ermöglichen; vielleicht auf keinem anderen Gebiete der Rechtspflege ist das Bedürfnis eines eingehenden, durch Vorführungen, Zeichnungen usw. unterstützten Vortrags so groß, wie gerade hier: denn hier kommt es, in tatsächlicher Beziehung, in erster Linie auf Anschaulichkeit und Anschauung an;[34]) vielleicht ist sogar der den Richtern gemachte Vorwurf des mangelnden anschaulichen Denkens darauf zurückzuführen, daß sie, z. T. in fast „unüberwindlicher Abneigung" gegen diese Art Sachen befangen, sich oft nicht die Zeit nahmen, wegen Arbeitsüberlastung wohl auch nicht nehmen konnten, sich Modelle, Zeichnungen, Maschinen usw. vorführen und erklären zu lassen; sie konnten nicht anschaulich denken, weil sie nicht anschaulich sahen! Diese Anschauungstätigkeit

[33]) Eine entsprechende Bestimmung enthält das PG. § 14, Abs. 6 für alle Verfahren vor dem Patentamt: „Zu den Beratungen können Sachverständige, welche nicht Mitglieder sind, zugezogen werden; dieselben dürfen an den Abstimmungen nicht teilnehmen"; von dieser Bestimmung wird jedoch kaum jemals Gebrauch gemacht.

[34]) S. hierzu die treffenden Ausführungen des Patentanwalt Weihe, GewRSchutz 1910 S. 12 ff. u. bes. S. 17.

muß unterstützt werden durch Besichtigungen der streitigen Maschinen oder Verfahren im Betriebe; die dafür aufgewendete Zeit wird durch Abkürzung der mündlichen Verhandlungen und Vermeidung unnötigen Schriftwerks in den Schriftsätzen reichlich wieder eingebracht werden!

II. Daß die Erhebung des Sachverständigenbeweises, soweit die Stellung der Beweisfrage in Betracht kommt, eine der Hauptquellen der herrschenden Unzufriedenheit ist, ist im Kapitel I, § 4 eingehend dargelegt worden; aber auch die falsche Auswahl der in Betracht kommenden Sachverständigen bietet Anlaß zur Klage. Der Verfasser hat in seiner mehrerwähnten Schrift „Das Sachverständigenwesen" die hier einschlägigen Punkte näher beleuchtet; er kann deshalb jetzt umso eher darauf verweisen, als auch der preußische Ministerialerlaß unter IV zu denselben Ergebnissen gelangt. Die richtige Auswahl geeigneter Sachverständiger ist einer der schwierigsten, aber für die Entscheidung des Prozesses wichtigsten Punkte. Wenn auch nicht immer Autoritäten als Spezialsachverständige zugezogen werden können, so sind doch an die Sachkunde, Zuverlässigkeit und Unparteilichkeit des Sachverständigen die höchsten Anforderungen zu stellen, — bei den ordentlichen Gerichten nicht minder, wie bei etwaigen gemischten Gerichten. Die Inanspruchnahme von Sachverständigenkammern oder -vereinen empfiehlt sich aus Gründen, die hier nicht zu erörtern sind, nicht.[35]) — Das Sachverständigenwesen wird so lange Schwierigkeiten bereiten, als nicht die Gebührenordnung für Zeugen und Sachverständige in einer den neuzeitlichen Anforderungen auch nur einigermaßen gerecht werdenden Weise geändert wird; die Gerichte werden mit umso größeren Ungelegenheiten bei der Auffindung geeigneter Sachverständiger zu kämpfen haben, je kleinlicher sie sich den Honorarforderungen der Sachverständigen, namentlich auch mit Bezug auf die für das Aktenstudium verwendete Zeit, gegenüberstellen.[36]) Es ist deshalb zu bedauern, daß der Herr Staatssekretär des Reichsjustizamts am 20. I. 1910 im Reichstag erklären mußte, der eine wesentliche Erhöhung der Zeugen- und Sachverständigengebühren vorsehende Gesetzentwurf habe wegen finanzieller Bedenken nicht zur Vorlage gelangen können, und daß auch der preußische Herr Justizminister im Abgeordnetenhaus am

---

[35]) S. mein „Sachverständigenwesen", S. 41, sowie Kohler, Urheber- und Verlagsrecht, S. 389/390; Munk, Der Herr Sachverständige, S. 20; a. A. ohne Begründung Finger, Festgabe für Kohler, S. 61.

[36]) Ein Beispiel für solche Kleinlichkeit bietet der in den Mitteilungen des Verbandes deutscher Patentanwälte 1909, S. 126 mitgeteilte Fall; s. auch Wassermann, Patentrecht, S. 108.

5. II. 1910 ausführte, die Erhöhung der Sachverständigengebühren entspreche zwar den Wünschen auch der Justizverwaltung, sei aber z. Z. nicht durchführbar.

Was nun die Ermittelung geeigneter Sachverständiger anlangt, so werden allerdings die Gerichte, besonders wenn sie mit einschlägigen Sachen nicht allzu häufig zu tun haben oder es sich um Gebiete handelt, welche seltener Anlaß zu Streitigkeiten bieten, oft in Verlegenheit sein, wen sie als Spezialsachverständigen zuziehen könnten. Daß die Parteien sich auf einen Sachverständigen einigen, kommt ja leider kaum vor. Es entspricht einer weitgeübten Praxis, sich in solchen Fällen wegen Benennung von Sachverständigen an gewisse Auskunftsstellen, z. B. das Kaiserliche Patentamt, die Dekane der Universitäten, die Rektoren der Technischen,[37]) landwirtschaftlichen, wohl auch Handels-Hochschulen, das Reichspostamt, das Reichsmarineamt oder sonstige staatliche Behörden, sowie an eine Reihe bedeutenderer Handelsvertretungen oder Interessentenverbände zu wenden.[38]) Im allgemeinen erteilen diese Stellen bereitwilligst Auskunft; da sie hierzu aber nicht verpflichtet sind, werden die Verwaltungen selbst eingreifen und den nachgeordneten Behörden die Pflicht zur Erteilung solcher Auskünfte auferlegen müssen.[39])

---

[37]) Es erscheint zweckmäßig, die Anfragen an die Hochschulen nicht an den Rektor, sondern die zuständigen Abteilungsvorsteher zu richten; auch empfiehlt es sich, bei den Hochschulen einen ständigen Professorenausschuß zu bilden, der einen besseren Überblick über die in Betracht kommenden Lehrkräfte hat, als der jährlich wechselnde Rektor, der doch meist nur seine eigenen Fachgenossen kennt.

[38]) Z. B. den Verein Deutscher Chemiker (Sitz Elberfeld), den Verein Deutscher Ingenieure, den Verein zur Wahrung der Interessen der chemischen Industrie Deutschlands, den Verein zur Wahrung gemeinsamer Wirtschaftsinteressen der deutschen Elektrotechnik u. a. m.

[39]) S. mein Sachverständigenwesen, S. 16. Soweit bekannt geworden, haben bereits einige Reichs- und Staatsbehörden solche Weisungen ergehen lassen. So hat z. B. der preußische Handelsminister im Dezember 1907 an die Oberbergämter, Bergakademien, Landesgewerbeamt, Geologische Landesanstalt und Technische Deputation für Gewerbe folgende Verfügung gerichtet:

„Aus den Kreisen der Industrie sind in immer stärkerem Maße Klagen darüber laut geworden, daß in bürgerlichen Rechtsstreitigkeiten und Strafsachen aus dem Gebiete des gewerblichen Rechtsschutzes die Gerichte und Staatsanwaltschaften keinen genügenden Überblick über den Kreis derjenigen Personen hätten, welche als Sachverständige zur Begutachtung technischer Fragen vernommen werden könnten. Die bei den einzelnen Gerichten geführten Listen der gerichtlichen Sachverständigen können hier nicht genügen, weil sie regelmäßig nur solche Sachverständige aufführen, die in dem Bezirke des Gerichts wohnhaft

Freilich können alle diese Spezialauskunftsstellen vornehmlich, wenn nicht ausschließlich, nur solche Personen in Vorschlag bringen, die ihnen unter- oder nahestehen, über deren Qualifikation sie also selbst ein Urteil haben. Schon deshalb erscheint es notwendig, daß nicht nur eine, sondern gleich mehrere Auskunftsstellen um Benennung geeigneter Sachverständiger angegangen werden.[40]) Man könnte auch daran denken, eine Zentral-Auskunftsstelle für die Benennung von Sachverständigen zu schaffen; allein, sie wäre doch nicht imstande, von sich aus die geeignetsten Sachverständigen für die verschiedensten Gebiete der Technik und — was nicht zu vergessen — auch für die verschiedensten Gegenden des Landes zu benennen, da sie unmöglich Kenntnis aller in Betracht kommenden Faktoren haben kann; auch ohne solche Zentralstelle werden die Gerichte, je mehr die Zentralisation Platz greift, um so größere Übung in der Ermittelung der geeigneten Sachverständigen erlangen. Abgesehen davon, daß die Gerichte nicht gezwungen werden können, sich um Auskunft an eine solche Zentralstelle zu wenden, würde die Benennung von Sachverständigen für die höheren Instanzen dadurch erschwert werden, weil man in der Benennung eines Sachverständigen für die I. Instanz leicht eine Zensur über seine Befähigung erblicken könnte![41]) Vielleicht könnten die Gerichte nach rechtskräftiger Erledigung eines einschlägigen Prozesses mit der ihnen zur Pflicht

sind, es aber nicht möglich ist, für jeden einzelnen Gerichtsbezirk Sachverständige für alle hier in Betracht kommende Gebiete der Technik und Industrie, für welche eine besondere Spezialkenntnis unerläßlich ist, als gerichtliche Sachverständige zu bestellen. Eine den Bedürfnissen des gewerblichen Lebens entsprechende Rechtsprechung setzt aber voraus, daß den Gerichten und Staatsanwaltschaften stets die jeweils geeignetsten, erfahrensten und zuverlässigsten Sachverständigen zu Gebote stehen. Ich muß daher besonderen Wert darauf legen, daß die zu meinem Ressort gehörigen Fachbehörden den Gerichten und Staatsanwaltschaften bei der Auswahl geeigneter Sachverständigen die weitestgehende Unterstützung gewähren. Bei der Erledigung der ergehenden Anfragen ist gleichzeitig auf möglichste Beschleunigung Bedacht zu nehmen."

[40]) Dabei ist Gewicht darauf zu legen, daß den angefragten Stellen nach Möglichkeit die Prozeßakten mit übersendet werden, damit sie sich über die Art des Rechtsstreites und das für das Gutachten in Betracht kommende technische Gebiet selbst informieren können und Rückfragen vermieden werden; ist dies aus irgend welchen Gründen untunlich oder müssen gleichzeitig mehrere Stellen angefragt werden, so muß die Anfrage nicht nur den Beweisbeschluß, sondern einen kurzen Überblick über den Prozeßstand enthalten und die Parteien, sowie das streitige Patent genau angeben.

[41]) S. des Verf. „Sachverständigenwesen", S. 18.

gemachten Mitteilung des Urteils an das Patentamt diesem anzeigen, wer in dem betreffenden Prozeß als Sachverständiger tätig gewesen ist; das Patentamt könnte eine Liste dieser Sachverständigen führen und auf Grund derselben spätere Anfragen beantworten. Zweckmäßiger dürfte es allerdings sein, wenn die einzelnen Gerichte sich selbst eine Liste über die vernommenen oder benannten Sachverständigen anlegen würden.

Wenn nun auch gelegentlich einmal der technische Richter einen größeren Überblick über die in Betracht kommenden Persönlichkeiten haben wird, so wird doch, nach dem Gesagten, auch ein nur juristisch zusammengesetztes Gericht mit Unterstützung der Verwaltungen und der Privatindustrie imstande sein, die richtigen Sachverständigen auszuwählen.

Auch die Ausführung des Beweisbeschlusses wird sich bei gemischten Gerichten nicht anders vollziehen können, als bei Juristengerichten; hier wie dort muß das Prinzip der Mündlichkeit und Unmittelbarkeit streng durchgeführt werden; die Erstattung des Gutachtens sollte, worauf schon der preußische Erlaß hingewiesen hat, nur in Ausnahmefällen bloß schriftlich, sonst immer mündlich und schriftlich, niemals durch ersuchten Richter,[42]) erfolgen. Nicht empfehlenswert erscheint dagegen, einen so richtigen Kern er auch in sich bergen mag, der Vorschlag von Katz, entsprechend der in England geübten, aber ganz anders liegenden (s. S. 467) Praxis, von schriftlichen Gutachten überhaupt abzusehen und nur mündliche Gutachten erstatten zu lassen; dies setzt voraus, daß — wie in England — für die Verhandlung einer einzigen Sache unter Umständen Tage zur Verfügung stehen! Dies wäre bei uns auch dann undurchführbar, wenn in dem Richterkollegium Techniker säßen. Bei auswärtigen Beweisaufnahmen, die doch auch bei gemischten Gerichten den juristischen Mitgliedern zu überlassen wären, wird der Richter versuchen müssen, durch Augenscheinnahme, Vorlegung von Zeichnungen und Vorführung von Modellen weitgehendste tatsächliche Aufklärung zu schaffen, wie überhaupt sein Augenmerk auf Klärung der tatsächlichen Verhältnisse in erster Linie zu richten ist; nötigenfalls ist schon hier die Zuziehung von Sachverständigen aus § 144 ZPO. anzuordnen.

III. Es ist schließlich noch auf die, fast vom Anfang der Sondergerichtsbestrebungen an erörterte und streitige Frage der Zuziehung technischer Beistände der Parteien kurz einzugehen. Schon der Hamburger Kongreß für gewerblichen Rechtsschutz 1902 hatte einen Be-

[42]) S. die treffenden Darlegungen bei Gülland, a. a. O., S. 308.

schluß gefaßt,[43]) daß in allen vor den gemischten Gerichten zu verhandelnden Streitsachen auf Verlangen sowohl der Partei, als auch ihrem Beistande das Wort zu verstatten sei, unbeschadet der Vorschrift des § 157 ZPO. und des § 18 des Patentanwaltsgesetzes; werde diese Praxis auch tatsächlich häufig gehandhabt, so erscheine es doch wünschenswert, eine entsprechende Vorschrift in das Gesetz aufzunehmen. Später trat immer mehr das Bestreben der Patentanwälte hervor, neben den Rechtsanwälten zur selbständigen Vertretung vor Gericht zugelassen zu werden; es wurde durch die Autorität Bolze's unterstützt, der in einem Schreiben vom 10. November 1907 an den Deutschen Verein ausführte:[44])

„Daß den Patentanwälten der Zutritt zu den ordentlichen Gerichten bis in die höchste Instanz eröffnet wird, halte ich für ganz selbstverständlich. Das sind die Herren, welche auch den Richtern die technischen Fragen, die zu beantworten sind, klar zu machen haben. Sie haben den Trumpf in der Hand, wenn Sie betonen, daß die mancherlei Unklarheiten, welche zuweilen in den Verhandlungen zurückgeblieben sein mögen, zum großen Teil darauf zurückzuführen seien, daß man die technisch gebildeten Vertreter der Parteien nicht hat hören können. Die Sachverständigenfragen würden dann in vielen Fällen gar nicht aufgerollt werden."

Hier, wie in den sonstigen Erörterungen zu diesem Punkte scheint übersehen zu sein, daß, wenn auch gelegentlich die Patentanwälte ebenso, wie technische Beamte industrieller Unternehmungen wertvolle tatsächliche Aufklärungen werden geben können, ihre Ausführungen doch nur als Parteivorbringen gewertet werden, also nicht das Gewicht eines Sachverständigengutachtens haben können. Übrigens wären damit die technischen Beistände zu einer dritten Art von Vermittlern technischen Wissens für die Richter gestempelt: Technische Richter, Spezialsachverständige und technische Beistände! Heißsporne[45]) gehen sogar soweit, für die in Rede stehenden Sachen völlige Aufhebung des Anwaltszwanges zu verlangen; sie glauben, daß besonders die Patentanwälte sich ohne irgend welche Schwierigkeiten die Beherrschung der bei der Prozeßführung notwendigen Formalitäten aneignen würden; als ob es für die Prozeß-

---

[43]) Vgl. Hamburger Kongreßberichte, S. 18, Vorschläge I, S. 13/4, II, S. 19 und III, S. 32.

[44]) Leider nur unvollständig veröffentlicht in den Mitteilungen vom Verband Deutscher Patentanwälte, 1908, S. 11.

[45]) Z. B. Tolksdorf, Patentgerichte, S. 97 ff.

11*

führung nur auf die Beobachtung prozessualer Vorschriften ankäme und nicht mindestens ebenso wichtig eine durchdringende Kenntnis des allgemeinen materiellen Rechts wäre! Es würde geradezu eine Gefahr für die Rechtsuchenden bedeuten, wenn die Wahrnehmung ihrer Interessen vor Gericht Personen anvertraut wäre, die, — wenn sie auch ein gewisses patentrechtliches Wissen sich angeeignet haben mögen, — doch unmöglich die zum selbständigen Auftreten vor Gericht erforderlichen anderen Rechtskenntnisse besitzen können; in dieser Hinsicht kann das auf über die Eignung der technischen Richter S. 342 ff. Gesagte Bezug genommen werden. Wenn man dagegen einwendet, es sei mit Bestimmtheit zu erwarten, daß der Patentanwalt die Behandlung rein juristischer Fragen vor dem Prozeßgericht „vorsichtigerweise dem Rechtsanwalt überlassen werde, schon um die Verantwortung von sich abzuwälzen," so zeugt dies wahrlich nicht von tiefem Verständnis für das verantwortungsvolle und schwierige Amt eines Sachwalters vor Gericht! Die Vorschläge II, S. 19 haben denn auch in Erkenntnis dieser Tatsache sich nicht entschließen können, die Aufhebung des Anwaltszwanges zu befürworten.[46]) Der Leipziger Kongreß hatte sich dahin ausgesprochen:

„Außer den Parteien müssen auch deren technische Angestellte und die Patentanwälte in der mündlichen Verhandlung zum Worte verstattet werden."

Eine Beratung dieses Antrages fand in Leipzig nicht statt; die Frage wurde erst wieder auf dem Stettiner Kongreß des Jahres 1909 Gegenstand eingehender Verhandlungen, deren Ergebnis, soweit die Zivilrechtspflege in Betracht kommt, in folgendem Beschluß niederlegt ist:

„Es ist erstrebenswert:

a) daß in Sachen, die den gewerblichen Rechtsschutz betreffen, außer den Parteien auch deren technischen Angestellten und Patentanwälten in der mündlichen Verhandlung das Wort zu gestatten ist;
b) daß die technischen Angestellten industrieller Betriebe und die Patentanwälte von der Vorschrift des § 157, Abs. 2 ZPO. auszunehmen sind."[47])

Ohne auf eine nähere Würdigung dieser Beschlüsse einzugehen, kann ohne weiteres zugegeben werden, daß schwerwiegende Bedenken gegen sie dann kaum bestehen, wenn der Rechtsanwaltszwang, der für die einschlägigen Sachen durchaus notwendig erscheint, unangetastet bleibt;

---

[46]) S. auch Rauter, Deutsche Wirtschaftszeitung 1908, S. 444.

[47]) Näheres s. Stettiner Kongreßberichte, S. 114 ff.

unter dieser Voraussetzung wäre auch gegen eine generelle Anweisung der Justizverwaltungen an die Gerichte dahin, daß die Patentanwälte von der Vorschrift des § 157, Abs. 2 ZPO. ausgenommen sein sollen,[48]) nichts einzuwenden; ein Bedürfnis, sie allgemein zur Verhandlung zuzulassen, ist jedoch zu verneinen.

Wie man im einzelnen die Zuziehung technischer Beistände und Patentanwälte gestalten mag, das eine ist unzweifelhaft: Jedes Sondergericht bedeutet eine mehr oder minder große Einschränkung des Prinzips des Anwaltszwanges; sind für Gewerbe- und Kaufmannsgerichte die Rechtsanwälte bereits gesetzlich ausgeschaltet, so sollen sie auch für die Patentgerichte, gemischte Gerichte sowohl, wie ordentliche Sonderkammern, nach Möglichkeit zurückgedrängt werden. Wie der technische Richter dem juristischen Richter, so soll dem Rechtsanwalt der Patentanwalt gleichgestellt werden; er soll nicht mehr bloß Parteibeistand, sondern auch Parteivertreter sein! Diese Forderung erscheint unberechtigt; gerade sie legt die Annahme nahe, daß besonders die Patentanwälte die Sondergerichtsbewegung in technischen Kreisen schüren.[49]) Es ist ein eigenartiges Zusammentreffen, daß das Geburtsjahr der heutigen Patentanwaltschaft zusammenfällt mit

---

[48]) S. Vorschläge III, S. 33 und Cantor, ZIndR. 1909, S. 139; im übrigen s. hierzu die Stettiner Kongreßberichte. Eine andere Frage ist es, ob nicht auch schon nach geltendem Recht die Möglichkeit besteht, daß die technischen Angestellten und Patentanwälte in der mündlichen Verhandlung selbst das Wort ergreifen; der Verfasser kann aus seiner eigenen Praxis mitteilen, daß bei dem Landgericht I Berlin in liberalster Weise im Sinne der genannten Vorschläge verfahren wird; Degen, a. a. O., S. 21 hat dies für die sächsischen, Cahn, Techniker als Richter, S. 35 für die Bayerischen Gerichte bestätigt; wenn trotzdem hin und wieder anders gehandelt wird, so kann dies eine gesetzliche Ausnahme für diese Sachen nicht begründen, weil auch hier allmählich sich die richtige Praxis durchringen wird.

[49]) So Degen, a. a. O., S. 22; a. A. aus sachlichen Gründen Patentanwalt Hans Heimann, a. a. O., und besonders Tolksdorf, der in ZIndR., 1908, S. 158 aus der Geschichte der Patentsondergerichtsbewegung darzulegen versucht, daß es in ihren Anfängen Patentanwälte noch gar nicht gegeben habe, sie also einen bestimmenden Einfluß auf die Bewegung nicht hätten ausüben können; dies widerlegt jedoch obige Behauptung nicht: denn die eingangs gegebene Darstellung der Sonderbewegung hat dargetan, daß zwischen der Strömung, die in den 70er und 80er Jahren des vorigen Jahrhunderts einen Patentgerichtshof einrichten wollte, und der heutigen Sondergerichtsbewegung ebenso tiefgreifende Unterschiede bestehen, wie zwischen den Ingenieuren, die sich damals mit dem gewerblichen Rechtsschutz beschäftigten, und der heutigen Patentanwaltschaft!

dem Jahr, in dem der deutsche Verein für gewerblichen Rechtsschutz sich auf seinem Kongreß in Frankfurt a. M. zum erstenmal mit der Frage der Sondergerichte beschäftigt hat! — Eine Ausdehnung des § 14 der Kaiserlichen Verordnung, betr. das Berufungsverfahren vor dem Reichsgericht, nach welchem den Parteien und ihren Vertretern gestattet ist, mit einem technischen Beistand zu erscheinen, auf das Verfahren vor Gericht dürfte ebenfalls nicht zu befürworten sein; diese Vorschrift betrifft doch nur das hauptsächlich unter technischen Gesichtspunkten stattfindende Berufungsverfahren gegen die Entscheidungen des Patentamts und rechtfertigt sich daraus, daß im patentamtlichen Nichtigkeits- und Zurücknahmeverfahren eine Vertretung nicht erforderlich und allein durch Patentanwälte zulässig ist.

So ergibt sich, daß — soweit die Forderungen der Patentanwälte auf Zulassung vor Gericht berechtigt sind — sie auch bei dem Verfahren vor den ordentlichen Gerichten anerkannt werden können, daß aber, soweit sie darüber hinausgehen, ihnen auch nach Errichtung gemischter Gerichte Widerstand entgegenzusetzen wäre.

Anhang:

Die Patentsondergerichte im Deutschen Reichstag und bei den Regierungen.

Anhangsweise sei noch kurz auf die Stellung der Parteien des deutschen Reichstages zur Frage der Patent-Sondergerichte hingewiesen. In der Sitzung vom 21. September 1908 erklärte sich namentlich der Vertreter der Freisinnigen Volkspartei gegen die Errichtung dieser Sondergerichte; am 18. Januar 1909 wendete sich der Zentrumsabgeordnete Dr. Belzer und der Nationalliberale Dr. Heinze ganz entschieden gegen die Bildung weiterer Sondergerichte.[50]) Am 13. Februar 1909 führte als Vertreter der Nationalliberalen Partei der Abgeordnete Dr. Junck, dem eine reiche Erfahrung in der Vertretung von Patentsachen vor dem Reichsgericht zur Seite steht, aus:[51]) „Nach meiner Überzeugung besteht ein nationales Interesse daran, daß die Rechtsprechung auf allen Gebieten in den Händen eines Standes liegt, der auch die spezifische Technik beherrscht, die zur Rechtsprechung nun einmal erforderlich ist (Sehr wahr!)

---

[50]) Stenographische Reichstagsberichte, 12. Legislaturperiode, I. Session 1907/9, 187. Sitzung, S. 6338 C und S. 6346 B.

[51]) Daselbst, 209. Sitzung, S. 6933 C.

und ich glaube nicht, daß die Abzweigungen von Sondergerichten unserem Volksleben förderlich gewesen ist. An den jetzt bestehenden Sondergerichten braucht ja nichts geändert zu werden. Aber weitere Sondergerichte einzuführen, davor möchte ich dringend warnen. Wir bringen unsere Richter immer mehr auf den Isolierschemel, und es wäre bedauerlich, wenn sie schließlich nur noch über Grundbuchsachen und Erbrechte zu urteilen hätten, während ihnen alles, was das Leben bewegt, mehr und mehr entzogen würde." Dagegen begrüßte Junck die Maßnahmen der Justizverwaltungen, die auf eine Konzentration der Sachen und eine bessere Ausbildung der jungen Juristen hinzielen, als dankenswert; (s. auch seinen S. 426 erwähnten Vorschlag in der Reichstagssitzung vom 14. IV. 1910). Ganz ähnlich äußerte sich in derselben Sitzung der Abgeordnete Dr. Dove von der Freisinnigen Volkspartei.[52]) Endlich hat auch der Zentrumsabgeordnete Dr. Erzberger[53]) die Sondergerichte für eine Gefahr, einen Rückschritt bezeichnet, der nur als Notbehelf gemacht werden könne. — So darf man wohl der zuversichtlichen Hoffnung Ausdruck geben, daß der deutsche Reichstag diesen Sondergerichtsbestrebungen kein Gehör schenken wird. Dies umsomehr, als auch das Preußische Justizministerium auf den Kongressen in Düsseldorf und Leipzig eine entschieden ablehnende Haltung eingenommen und der Vertreter des Sächsischen Justizministeriums eine entsprechende Erklärung für Sachsen abgegeben hat; nach dem Erlaß des Bayerischen Staatsministeriums vom 8. November 1907 dürfte es wohl kaum zweifelhaft sein, daß auch Bayern sich dem Standpunkt Preußens und Sachsens anschließt.

Kapitel IV.

Ausländisches Recht.

Hat sich die bisherige Darstellung über die Sondergerichtsbewegung auf das deutsche Recht beschränkt, und nur einmal einen Abstecher in das Ausland unternommen, um zu zeigen, daß das österreichische Beispiel für die deutschen Verhältnisse nicht maßgebend sein kann, so soll schließlich noch ein Blick auf verschiedene andere Kulturländer geworfen werden. Hierbei ist aber zu beachten, daß, da sich die Technik in den verschiedenen Ländern verschieden entwickelt hat, auch die gerichtlichen Institutionen und die bestehenden Gesetzgebungen in den einzelnen

---

[52]) Daselbst, S. 6936 C.

[53]) Im Archiv f. Rechts- und Wirtschaftsphilosophie, 1909, S. 510.

Ländern verschieden geartet sind, es sich bei der Frage der Sondergerichtshöfe für Streitsachen des gewerblichen Rechtsschutzes nicht um eine internationale, sondern nur um eine Frage der vergleichenden Rechtswissenschaft[1]) handeln kann. Umsoweniger kann ein maßgeblicher Vergleich zwischen den Institutionen der einzelnen Länder gezogen werden, als schon die Verschiedenheit der Patenterteilungssysteme eine Verschiedenheit in der Ausgestaltung der Verfahren in Patentsachen zur Folge haben muß. Denn es ist klar, daß unter der Herrschaft des Anmeldesystems, bei welchem auf jede formgerechte Anmeldung ein Patent erteilt wird, über die Gültigkeit des Patentes nicht die patenterteilende Behörde befinden, vielmehr die Prüfung auf die Schutzfähigkeit der Erfindung und die Wirksamkeit des Patentes erst im Verletzungs- oder Nichtigkeitsstreit erfolgen kann; auf diesem Standpunkte steht auch die französisch-belgische Praxis. Auf der anderen Seite läge es nahe, zu verlangen, daß wenigstens im Streitfall die Prüfung des Patents auf seine Gültigkeit und seinen Umfang einem aus Juristen und Technikern gemischten Gericht übertragen würde.[2]) Dem ist jedoch nicht so: Ein Überblick über die Gestaltung der Behördenorganisation in den wichtigsten Kulturländern zeigt, daß in keinem einzigen Lande des Anmeldesystems sich die zu erwartende Teilung der Kompetenzen und eine gemischte Besetzung der Gerichte findet.

---

[1]) Vgl. Maillard, J. der Intern. Verein., 1902, S. 168 und 320, Osterrieth, Kölner Kongreßberichte 1901, S. 15, sowie die noch unten eingehender zu erwähnende Schrift von Armengaud jeune, Projet de réforme dans la jurisdiction en matière de brevet d'invention, Paris 1909, S. 12.

[2]) Aus diesem Grunde wäre auch die jetzt viel erörterte Frage, ob sich für das deutsche Reich die Abschaffung des Vorprüfungssystems und die Einführung des Anmeldesystems empfiehlt, von gewisser Bedeutung für die Frage der Patentsondergerichte, da dann wenigstens die Freunde dieser Sondergerichte für sich anführen könnten, daß die ungeprüften Patente nicht einmal im Verletzungsstreit durch Techniker beurteilt würden! Wenn trotzdem das gestellte Thema nicht auch unter diesem Gesichtspunkt behandelt worden ist, so geschah es deshalb, weil die Einführung des reinen Anmeldesystems für Deutschland als ausgeschlossen gelten kann; es würde die Abschaffung des Vorprüfungssystems eine solche Erschütterung unseres Patentwesens und solche Entwertung der deutschen Patente bedeuten, daß kaum anzunehmen ist, die gesetzgebenden Körperschaften könnten sich im Interesse der deutschen Industrie damit einverstanden erklären. Übrigens ist auch in der Sachverständigensitzung des VDMA. vom 7./8. XII. 1909 unzweideutig zum Ausdruck gelangt, daß diese Industrie mit der Abschaffung des Vorprüfungssystems nicht einverstanden wäre

Dem Anmeldesystem huldigen Frankreich und die anderen romanischen Staaten, nämlich Belgien, Italien, Spanien, Portugal, ferner die Türkei, Rumänien, Mexiko, die meisten englischen Kolonien, sowie die Schweiz (Gesetz vom Jahre 1907). Das Vorprüfungssystem haben außer Deutschland und Österreich noch angenommen Ungarn (in beschränktem Umfange, vergl. Ges. v. 7. Juli 1895, §§ 33 und 35), Rußland (Ges. v. 20. Mai 1896), Finland (Ges. v. 21. August 1898), Schweden (Ges. v. 14. April 1884), Norwegen (Ges. v. 16. Juni 1885), Dänemark (Ges. v. 13. April 1894), die Vereinigten Staaten von Amerika (Ges. v. 5. August 1900), Australien (Commonwealth, Ges. v. 22. Oktober 1903), das neue englische Gesetz v. 28. August 1907, sowie endlich — wenn auch in beschränktem Umfange — das neue Gesetz von Japan v. 2. April 1909.[3])

Abgesehen nun von Österreich und Ungarn hat keines der Länder des Vorprüfungs- oder Anmeldesystems die Entscheidung über die Patent-Zivilrechtsklagen anderen Behörden übertragen, als den ordentlichen Gerichten: z. T. enthalten die betreffenden Patentgesetze überhaupt keine besonderen Bestimmungen über die Zuständigkeit, z. T. werden die ordentlichen Gerichte ausdrücklich als zuständig bezeichnet; nirgends in der ganzen Welt — außer eben in Österreich und Ungarn, sowie in Japan (hinsichtlich der Feststellung der Grenzen eines Patentrechts) — bestehen für diese Streitigkeiten gemischte Gerichte!

Ebenso wenig schreiben die genannten Gesetze eine besondere Zusammensetzung der über die Nichtigkeitsklagen entscheidenden Gerichte vor (wobei unter „Nichtigkeitsklagen" auch die Zurücknahme- und die Klagen verstanden werden, welche die Beendigung des Patentschutzes durch Richterspruch dann zum Ziele haben, wenn schon die Erteilung des Patents nicht hätte erfolgen dürfen). Im einzelnen haben darüber die ordentlichen Gerichte zu befinden: in den Vereinigten Staaten von Amerika,[4]) in der Schweiz, in Frankreich (die tribunaux correctionels können nur mit Wirkung inter partes über den Nichtigkeitseinwand entscheiden, während die tribunaux de commerce hierzu unzuständig sind), in Rußland, Dänemark, Italien, Spanien, Luxemburg, Belgien (unter Ausschluß der tribunaux de commerce und der juges de paix), Rumänien, Australien, Canada; in England entscheiden ebenfalls die ordentlichen Gerichte, — jedoch der Comptroller dann, wenn die Nichtigkeitsklage auf

[3]) Keine Patentgesetze besitzen bisher von den europäischen Staaten Griechenland, Serbien und die Niederlande.

[4]) Nach amerikanischem Recht wird meist die Nichtigkeit eines Patents im Verletzungsprozeß — und nur mit Wirkung inter partes — ausgesprochen.

die gesetzlichen Einspruchsgründe gestützt wird. In einigen Ländern sind für die Entscheidung der Nichtigkeitsklagen einzelne Gerichte besonders für zuständig erklärt worden, so in Schweden das Staatsgericht in Stockholm (§ 19 des Ges. v. 9. Mai 1902), in Norwegen das Stadtgericht zu Christiania, in Portugal das Handelsgericht zu Lissabon, in Finland das Ratsgericht zu Helsingfors, in Brasilien (Ges. v. 24. Februar 1891 und 15. November 1898) das tribunal de commerce de la capitale und endlich in Mexiko das tribunal de district de la capitale. Außer Österreich und Ungarn hat also kein Land Sondergerichte mit gemischter Besetzung mit der Entscheidung über Nichtigkeitsklagen oder über zivilrechtliche Streitigkeiten betraut; schon dies sollte den Anhängern der Sondergerichtsidee zu denken geben! Wenn Länder mit so hoch ausgebildetem Patentwesen, wie England und Amerika, es nicht für nötig halten, den Juristen zur Entscheidung der in Rede stehenden Streitigkeiten Techniker zur Seite zu setzen, so werden sie dafür ihre guten Gründe haben! Ein Vorgehen Deutschlands nach dieser Richtung hin würde also einen Sprung ins Dunkle bedeuten.

Bestehen sonach tatsächlich zurzeit in keinem Lande Patentsondergerichte, so sind doch in einigen Ländern[5]) Klagen über die Rechtspflege in gewerblichen Rechtsschutzsachen laut geworden. Es soll daher im folgenden kurz versucht werden, zum größten Teil nach eingehenden Mitteilungen, die dem Verfasser von hervorragenden Sachkennern aus den hauptsächlich in Betracht kommenden Ländern zugekommen sind, und für die er auch an dieser Stelle seinen besonderen Dank ausspricht, zu erörtern, ob etwa diesen Klagen das Bedürfnis nach sachverständigen Richtern eigen ist, und ob die in einzelnen Ländern gemachten einschlägigen Vorschläge einen für Deutschland beachtenswerten Kern enthalten. Auch diese Untersuchung wird durchaus negativ ausfallen.

I. England.

Nach übereinstimmenden Angaben erfahrener Juristen und Patentanwälte[6]) besteht in England eine Bewegung, technische Sachverständige als

---

[5]) Wenn Maillard, J. der Intern. Verein. IV, S. 168 sagt, das Bedürfnis nach Sondergerichten sei in allen Ländern das gleiche, so irrt er.

[6]) Eingehende Auskünfte erteilten mir die Herren Dr. Ernst Schuster, barrister-at-law; J. F. Iselin, barrister-at-law, Dr. Lunge, barrister-at-law und Patentanwalt Joseph Hubers, sämtlich in London. Mit obiger Auffassung steht durchaus in Einklang, was Patentanwalt Heimann a. a. O. über die ihm gewordenen Informationen berichtet.

Richter in Sachen des gewerblichen Rechtsschutzes zuzuziehen, nicht. Die Achtung vor dem englischen Richterstand ist bekanntlich eine außerordentlich große; das Vertrauen in die Juristen ist noch gestiegen, seitdem man angefangen hat, die Unzulänglichkeit der Jury für Zivilsachen einzusehen. Patentsachen werden gewöhnlich vor der Chancery-Division des High Court of Justice — und zwar ohne Jury — entschieden; wenn die Sache unter Zuziehung der Geschworenen verhandelt werden soll, geschieht dies vor der King's Bench-Division; gleiches gilt für die Zurücknahme- und Nichtigkeitssachen, soweit sie nicht vor dem Comptroller anhängig werden.[7]) Nach übereinstimmendem Urteil sitzen in dem die Patentsachen bearbeitendem Gericht erster Instanz so vorzügliche Richter, daß der etwaige Mangel an technischen Kenntnissen nicht in Betracht kommt; dies um so weniger, als das technische Material dem Richter von den Parteien in einer Weise vorgelegt wird, die es einem intelligenten Manne leicht macht, den Kern auch der schwierigsten Sache zu erfassen; zudem ist der englische Zivilprozeß auf einen gewaltigen Apparat von Rechtsregeln über die Beschränkung des Beweismaterials aufgebaut, der darauf abzielt, dem erkennenden Richter das Prozeßmaterial — von allem Nebensächlichen völlig gereinigt — mundgerecht und verständlich zu unterbreiten. Daher werden die Verhandlungen vor den Gerichten in ausgedehntester Mündlichkeit, nach allen Regeln des strengen evidence-Verfahrens geführt, so daß die Verhandlungen mitunter Tage, ja Wochen in Anspruch nehmen. Jede Partei ist bestrebt, die besten Anwälte und die besten Sachverständigen zu verwenden. Die Sachverständigen geben auf Grund des englischen Beweisrechts fast nie schriftliche, sondern ausschließlich mündliche Gutachten ab; letztere nicht in zusammenhängender Rede, sondern nur in Antwort auf die an sie gestellten, äußerst eingehenden Fragen. Auch werden die Sachverständigen im Prinzipe von den Parteien, nicht vom Gericht, als Zeugen — als expert-witnesses, die einen besonderen Berufsstand bilden — bestellt; sie können somit, wie gewöhnliche Zeugen, dem Kreuzverhör (cross-examination) durch die Anwälte der Gegenpartei, das die Grundlage des englischen Prozeßrechts bildet, unterworfen werden; darauf wird auch in der Praxis das größte Gewicht gelegt. Der einzige Unterschied zwischen ihnen und den Zeugen besteht darin, daß sie auch über ihre Meinung, also nicht bloß über Tatsachen befragt werden können. Etwas anders verläuft die Sachverständigenvernehmung vor dem Patentamt

[7]) Vgl. Dunkhase, Englisches Patent- und Mustergesetz v. 1907, 1909, S. 92 und 93 ff.; Hubers & Mond, Das englische Patentrecht, 1909, S. 28/9, wo auch die einzelnen Nichtigkeitsgründe angegeben sind.

(bei der opposition gegen Patenterteilungen und in Rücknahmesachen), wo schriftliche Sachverständigengutachten verwendet werden, die als „Statutory Declarations" beschworen werden; sie sind nur Beweismaterial, wenn sie unbestritten bleiben, was zu vielfach beklagten Verschleppungen führt! In den Verhandlungen selbst werden wirklich arbeitsfähige, in vielen Fällen sogar in vergrößertem Maßstabe hergestellte Modelle vorgeführt[8]). Als wichtig für die richtige Beurteilung der englischen Gerichtszustände, gerade auch in Patentsachen, wird es bezeichnet, daß der englische Richter in ganz anderer Weise vorgebildet ist, als der deutsche Richter; es ist bekannt, daß die englischen Reichsrichter sämtlich aus der Praxis entnommen und ausnahmslos barristers gewesen sind.[9]) Schon der englische Student der Rechtswissenschaft hat gewöhnlich auf der Universität außer Jurisprudenz noch Mathematik, Philologie oder allgemeine Naturwissenschaft studiert; auch in seinem späteren Leben setzt der Jurist seine allgemeine Bildung fort und vermeidet es so, einseitig zu werden; durch seine Berufstätigkeit als Anwalt erhält er einen ganz anderen Einblick in die Lebensverhältnisse, als unsere jungen Juristen; zum großen Teil sind die Anwälte auch Berater industrieller Unternehmungen, so daß ihnen auch technische Dinge nicht ganz fremd sind. — Das englische Patentgesetz sieht nun allerdings in Artikel 31 die Möglichkeit vor, einen sachverständigen Beisitzer zuzuziehen; jedoch hat dieser sogenannte assessor nur eine beratende Stimme: „It is his duty, to explain any technical matters to the Judge, but it is no part of his duty to deliver a judgement." Von dieser gesetzlichen Befugnis, die auch schon in Art. 28 des älteren englischen Gesetzes von 1883 ausgesprochen war, wird jedoch nie oder fast nie Gebrauch gemacht;[10]) in neuerer Zeit ist

---

[8]) Vgl. Hubers & Mond, a. a. O., S. 18.

[9]) Es sei auch an dieser Stelle das Augenmerk auf die Lebensbeschreibungen englischer Richter gelenkt, die — wie Mendelssohn-Bartholdy in der Neuen Deutschen Rundschau 1909, S. 1685 mit Recht ausführt, — „für das Eindringen in den Geist des englischen Rechts mehr nützen, als 100 Bände Reports, die man durchstudiert und 100 Gerichtsverhandlungen, denen man zugehört hat"; außer den von Mendelssohn-Bartholdy genannten Lebensbeschreibungen von Lord Brampton, Sir James Stephen und A. C. Plowden, sei noch auf die des berühmten Lord Russell of Killowen (von R. Barry O'Brien, London 1909) verwiesen; alle diese großen Richter waren, ehe sie in die höchsten oder einflußreichsten Richterstellen gelangten, Anwälte!

[10]) Vgl. auch Huard in seinem unten zu nennenden Werk, S. 339; dies sei besonders mit Rücksicht auf die Empfehlung Bolzes, Entwurf einer Patentnovelle, S. 97 bemerkt.

nur ein einziger solcher Fall vorgekommen;[11]) die Ernennung eines Beisitzers schließt übrigens die übliche Verhörung von Spezialsachverständigen nicht aus. — Neben dieser Möglichkeit des „hearing with assessor" hat das englische Recht einen Versuch mit der Schaffung einer Art von Sondergerichtsbarkeit für Patentsachen gemacht. Schon in seinem Berichte über die Patentgerichtshöfe für den Londoner Internationalen Kongreß 1898 hatte der K. C. Lewis Edmunds[12]) sich gegen Schaffung technischer Gerichtshöfe ausgesprochen; er gelangte dabei zu dem Ergebnis, daß die Richter der High Court jedenfalls über ihr Talent und ihre Erfahrung in Patentprozessen eine glänzende Probe ihrer Fähigkeiten abgelegt hätten, den ihnen vorgelegten Gegenstand zu begreifen; freilich gäbe es Richter, welche über geringere technische Kenntnisse verfügten und nur um den Preis großer Zeit- und Geldaufwendungen zu einer sehr genauen Würdigung der streitigen Fragen gelangen könnten, die es ihnen aber ermöglichte, ein vorzüglich motiviertes Urteil abzugeben. Man habe oft vorgeschlagen, die Patentsachen durch einen technischen Sachverständigen oder einen Richter unter dem Beisitz eines Sachverständigen entscheiden zu lassen. „Das erstere System, so fährt Edmunds fort, würde nicht zum Ziele führen, da juristische Erfahrung und juristische Schulung ebenso notwendig sind, als technische Kenntnisse; was das zweite System betrifft, so kann man es heute schon praktisch machen, aber in der Tat verlangten weder das Gericht noch die Parteien jedesmal einen Beisitzer. Der entscheidende Richter muß eben, um ein rechtes Urteil abgeben zu können, selbst alle tatsächlichen Fragen beherrschen. Wenn es sich nur darum handelte, zwischen Richtern und Sachverständigen zu entscheiden, so würde es m. E. zweckmäßiger sein, durch einen Richter entschieden zu werden, der nicht sachverständig ist, als durch einen Sachverständigen, der nicht Richter ist." Trotzdem würde es sich empfehlen, daß der Richter in Patentsachen selbst mehr oder weniger sachverständig sei oder über die elementarsten Kenntnisse der Mechanik, der Chemie und Elektrizität verfüge; auf solche Weise könnte ein juristisches Sondergericht für Patentsachen gebildet werden. Diesem Gedanken, der sich mit den Ausführungen des vor-

---

[11]) Es ist dies der im High Court of Justice vom 13. bis 15. Dezember 1904, und im Court of Appeal vom 11. und 12. Januar 1905 verhandelte Fall Hattersley & Sons Ld. v. Hogdson Ld., Reports pp., Bd. XXII, S. 229 ff.

[12]) J. der Intern. Verein. II, S. 404.

stehenden Gutachtens fast ganz deckt,[13]) ist denn auch das neue Gesetz von 1907 gerecht geworden, nach dessen § 92 in den Fällen, in denen kraft Gesetzes gegen eine Entscheidung des Comptrollers in Nichtigkeitssachen die Berufung an das Gericht zulässig ist oder ein Gesuch dem Gericht überwiesen oder vorgelegt werden kann, diese Berufung bezw. dieses Gesuch demjenigen Richter des High Court zu überweisen ist, den der Lord-Kanzler für diesen Zweck auswählt. Es ist also hier, ähnlich den deutschen Sonderkammern, für Patentsachen in beschränktem Umfange ein Sonderrichter — aber ein Jurist! — bestellt; nach den mir vorliegenden Mitteilungen hat jedoch diese Einrichtung, bei aller persönlichen Anerkennung des betr. Richters,[14]) aus rein sachlichen Gründen nicht die erwartete Zustimmung der beteiligten Kreise gefunden. — Die Zahl der in England vorkommenden Patentstreitigkeiten läßt sich auch nicht annähernd ermitteln, weil die von der Regierung herausgegebenen „Civil Judicial Statistics" die vor der Chancery-Division verhandelten Sachen nicht besonders unterscheidet; die Zahl dürfte aber erheblich geringer sein, als in Deutschland, obgleich das englische Patentamt nur auf Neuheit, nicht auch auf Patentfähigkeit prüft, letztere Prüfung vielmehr den Gerichten überlassen ist. Der Grund für die geringe Anzahl einschlägiger Prozesse liegt wohl darin, daß die Durchführung eines Patentprozesses in England mit außerordentlichen Kosten verknüpft[15]) und daß die Einrede der Nichtigkeit des Patentes im Zivilprozeß zulässig ist; vielleicht spricht auch der Umstand mit, daß der englische Fabrikant im allgemeinen der Anrufung der Gerichte abgeneigter ist; das veranlaßt ihn aber — wie in mehreren mir zugegangenen Äußerungen ausdrücklich hervorgehoben wird — nicht etwa, häufiger Schiedsgerichte in Patentstreitigkeiten anzugehen, weil er sich lieber die Möglichkeit der Berufung vorbehält, auch „der Kläger meist sein Recht vor der Öffentlichkeit wahren will" und weil endlich trotz des Schiedsvertrages nach englischem Recht immer noch die Möglichkeit besteht, den Appelationsgerichtshof anzurufen. Sondergerichte kommen in England, von Ausnahmefällen abgesehen[16]) überhaupt

---

[13]) Er wird auch mit trefflichen Gründen von Kenneth R. Swan, B. A. in seinem Werke: „The Law and commercial usage of Patents, Designs and Trade Marks" 1908, S. 145 vertreten; es heißt dort: „this reform ... should do much to reduce the length and consequently the expence of patent actions".

[14]) Z. B. der bekannte Mr. Justice Parker.

[15]) S. auch Dunkhase, a. a. O., S. 92.

[16]) Eine Besonderheit des englischen Rechts ist es, daß der Richter der Probate, Divorce & Admiralty Division in Seerechtsfragen (Streitigkeiten über Haftung im Falle von Schiffskollisionen oder über Ansprüche wegen

mehr für solche Streitigkeiten vor, in denen es sich um Arbeits- oder Lohnbedingungen handelt, also mehr ökonomische als juristische Momente ausschlaggebend sind. — Dieser kurze Überblick zeigt demnach, daß in England, dem Heimatlande des Patentrechts, keine Bestrebungen, gemischte Sondergerichte für Patentsachen einzuführen, am Werke sind, daß hier vielmehr das Richtermaterial und die Art des Prozessierens genügende Gewähr für eine sachgemäße Entscheidung der schwierigen Patentprozesse bieten! Gerade in diesen beiden Richtungen aber, Reform der Ausbildung der in diesen Sachen tätigen Richter und Reform des in ihnen zu beobachtenden Verfahrens, verbunden mit einer Konzentration der zuständigen Gerichte, bewegen sich auch die Vorschläge des Verfassers für das deutsche Recht!

II. Vereinigte Staaten von Amerika.

Auch in den Vereinigten Staaten von Amerika haben, wie gezeigt, die ordentlichen Gerichte alle auf das Patent bezüglichen Klagen zu entscheiden.[17]) Eine Sondergerichtsbewegung im Sinne der deutschen hat sich auch in Amerika bisher kaum bemerkbar gemacht. Man scheint vielmehr, nach meinen Informationen, die sich mit denen des Patentanwalts Heimann, a. a. O. decken, an der Rechtsprechung durch die Juristen nichts auszusetzen zu haben. Allerdings wird auch in den Vereinigten Staaten über die lange Dauer der Patentprozesse in Verletzungs- und Inter-

Bergung und Hilfeleistung) häufig mit zwei sachkundigen Beisitzern sitzt, welche als sogen. „Masters of the Trinity House" gewöhnlich alte Offiziere der Handelsmarine sind. Eine Art Sondergericht besteht weiter für Streitigkeiten zwischen Eisenbahnkompagnien unter sich oder solchen und dem Publikum über Tariffragen und anderen Fragen des Eisenbahnrechts; hier entscheidet ein Richter mit zwei Hilfsrichtern, die aus dem Kreise der Sachverständigen ernannt sind. Ferner kann seit 1908 das Judicial Committee in „ecclesiastical cases" Bischöfe als „assessors" zuziehen; endlich erstrebt man für das Judicial Committee — als höchsten Appelationsgerichtshof für die Kolonien — die Möglichkeit, sachverständige Beisitzer (nur Juristen) „with respect to local law and conditions" zuzuziehen: vgl. Journal of the society of comparative legislation, vol. XXI (1909), p. 193.

[17]) Auch bezgl. der Abhängigkeitsklagen hat der Court of Appeals of the District of Columbia noch neuestens entschieden (2. XI. 1919): „The Commissioner of patents in passing upon applications or deciding controversies between rival applicant for patent of the same invention exercises power that is essentially judicial. For that reason congress has the power to provide for a review of his decisions by appeal of the courts." Official Gazette of the U. St. Patent Office, vol. 149, p. 310.

ferenzes[18])-Sachen geklagt; auch die hohen Kosten der Prozesse, die oft außer jedem Verhältnis zu der Wichtigkeit der Erfindung stehen, machen es oft minderbemittelten Klassen unmöglich, Patentprozesse zu führen; die ungeheuren Kosten für Anwälte und Sachverständige, die Ausgaben für Anfertigung von Modellen, für den Druck der umfangreichen Informationen und Schriftsätze verschlingen oft das, was höchstens als Schadenersatz aus einem solchen Prozeß herausspringt. Der bekannte Attorney-at-law Robert Fletcher Rogers in New York schreibt dem Verfasser:

> „The delay, uncertainty and expense of patent litigation in this country are so burdensome that only the well-to-do corporations and firms ordinarily indulge in it. The poor man is practically without redress unless he is able to secure assistance from some one richer than himself."

Wenn in Amerika von einer Sondergerichtsbewegung die Rede ist, so gründet sie sich auf ganz andere Unterlagen, als in Deutschland: man wünscht nämlich nicht etwa gemischte Gerichte, sondern die Bildung eines einheitlichen Obergerichts, ausschließlich aus Juristen, für alle Patentsachen des ganzen Landes; das Gericht soll Berufungsgericht gegen die Entscheidungen des Patent-Office und der Distriktsgerichte sein. Diese Bestrebungen reichen bereits zehn Jahre zurück; ein entsprechender Gesetzentwurf ist von dem Kongreß bis jetzt nicht angenommen worden, soll ihn aber von neuem beschäftigen; er wird von dem Commissioner of Patents lebhaft unterstützt (vgl. Official Gazette, 1910, p. 790). Auch hier hat man zwei Richtungen zu unterscheiden: die eine, die sog. Johnston Bill, bezweckt die Errichtung eines ständigen Patentberufungsgerichts; die andere, die sog. Bar Association Bill, will ein aus Richtern der Circuit Courts zusammengesetztes Patentberufungsgericht schaffen, das nur zu bestimmten Zeiten in Patentsachen Sitzungen abhält; beide Vorschläge — der letztgenannte ist in verschiedenen Broschüren der Patent Law Association of Washington vom 1. Dezember 1903 und 5. Januar 1904 enthalten und näher begründet — gehen davon aus, daß ein Patent territoriale Geltung über die ganzen Vereinigten Staaten genieße, daß aber das Urteil eines der 9 Berufungsgerichte oft ohne tatsächliche Bedeutung

[18]) Letzteres hängt damit zusammen, daß auch in Interferences cases drei verschiedene Berufungen gegeben sind; für die Abschaffung einer derselben sprechen sich mit schlagenden Gründen (Verteuerung des Verfahrens, Zeitverlust, sowie differierende Entscheidungen) die Reports of the Commissioner of Patents v. 6. IX. 1909 u. 31. I. 1910 aus; s. Off Gaz. vol. 148, p. 1037 u. vol. 151, p. 737.

für den Bezirk eines anderen sei, oft auch verschiedene Berufungsurteile ergingen, was wieder eine große Unsicherheit des Patentschutzes zur Folge habe. Der Vorschlag der Bar Association stützt sich im besonderen noch darauf, daß die Richter, wenn sie in dem Berufungsgericht die nötige Erfahrung in Patentsachen gesammelt haben und demnächst wieder in ihre Distriktsgerichte zurückkehren, diesen Sachen ein ganz anderes Interesse und Verständnis entgegenbringen werden, als jetzt, wo sie doch z. T. nur selten Patentsachen verhandeln hören! Das Gericht soll aus einem Präsidenten und vier Beisitzern bestehen; „they shall be learned in the law and in the practice and rules of decision of the patent law and the law of copyright." Weiter heißt es: „it is thought by many that a patent court should be composed of man who are first of all strong lawyers, accustomed to weighing evidence and familiar with the general law of equity jurisprudence!" Also auch diese Patentrichter sollen nicht etwa Techniker sein! Diese Vorschläge bezwecken vielmehr etwas ganz anderes, als die Einführung gemischter Gerichte;[19]) sie sind umso bedeutungsvoller, wenn man erwägt, daß die Zahl der Patentprozesse in den Vereinigten Staaten, zu denen auch die von dem Patentamt zu entscheidenden Interferenzes-Sachen gehören, viele Tausende beträgt!

Hat sich also in einem Lande, dessen Patentgesetz nach Kohler[20]) „zu den durchdachtetsten und zu gleicher Zeit zu den liberalsten Patentgesetzen der Erde gehört und sich durch feines Interesse für die Erfinder und starke Betonung des materiellen Rechts gegenüber dem formellen auszeichnet", die Jurisdiktion der ordentlichen Richter bewährt, so muß dies ganz besonders vor Maßnahmen warnen, wie sie die deutsche Sondergerichtsbewegung erstrebt.[21])

---

[19]) Auch der vom Präsidenten Taft in seiner Botschaft vom Januar 1910 in Aussicht genommene U. St. court of Commerce zur Entscheidung aller Eisenbahnstreitsachen soll nur aus Juristen, nämlich fünf hierzu ernannten Richtern der Bundeskreisgerichte bestehen und gegen seine Entscheidungen die Berufung an den obersten Gerichtshof der U. St. gegeben sein.

[20]) Kohler in Kohler und Mintz, Patentgesetze aller Völker, Bd. II, S. 8.

[21]) Nach der obigen Darstellung muß es zum mindesten als irreführend bezeichnet werden, wenn in der ZIndR., 1908, S. 138 — allerdings auf Grund eines angeblichen Zeitungsberichts aus der „Westlichen Post" in St Louis — gesagt wird, man habe in den Vereinigten Staaten von Amerika augenscheinlich dieselben Erfahrungen mit den rechtsgelehrten Richtern gemacht und wolle nun einen ähnlichen Weg einschlagen, wie er in Deutschland in Vorschlag gebracht sei!

III. Frankreich.

Frankreich ist dasjenige Land, in welchem noch am ehesten von einer der deutschen Sondergerichtsbewegung ähnlichen Bewegung gesprochen werden kann.[22]) Dort hatte Armengaud père unmittelbar nach dem Inkrafttreten des jetzt geltenden Patentgesetzes das Verlangen nach gewerblichen Gerichten gestellt. Der Internationale Kongreß von 1889 hatte sodann auf Antrag von Armengaud jeune den Beschluß gefaßt:

„Die Streitsachen auf dem Gebiet des gewerblichen Rechtsschutzes sind vor die ordentlichen Gerichte zu bringen. Indessen haben den Verhandlungen beizuwohnen ein Sachverständiger, der die Sachen von Anfang an instruiert und eine gewerbliche Jury, welche die Tatfrage zu entscheiden hat."

In seinem Bericht für den Londoner Kongreß hatte Armengaud jeune denselben Gedanken — jedoch nur für die Länder ohne Vorprüfungsverfahren[23]) — in folgender Fassung wieder aufgenommen:

„Es ist der Versuch zu machen, die Frage einer Sondergerichtsbarkeit zu lösen, entweder durch Schaffung besonderer Gerichte, oder durch entsprechende Erweiterung der Zuständigkeit der Gerichte für Handelssachen, oder durch Bestellung einer Industrie-Jury, die den ordentlichen Gerichten beigegeben wird und die Tatfrage zu entscheiden hat."

Der Londoner Kongreß beschloß jedoch nach Erstattung der Berichte aus den verschiedenen Ländern nur, eine Kommission zur Beratung dieser Frage einzusetzen. Demnächst hatte für den Pariser Kongreß 1900 Georges Maillard folgende Anträge gestellt:

„Es ist angebracht, Sondergerichte für Streitsachen des gewerblichen Rechtsschutzes zu bestellen.

Es ist aber wünschenswert, daß in den Hauptpunkten Streitigkeiten dieser Art an eine Kammer verwiesen werden, und daß die in dieser Kammer verwendeten Richter technische Kenntnisse besitzen.

[22]) Die folgende Darstellung lehnt sich in ihrem historischen Teil an die Berichte von Armengaud jeune für den Londoner und von Maillard für den Pariser Internationalen Kongreß an; s. J. der Intern. Verein II, S. 397 ff. und IV, S. 168 ff.

[23]) Daselbst, II, 402.

Es ist ebenfalls wünschenswert, daß im Falle der Zuziehung von Sachverständigen auf Verlangen der Partei die Sachverständigen in öffentlicher Verhandlung gehört werden."

In der über diese Anträge stattgehabten Diskussion auf dem Pariser Kongreß wurde von den verschiedenen Seiten die Notwendigkeit der Beibehaltung ausschließlich juristischer Richter, allerdings mit technischer Vorbildung, scharf betont; die Anträge Maillards wurden angenommen.

Schon vorher, jedoch in demselben Jahre hatte Huard, Avocat à la Cour d'appel in einer Studie für die Société de la législation comparée (vergl. d. Bulletin dieser Gesellschaft 1900, S. 80) gegen das gegenwärtige System dieselben Beschwerden vorgebracht, wie Rechtsanwalt Schmid in seinem Bericht für den deutschen Kongreß für gewerblichen Rechtsschutz in Frankfurt a. M. 1900. Auch Huard hatte die Hinzuziehung technischer (Reise-)Richter vorgeschlagen, die für das ganze Land angestellt, in regelmäßigen Perioden zu den einzelnen Gerichten entsandt werden sollten, um zusammen mit den Gerichtspräsidenten eine Sonderkammer zu bilden; in der Société stieß der Huardsche Vorschlag auf heftigen Widerspruch, namentlich auch seitens des bekannten Professors Lyon-Caën (Paris) und Georges Maillard's (Paris); im wesentlichen wurden dieselben Gründe für und gegen die Sondergerichte, wie bei uns, vorgebracht; Beschlüsse wurden nicht gefaßt. Demnächst hat Huard, der als einer der Hauptträger der Idee der gemischten Patentgerichte unter den französischen Juristen gelten kann, in seinem hervorragenden Werk Traité de la propriété intellectuelle, Band II, (1906) Nr. 334 diesen Gedanken mit teilweise identischer Begründung, wie in genanntem Berichte, weiter ausgesponnen: er geht von der freilich unbewiesenen Voraussetzung aus, daß die Richter den technischen Fragen oft nicht gewachsen seien, und ihre Unzulänglichkeit fühlten; „pour mettre leur responsabilité à couvert, ils ordonnent une expertise. Ce parti est le plus sage qu'ils puissent prendre ... L'expertise elle-même n'est qu'un expédient ... elle offre divers inconvénients qui lui sont propres ..." Nach eingehender Darlegung dieser Nachteile befürwortet Huard, um eine Verbilligung des Sachverständigenbeweises zu erzielen, die Anstellung staatlich sanktionierter Sachverständigenkörperschaften; die Gerichte sollten, um eine Verzögerung in der Erstattung der Gutachten zu vermeiden, den Sachverständigen Fristen mit Strafandrohung setzen. Beide Maßnahmen erkennt Huard jedoch selbst als nicht ausreichend an; er spricht sich aber auch gegen die Übertragung der Rechtsprechung in Patentsachen an die tribunaux de commerce oder an Industriejurys aus, da die technischen Fragen Geschworenen selten klar gemacht werden können — „la distinction à faire entre le fait et le droit est toujours délicate" (!) — und da es sehr schwer halten werde, eine geeignete Jury zu bilden. Dagegen schlägt er vor, Beamte mit technischer Vorbildung zu Richtern zu bestellen; er weist dafür auf das deutsche, österreichische und ungarische Patentamt hin, ohne zu verhehlen, daß kein Land mit Vorprüfungssystem (er hätte sagen müssen: überhaupt kein Land) diese Beispiele nachgeahmt habe! Mehr als die Länder des Vorprüfungssystems müßten sich aber — er folgt damit dem oben S. 464 gegebenen Gedankengang — Länder des Anmeldesystems die Mitwirkung von Technikern bei Entscheidung technischer Fragen zunutze machen: es sollte also ein „corps de juges techniciens" geschaffen werden, was nicht schwer halten werde, da „chez les Français le goût des fonctions publiques, quelles qu'elles soient, n'est que trop répandu" (ein Argument, das nach den Darlegungen S. 418 für Deutschland nicht zutrifft!); die Techniker sollten mit den Juristen, unter Vorsitz eines Juristen, zusammenwirken und das Gericht in Paris seinen Sitz haben! Da Paris in höherem Grade der Mittelpunkt Frankreichs, als Berlin der des Deutschen Reiches, Frankreich auch ein Einheitsstaat, das Deutsche Reich aber ein Bundesstaat ist, so würden die gegen die Zentralisation für Deutschland geltend gemachten Bedenken (s. S. 407) für Frankreich natürlich weniger zutreffen! — Die II. Instanz sollte ausschließlich mit Juristen besetzt sein, da dann die Sache schon so geklärt sei, „que de simples juristes (!) seront à ce moment capables de la juger!" Huard erhofft von seinen Vorschlägen, daß der Sachverständigenbeweis seltener werden, die Patentprozesse also kürzere Zeit dauern und weniger kostspielig sein würden. Alle seine Argumente sind für die deutschen Verhältnisse vorn widerlegt worden; Huard verkennt nicht die Gefahren der Einrichtung neuer Sondergerichte, glaubt aber, daß „la division du travail n'est pas une règle à rejeter quand il s'agit de l'art de juger"; wie die Anwälte schon jetzt sich zu Spezialisten ausbildeten, so müßten es auch die Richter tun! Hier übersieht Huard, daß eine Arbeitsteilung auch möglich ist, ohne daß Techniker zu Richtern gemacht werden müßten! Dem Einwand, daß auch für andere Prozesse, in denen es sich um Fachkunde handele, dieselben Forderungen gestellt werden könnten, glaubt er mit der auch bei uns bekannten Behauptung zu begegnen, daß die Unzuträglichkeiten gerade in Patentprozessen besonders schwer empfunden würden, da die Schutzrechte von beschränkter Dauer seien. Spezialtechniker verlangt auch Huard nicht, „il suffit qu'on soit à même de comprendre la question à résoudre et les arguments présentés de part et d'autre!" Schließlich meint er, daß, wenn auch zurzeit die Zahl der Patentprozesse in Frankreich noch sehr gering sei, sie wachsen würde, wenn erst solche technischen Gerichte geschaffen wären, eine Annahme, deren Unhaltbarkeit oben dargetan ist.

Diese Huardschen Ausführungen sind deshalb so eingehend wiedergegeben worden, um zu zeigen, daß eine große Reihe von Argumenten der deutschen Sondergerichtsbewegung sich auch bei ihm wiederfindet, wie gefährlich es aber ist, Vorbilder aus anderen Ländern (hier Deutschland, Österreich und Ungarn) ohne nähere Prüfung übernehmen zu wollen. Übrigens hat Mr. Huard die große Güte gehabt, dem Verfasser persönlich mitzuteilen, daß die Anhänger seiner Idee sich selbst noch nicht über die Art ihrer Ausführung einig seien, und daß namentlich auch die französischen Juristen[24]) seinem Vorschlage Widerstand leisteten, „parce qu'il faut maintenir à tout prix l'unité de jurisdiction, principe fondamental de notre procédure"! Demgemäß enthalte auch der neue, dem Parlament vorliegende Patentgesetzentwurf keine entsprechende Vorschrift; eine Änderung der Jurisdiktion werde sich auch erst dann rechtfertigen lassen, wenn die Patentprozesse zahlreich genug seien, um sie notwendig zu machen. Damit gibt Huard zu, daß um verhältnismäßig wenige, wenn auch wirtschaftliche bedeutsame Prozesse die einheitliche Gerichtsorganisation nicht geändert werden darf und kann.

Ein dem Huardschen Vorschlag ähnliches Projekt hat Mr. Armengaud jeune, — ein Ingenieur — entworfen;[25]) auch er geht davon aus, daß „le mode de juridiction de la loi de 1844 n'a laissé qu'une jurisprudence incertaine, boiteuse, pleine de contrariétés, décourageant les inventeurs par la longeur et les frais des procès"; er schiebt die Hauptschuld hieran auf die Tätigkeit oder vielmehr Untätigkeit der Sachverständigen, denen er auf Grund seiner reichen Erfahrung ein staunenerregendes Sündenregister vorhält. Mit keinem einzigen Worte, — das verdient besonders hervorgehoben zu werden, — wendet sich dieser Techniker gegen die angebliche Unfähigkeit der Juristen zur Erfassung technischer Probleme; seine Vorschläge bewegen sich deshalb auch in ganz anderer Richtung, als die Huard's; er schlägt, „loin de créer une jurisdiction

---

[24]) Pouillet, traité théorique et pratique des brevets d'invention, 5. Aufl., 1909, Nr. 584[1], erwähnt den Huardschen Vorschlag, ohne ihn zu kritisieren.

[25]) In der S. 464, Anm. 1 genannten Schrift; es handelt sich hier um die Wiederaufnahme eines 1904 dem französischen Kongreß f. gewerblichen Rechtsschutz gemachten Vorschlags.

spéciale" (p. 8) einen Conseil technique des brevets vor, der „rendra, sur les questions de fait, des décisions sous forme de verdicts, qui liéront le Tribunal comme le verdict du jury en matière criminelle ou pour les affaires d'expropriation." Dieser Conseil soll ebenfalls in Paris seinen Sitz haben und aus etwa 1000 Mitgliedern bestehen; die für die einzelnen Prozesse jeweilig zugezogenen Sachverständigen sollen also durch die „experts jurés" ersetzt werden! Armengaud nimmt damit den Vorschlag seines Vaters aus dem Jahre 1845 auf, eine Industriejury zu schaffen; denn sie sei „la sauvegarde absolue des droits de l'inventeur ainsi que ceux de la société"; völlige Unabhängigkeit der Sachverständigen, Zeitgewinn und bedeutende Kostenersparnis heißen die Richtlinien dieses Vorschlags, auf den hier leider nicht näher eingegangen werden kann, der aber zweifellos auf deutsche Verhältnisse keine Anwendung finden könnte.

Also auch die französische sogenannte Patentsondergerichtsbewegung geht von ganz anderen Voraussetzungen aus, als die deutsche; sie will andere Mißstände heilen als angeblich in Deutschland zu beklagen sind, und schlägt Wege ein, die für Deutschland nicht gangbar erscheinen!

IV. Die Schweiz.

Die Schweiz hat erst durch das Patentgesetz vom 21. Juni 1907 ihr Patentwesen neu geregelt. Bei der Neuheit des Stoffes und der Abneigung weiter Kreise der Schweiz gegen das Patentwesen kann hier noch nicht von einer ausgebildeten Praxis der Gerichte in Patentsachen gesprochen werden. — Sowohl über die gewöhnlichen Patent-Zivilstreitigkeiten, wie auch über die Nichtigkeitsklagen entscheiden die ordentlichen Gerichte; übereinstimmend mit dem älteren Gesetz Art. 30 bestimmt Art. 49: „Die Kantone haben zur Behandlung der zivilrechtlichen Streitigkeiten betreffend die Erfindungspatente eine Gerichtsstelle zu bezeichnen, die als einzige kantonale Instanz entscheidet. Die Berufung an das Bundesgericht ist ohne Rücksicht auf den Wertbetrag der Streitsache zulässig."

Hauptsächlich diese Gesetzesbestimmung läßt nach einer Mitteilung Prof. Meili's den gegenwärtigen Stand der Dinge auf dem Gebiet des Patentrechts nicht befriedigend erscheinen, da die Berufung an das Bundesgericht sich nur auf die revisio in jure bezieht (Art. 57 des Bundesgesetzes über die Organisation der Bundesrechtspflege vom 22. März 1893); auf die daraus entstehenden bedenklichen Folgen hat

Meili schon in seinen Prinzipien des Schweizer Patentgesetzes 1890, S. 94 bis 96 hingewiesen. Andererseits bezweckt Art. 49 gerade eine Abkürzung der Patentprozesse und eine möglichst einheitliche Rechtsprechung in diesen Sachen.[26]) — Bereits vor der Emanation des Gesetzes von 1907 ist Rechtsanwalt Dr. Guyer in der Schweiz. Juristenzeitung 1906, Heft 3, 4, 5 und 12 für die Errichtung eines schweizerischen Fachgerichtes für Patent-, Muster-, Modell- und Markenprozesse mit Wärme eingetreten;[27]) er hat dort so ziemlich alle die Argumente vorgebracht, die auch die deutschen Anhänger von Sondergerichten ins Feld führen. Seine Beweisführung kann hier nicht im einzelnen verfolgt werden, zumal in obigen Erörterungen öfters auf sie Bezug genommen ist. Guyer gelangt zu dem Schlusse, daß — da auch das Sachverständigenwesen versage — Abhülfe einzig und allein durch Fachgerichte erreicht werden könne, d. h. solche Gerichte, in denen Fachleute sitzen, die die Streitigkeiten des gewerblichen Eigentums aus eigenen Kenntnissen zu beurteilen vermögen und nicht ausschließlich auf fremde Ansichten angewiesen seien; er verspricht sich von solchen gemischten Gerichten namentlich eine größere Selbständigkeit des Urteils, sowie eine einfachere, sachlichere und raschere Erledigung der Sachen; wie weit diese Hoffnung berechtigt erscheint, ist oben eingehend erörtert worden. Wenn Guyer meint, daß die Funktion des technischen Richters dann aufhöre, wenn er die fachtechnischen Fragen beantwortet habe, so ist schon S. 345 gezeigt worden, daß sowohl der technische, wie der juristische Richter, im vollen Umfange für die Entscheidung des ganzen Rechtsstreites verantwortlich ist. Leider hat Guyer die Frage nicht näher geprüft, ob nicht etwa die Richter auf Grund besserer Vorbildung und die Gerichte auf Grund häufigerer Beschäftigung mit diesen Sachen doch geeignet sein möchten, die an sie gestellten Aufgaben voll und ganz zu erfüllen. Ist doch gerade das schweizerische Gesetz in der Ermöglichung der Konzentration der Sachen schon einen großen Schritt vorwärts gegangen; so bestimmt z. B. für den Kanton Zürich ein neues, von dem Kantonsrat unbeanstandet angenommenes Gesetz, betreffend das Gerichtswesen in § 81 b, daß in Zukunft alle Patent-, Muster- und Markenzivilprozesse allein von dem Handelsgericht zu entscheiden sind, so daß die bis dahin auch zuständigen

---

[26]) Auf die vielfachen Zweifel, die sich bei Auslegung dieses Artikels ergeben, kann hier natürlich nicht eingegangen werden; vgl. Guyer, Kommentar z. Schweizer Bundesgesetz betr. d. Erfindungspatente, 1909, S. 107.

[27]) Auch in seinem vorgenannten Kommentar hat er sich nochmals dieser Frage zugewendet.

Bezirksgerichte,[28]) für diese Sachen ausgeschaltet werden! Guyer gibt in einem Schreiben an den Verfasser selbst zu, daß es sich jetzt nur noch darum handele, für die Patent- und Musterprozesse aus der Zahl der jährlich zu bestimmenden 500 Handelsrichter die wirklichen Fachleute zuzuziehen; aber von allem anderen abgesehen, wird gerade diese Auswahl die größten Schwierigkeiten bereiten, solange nicht etwa nach dem Wunsche Guyers nur ein einziger Patentgerichtshof für die ganze Schweiz gebildet würde; und gerade gegen einen solchen haben sich die gewichtigsten staatsrechtlichen Bedenken geltend gemacht.[29]) Es hängt also, wie bei uns, die Durchführbarkeit der Patentsondergerichte in der Schweiz wesentlich von der Möglichkeit ab, ein einziges Patentgericht für das ganze Gebiet zu schaffen! — Guyers Bestrebungen haben auch in der Schweiz noch keine öffentliche Zustimmung gefunden; Mitglieder des Eidgenössischen Amtes für geistiges Eigentum in Bern sollen ihnen recht skeptisch gegenüberstehen und die Ansicht teilen, daß die Frage der Patentsondergerichte, sofern man sie nicht grundsätzlich verneint, jedenfalls nur dann gelöst werden kann, wenn man Mittel und Wege zu ihrer praktischen Durchführung anzugeben vermag. — Könnte man aber selbst für die Schweiz ein einheitliches Patentgericht mit der genügenden Zahl geeigneter Richter schaffen, so würde dies für deutsche Verhältnisse schlechterdings nichts beweisen; beträgt doch die Zahl der Patentprozesse, die von sämtlichen kantonalen Gerichten zurzeit zu beurteilen sind, kaum 40! Selbst wenn das schweizerische Patentwesen erst in den letzten Jahren einen richtigen Aufschwung genommen haben und sich weiter entwickeln mag, da erst jetzt die ganze chemische Industrie dem Patentschutze unterstellt worden ist, und selbst wenn mit diesem Aufschwunge die Zahl der Patentprozesse wachsen mag, so bleiben doch immer noch in dieser Hinsicht die Schweiz und das Deutsche Reich unvergleichbar!

V. Italien, Spanien, Belgien.

1. Italien: Auch in Italien sind die ordentlichen Gerichte für die Entscheidung der Patentstreitsachen, sowie der Fabrikmarkensachen zuständig;

[28]) In Zürich bestehen 11 Bezirksgerichte, die nach dem jetzigen Zustande sämtlich in die Lage kommen könnten, über Patent- und Musterprozesse zu entscheiden; vgl. Guyer, Kommentar zum Mustergesetz 1905, S. 18; wie in Zürich, so kann in jedem anderen Kanton das Bezirks- bezw. Handelsgericht mit Patent- usw. -Sachen befaßt werden.

[29]) Weiß, Schweiz. Juristenzeitung, 1906, Nr. 9.

früher gehörten diese Sachen zur Zuständigkeit der Handelsgerichte, deren Abschaffung von niemandem beklagt worden ist. Die Zivilgerichte ziehen nach eigener Wahl oder im Einverständnis der Parteien, meist 3, Sachverständige zu diesen Prozessen hinzu; auf Antrag einer der Parteien muß sogar bei Fragen bezüglich der Gültigkeit von Patenten ein Gutachten eingeholt werden, das als Grundlage der Verhandlung dient und das — auf Antrag einer Partei — in der Berufungsinstanz angefochten werden kann. Nach den Mitteilungen des Herrn Advokat M. Amar-Turin dauern gerade wegen dieser Einholung von Sachverständigengutachten die Patentprozesse ziemlich lange; doch soll die Dauer auch von dem größeren oder geringeren Eifer der Parteien in der Prozeßführung und von der Tüchtigkeit der Sachverständigen abhängen, die nicht selten Aufschub verlangten. Gewöhnlich fielen bei solcher Vorbereitung die Urteile der Zivilgerichte sachgemäß aus. Die Zahl der einschlägigen Prozesse läßt sich nicht feststellen, soll aber infolge des industriellen Aufschwungs sich immer mehr steigern. — Ende 1906 ist eine Königliche Kommission eingesetzt worden, die über Reformen in der Gesetzgebung des Patentrechts zu beraten und solche vorzuschlagen hatte; diese Kommission hat Anfang 1909 ihre Arbeiten beendet und einen Gesetzentwurf mit einem von genannten Herrn Amar verfaßten Bericht vorgelegt; sie hat auch die Frage geprüft, ob in dieser Materie besondere Gerichtshöfe eingesetzt werden sollten oder wenigstens Sachverständigenkollegien. Sie hat sich jedoch dagegen entschieden, „teils weil — ich folge der Mitteilung Amar's — manchmal in solchen Kollegien überlieferte Auffassungen herrschen, die manchmal gefährlich sind, teils weil die Parteien durch ihre Erörterungen die Sachverständigen und die Richter ausreichend aufklären können". Wenn es sich darum handelt, ein Patent zu erteilen und Streitfragen entstehen, weil das Patentamt dasselbe verweigert, so ist sowohl im jetzigen Gesetz, wie in dem neuen Entwurf eine Bestimmung getroffen, nach der eine aus Technikern (meist Universitätsprofessoren) und Richtern bestehende Beschwerdekommission über diese Beschwerde entscheidet; diese Entscheidung kann sich jedoch nicht auf die Frage der Neuheit und industriellen Brauchbarkeit erstrecken, da dies einer Vorprüfung gleichkommen würde, die das Gesetz verwirft! Diese Kommission hat sonach etwa die Stellung einer Sachverständigenkammer mit sachlich beschränktem Wirkungskreis! Also auch die neuesten Gesetzgebungsarbeiten Italiens, eines aufblühenden Industriestaates, wollen von einer Zuziehung technischer Richter zu Patentprozessen nichts wissen!

2. Spanien ist das einzige Land, in welchem sich Vorschläge zur Errichtung wirklich gemischter Patentsondergerichtshöfe bereits zu Gesetzentwürfen verdichtet haben. Nach einem den Kortes vom Ministerium der Landwirtschaft, der Industrie und des Handels im Jahre 1904 vorgelegten, von ihnen aber abgelehnten Gesetzentwurf[30]) sollten sogenannte Industriejurys eingerichtet werden, und zwar in jeder Stadt, die Sitz eines Berufungsgerichts ist; sie sollten zuständig sein „en matière criminelle, sur les faits constitutifs de contrefaçon, d'usurpation, d'imitation et de concurrence illicites, et de fausse indication d'origine," ferner en matière civile „sur les actions decoulant des faits ci-dessus et les actions en nullité et en déchéance relatives aux brevets, marques, dessins et modèles de fabrique, au nom commercial et aux recompenses industrielles", also in weitgehendstem Umfange, etwa so, wie es für Deutschland in den ersten Anfängen der Bewegung gefordert wurde. Die Jury sollte bestehen aus vier „des plus fort contribuables appartenant à l'industrie qui est mise en cause, ou à une industrie similaire, ou, en cas d'impossibilité, à une industrie quelconque" und drei Industriellen; den Vorsitz sollte der älteste der „ingénieurs industriels" führen; wären nicht genügend „ingénieurs industriels" vorhanden, so sollten sie durch Brücken-, Straßen- oder Minenbauingenieure, Militäringenieure, Genieoffiziere oder Architekten ersetzt werden; diese Jury sollte zusammen mit einem richterlichen Kollegium, bestehend aus drei Richtern des Appelationsgerichts unter Vorsitz des ältesten Richters, entscheiden; aus der alljährlich aufzustellenden Liste der Geschworenen sollten die Geschworenen ausgelost werden und die Parteien ein Ablehnungsrecht haben; auch das Verfahren vor diesen Gerichten war besonders geregelt. Wie mir Herr Advokat José Pella y Forgas in Barcelona mitteilt, ist jedoch in Spanien die Strömung für solche Sondergerichte nicht günstig. Für deutsche Verhältnisse würde sich diese Einrichtung einer Industriejury jedenfalls nicht eignen; schon die Auswahl geeigneter Geschworenen würde auf unübersteigbare Schwierigkeiten stoßen und unsere Industriekapitäne würden wohl kaum geneigt sein, das Amt solcher Geschworenen zu übernehmen. Nach der genannten Quelle ist übrigens die Zahl der Patentverletzungsprozesse nur in Barcelona mit seiner großen Industrie einigermaßen erheblich.

3. Belgien: In Belgien scheint eine Sondergerichtsbewegung nach der Mitteilung, die Verfasser Herrn Advokat Georges de Ro-Brüssel

---

[30]) Die folgende Darstellung ist einem Bericht der Propriété industrielle 1904, S. 69 entnommen.

verdankt, weder zu bestehen, noch die geringste Aussicht auf Verwirklichung zu haben; die belgischen Sitten und Überlieferungen erkennen keine andere Kompetenz, als die der ordentlichen Gerichte an; auch das Parlament würde einer solchen Maßnahme abgeneigt sein, zumal Belgien kein Patentamt besitzt, die Patente vielmehr „sans examen, aux risques et périls des demandeurs, sans garantie (art. 2)" durch Vermittelung der Provinzialregierungen oder der Arrondissements-Kommissariate (art. 17) von dem Ministerium für Industrie und Arbeit verliehen werden. Eine strafrechtliche Verfolgung wegen Patentverletzung ist in Belgien ausgeschlossen;[31]) Zivilklagen und Nichtigkeitsklagen werden ausschließlich durch die tribunaux civils entschieden.[32]) Das belgische Patentrecht lehnt sich im übrigen an das französische an, jedoch beabsichtigt man, die Vorschriften über den Sachverständigenbeweis demnächst dem englischen Recht mehr anzupassen.

VI. Die Nordischen Reiche.

1. Rußland: Es versteht sich von selbst, daß das russische Patentwesen noch ziemlich unentwickelt ist, wenn Rußland auch ein neueres Patentgesetz (von 1896) besitzt. Dieses hat ein beschränktes Vorprüfungsverfahren angenommen. Die Patenterteilung erfolgt durch das bei der Gewerbeabteilung bestehende, nur aus Technikern zusammengesetzte Komité für technische Angelegenheiten ohne einen einzigen Juristen[33]) und die Entscheidung der Streitsachen allein durch Juristen ohne Techniker. Die Verfolgung der der Nachahmung Beschuldigten nach den allgemeinen Prozeßvorschriften erfolgt auf zivil- oder strafrechtlichem Wege. Unter den russischen Autoren hat besonders Pilenko in seinem ausgezeichneten Werk „Das Recht des Erfinders" die Idee der gemischten Gerichte mit den Worten verteidigt: „Aus der weiteren Entwicklung des Patentrechts werden die Gerichte von selbst dazu kommen, entweder Spezialabteilungen zu bilden, in denen ausschließlich die Nachahmungssachen abgeurteilt werden, oder sich zu besonderen Behörden, mit Technikern als Beisitzern, nach Art der Schöffen zu entwickeln. Das Zusammenwirken der beiden

[31]) André, Traité des brevets d'invention, I, § 929, II, §§ 1649/50 u. 1742.

[32]) Ein neuer Gesetzentwurf sieht ein Patentamt mit zwei Instanzen und eine kriminelle Ahndung der Patentverletzung durch die Strafgerichte vor, beläßt aber die Zuständigkeit der ordentl. Gerichte für Verletzungs- und Nichtigkeitsklagen.

[33]) Was Pilenko, Recht des Erfinders, Berlin, 1907, § 133 für durchaus unzweckmäßig erachtet.

Elemente (Juristen und Techniker) ist in beiden Stadien: vor und nach Erteilung des Patents erforderlich." Pilenko glaubt, zum mindesten Sachverständigenkammern nach Art der deutschen literarischen Sachverständigenkammern oder doch eine Heranziehung des Komites für technische Angelegenheiten, zur Abgabe von Gutachten vorschlagen zu sollen, die aber das Gericht nur imperio rationis binden sollen; er spricht sich gegen die obligatorische Überweisung aller Sachen zur Begutachtung an das Komité aus, wie dies ein älterer Gesetzentwurf beabsichtigt hatte; er verkennt schließlich nicht, daß die Möglichkeit difformer Entscheidungen in Zivil- und Strafsachen praktisch schwerlich zu vermeiden sein wird. — Wie schon näher dargelegt ist, entspricht die Errichtung von Sachverständigenvereinen weder den Wünschen der deutschen Sondergerichtsanhänger, noch auch den Zwecken einer sachgemäßen Rechtsprechung, weil dabei das Moment der Verantwortlichkeit zu stark in den Hintergrund tritt. Irgendwelche praktische Ergebnisse sind also hier nicht zu gewinnen.

2. Schweden: Auch Schweden hat, dem deutschen Recht folgend, das vereinigte Vorprüfungs- und Aufgebotssystem angenommen;[34]) die Verhältnisse auf dem Gebiet des gewerblichen Rechtsschutzes sind noch ziemlich unentwickelt, wie im allgemeinen die heimische Industrie noch in ihren Anfängen begriffen ist. Für alle ein erteiltes Patent betreffenden Rechtsfragen sind nur die ordentlichen Gerichte zuständig; das über die Nichtigkeitsklagen entscheidende Stadtgericht in Stockholm, urteilt auch über die Erteilung von Zwangslizenzen; es sollen in solchem Falle nach dem, erst durch Gesetz vom 9. Mai 1902 auf eigene Initiative des Justizministeriums geschaffenenen § 20 „außer der beschlußfähigen Anzahl von Mitgliedern des Gerichts, noch drei in industriellen Dingen sachverständige Männer im Gericht Sitz und Stimme haben." Mag man dieses Gericht auch als wirkliches Sondergericht bezeichnen, so haben hier die Industriellen doch weniger über technische, als über kaufmännische Fragen zu entscheiden (Höhe der Lizenz usw). Wie Herr Oberingenieur Nils Rahm vom Schwedischen Patentamt dem Verfasser freundlichst mitgeteilt hat, ist „seit dem Zustandekommen dieses Gesetzes bis jetzt erst eine einzige solche Lizenzfrage vorgekommen und bis November 1909 noch nicht entschieden gewesen!" Wenn man in Schweden mit der Rechtsprechung der ordentlichen Gerichte auf dem Gebiet

---

[34]) Ein wesentlicher Unterschied von dem deutschen Recht besteht darin, daß das Patent nicht wegen Nichtausübung für verfallen erklärt werden kann, sondern deswegen nur Zwangslizenzen erteilt werden können.

des gewerblichen Rechtsschutzes nicht so sehr zufrieden sei, so habe dies seinen Grund in der allgemeinen, veralteten und reformbedürftigen schwedischen Justizpflege und Gerichtsorganisation! Besonders werde über die lange Dauer der Prozesse geklagt, so daß man schon verlange, das Verfahren in Zwangslizenzsachen weiter auszudehnen; irgend eine greifbare Gestalt hätten aber diese Wünsche bisher nicht angenommen. Also auch in Schweden jedenfalls kein Bestreben, Techniker als solche zu Patentrichtern zu machen!

3. Auch in Dänemark hat man nach Mitteilung des Herrn Kontorchef im Ministerium für Handel und Schifffahrt, Kreuchel, schon während der Reichstagsverhandlungen 1894 erwogen, ob nicht die Patentsachen für das ganze Land an das Landes-Obergericht in Kopenhagen, das I. Instanz für Kopenhagen ist, oder an das See- und Handelsgericht in Kopenhagen, ergänzt durch technische Mitrichter, zu überweisen seien; dies sei aber nicht durchzuführen gewesen. Die Frage der Errichtung eines gemischten Gerichts sei später nicht wieder öffentlich berührt worden, es sei auch nicht bekannt, ob überhaupt besondere Stimmung jetzt dafür vorhanden sei. Die Auswahl der Sachverständigen bereite auch in Dänemark Schwierigkeiten, da sie oft aus anderen Gerichtsbezirken herangezogen werden müßten, wodurch ein großer Zeitverlust entstehe.

Zusammenfassung.

Wir stehen am Ende einer langen Wanderung; es geziemt sich daher, einen kurzen Überblick zu halten.

Wir sahen, daß die heutige deutsche Sondergerichtsbewegung mit derjenigen der 70 er Jahre des vergangenen Jahrhunderts keinen organischen Zusammenhang hat. Wir haben die Frage des Bedürfnisses nach gemischten Gerichten eingehend geprüft und die zu ihren Gunsten angeführten Gründe sämtlich als nicht stichhaltig erkannt: Das Mißtrauen gegen die Gerichte ist zum Teil künstlich genährt, zum Teil unter anderen Voraussetzungen aufgewachsen, als sie heute vorliegen, zum Teil nicht durch Tatsachen begründet. Der juristische Richter als solcher ist seiner Befähigung nach sehr wohl in der Lage, auch in technischen Prozessen ohne Zuziehung technischer Richter Recht zu sprechen; dagegen würde dem Techniker die Ausbildung, Erfahrung und Kenntnis des Rechtszusammenhanges mangeln, die für einen Richter unbedingt erforderlich sind; auch wird der technische Richter um nichts besser, wahrscheinlich um vieles schlechter als ein guter Sachverständiger dem juristischen Richter das Verständnis der technischen Probleme vermitteln können. Auch zur Erhebung des Sachverständigenbeweises ist der juristische Richter, der seinen Platz ausfüllt, in Patent- und Gebrauchsmustersachen nicht minder befähigt, als in anderen Sachen, in denen Sachverständigenbeweise zu erheben sind. Durch die Zuziehung technischer Richter wird für die Erhebung des Sachverständigenbeweises nichts gewonnen, — solange nicht die Juristen überhaupt aus diesem Teil der Rechtsprechung ausgeschaltet werden! Die Statistik lehrt unzweideutig, daß die Zahl der einschlägigen Sachen so gering ist, daß sich Sondergerichte nicht rechtfertigen lassen; diese Zahl ist unabhängig von der Gestaltung der Gerichtsverfassung, und wird allein durch wirtschaftliche Faktoren bestimmt; sie beträgt sicherlich nicht mehr, als $^1/_3$ % aller landgerichtlichen Prozesse im Reich. Die Dauer der Prozesse ist jedenfalls in I. Instanz eine kürzere, als der Reichsdurchschnitt beträgt, und umso kürzer, je mehr diese Prozesse an einer Stelle konzentriert sind. Als Vorbilder einer einzuführenden gemischten Gerichtsbarkeit können weder die Nichtigkeitsabteilung des Patentamts wegen der Verschiedenartigkeit der Aufgaben und der Verfahrensarten, noch die Kammern für Handelssachen mit ihren ehrenamtlichen Richtern, die für technische Zwecke noch keinen Befähigungsnachweis erbracht haben, noch die Gewerbe- und Kaufmannsgerichte, die dem sozialen Ausgleich dienen sollen, noch endlich die Gerichtsbarkeit des österreichischen und des ungarischen Patentamts, mit der unvergleichlich geringeren Beschäftigung und der großen Gefahr divergierender Entscheidungen, herangezogen werden. Ist sonach aus inneren, wie aus Gründen der Statistik die Notwendigkeit, gemischte Gerichte einzuführen, zu verneinen und läßt sich eine analoge Erscheinung nicht nachweisen, so spricht auch gegen sie eine große Reihe unausbleiblicher Nachteile. Die Einrichtung gemischter Patentgerichte würde die entsprechende Forderung weiterer Fach- und Berufsgerichte nach sich ziehen und somit zu einer Atomisierung der Rechtspflege führen; der Zusammenhang des gewerblichen Urheberrechts mit dem großen Ganzen des Rechts würde aufgehoben, jedenfalls gelockert werden. Die angebliche Weltfremdheit der Richter muß in dem Maße wachsen, in dem sein Betätigungsgebiet eingeschränkt wird. Die Sondergerichtsbarkeit würde aber auch Stückwerk bleiben, weil nur ein geringer Bruchteil der Sachen, in denen patenttechnische Fragen zur Erörterung gelangen, von ihr getroffen werden können. — Die praktische Ausgestaltung der Sondergerichte erscheint ohne grundstürzende Änderungen des geltenden Rechts ausgeschlossen: ein zentraler Patentgerichtshof ist aus politischen Gründen, sowie wegen der Belästigung der Prozeßbeteiligten und mit Rücksicht auf die Verteuerung und Verlangsamung der Prozesse nicht zu empfehlen; dezentralisierte Gerichte sind wohl einzurichten, — allein, der Zweck, der mit ihnen erstrebt wird, läßt sich auch bei nur juristischer Besetzung erreichen. Nichtständige technische Richter lehnt die Industrie, hauptsächlich wegen Besorgnis der Befangenheit, ab; sie würden auch nicht in ausreichender Anzahl und genügender Qualität zur Verfügung stehen; ständige technische Richter lassen sich nicht in den Organismus unserer Gerichtsverfassung einfügen, auch würden nur „Mittelmäßigkeiten" für diese Stellen zu erlangen sein. — Der Sachverständige hinter der Barre bedeutet entweder eine Gefahr für die Rechtsprechung, weil seine gutachtliche Äußerung der Kontrolle der Parteien entrückt ist und er schwerer, als der unbefangene Jurist, sich zur Erhebung von Sachverständigenbeweisen verstehen wird, oder eine Hemmung des ordentlichen Rechtsganges, da er in starkem Maße der Ablehnung durch die Parteien ausgesetzt ist. — Das Rechtsmittelsystem würde ebenfalls von Grund auf geändert werden müssen und die Personalfrage für die II. Instanz nur schwer gelöst werden können. — Für das Patentstrafrecht ist zahlenmäßig jedwedes Bedürfnis nach Sondergerichten abzulehnen; um Mißbräuchen durch Anrufung der Staatsanwaltschaft vorzubeugen, erscheint nicht so sehr eine Einschränkung des Legalitätsprinzips, als eine Vorschrift des Inhalts erforderlich, daß Voraussetzung der Strafverfolgung eine rechtskräftige zivilrechtliche Verurteilung wegen objektiver Patentverletzung sein soll. — Die Ablehnung der gemischten Sondergerichte schließt nicht aus, daß bessernde Hand an die heutigen Zustände gelegt wird: Dahin gehört eine g e s e t z l i c h e Konzentration der Sachen bei bestimmten Landgerichten, während die ausschließliche Kompetenz der Landgerichte nicht notwendig erscheint; dahin gehört weiter und vor allem eine Spezialausbildung der in den Sonderkammern beschäftigten Richter, n a c h bestandener großer Staatsprüfung, auf Hochschulen und im Patentamt; die Ausbildungskurse für Referendare sind ein ausgezeichnetes Mittel zur Belebung des Interesses des juristischen Nachwuchses für diese Spezialmaterie. Endlich wird das Verfahren vor den Gerichten straffer zu handhaben und mehr nach der Seite des Offizialverfahrens auszubilden, sowie den Gerichten die Erlangung geeigneter Sachverständiger zu erleichtern sein, ohne daß die Schaffung einer Zentralauskunftsstelle zu empfehlen wäre; die Anhörung technischer Beistände sollte gesetzlich nur dann in weiterem Umfange, als bisher, vorgeschrieben werden, wenn dadurch der Anwaltszwang in keiner Weise berührt würde. — Endlich ist durch eingehendere Schilderung der ausländischen einschlägigen Verhältnisse dargetan worden, daß die Schaffung von Patentsondergerichten beispiellos (von Österreich und Ungarn abgesehen) dastehen würde, und daß gerade in den Ländern, die sich der entwickeltsten Patentwesen erfreuen, solche Sonderbestrebungen keinen Boden haben.

Nach alledem gelange ich zu dem Ergebnis:

Sondergerichte in Streitigkeiten aus dem Gebiete des gewerblichen Rechtsschutzes empfehlen sich nicht!

Druck von Leonhard Simion Nf. in Berlin SW. 48

FSC
www.fsc.org
MIX
Papier | Fördert
gute Waldnutzung
FSC® C083411

Kolibri 360 GmbH
Ferdinand-Jühlke-Straße 7
99095 Erfurt, Deutschland
produktsicherheit@kolibri360.de